경계와 소통,
지역문학의 현장

남기택 오홍진 김현정 김화선 오연희

국학자료원

경계와 소통, 지역문학의 현장

지은이 남기택 외/**인쇄일** 초판1쇄 2007년 12월 17일/**발행일** 초판1쇄 2007년 12월 24일/**발행처 국학자료원**
등록일 제324-2006-0041호/**발행인** 정구형/**편 집** 박지혜, 이초희, 김나경/**총 무** 한미애, 박지연/**물 류** 김종효

서울시 강동구 성내동 447-11 현영빌딩 2층/**Tel** 441-1762, 442-4623,4,6/**Fax** 442-4625
www.kookhak.co.kr/kookhak2001@hanmail.net

ISBN 978-89-6137-317-3 *93080 가 격 20,000원/저자와의 협의하에 인지는 생략합니다.

목 차

책머리에

책머리에

　지역문학에 대한 논의가 다양하게 제기되고 있다. 지역문학론이 한국문학담론의 주요한 맥락으로 떠오른 현상은 여러 가지 시사하는 바가 크다. 주지하는 바와 같이 현단계 지역담론은 지방자치로 상징되는 정치사회적 변화와 다양성을 추구하는 탈근대적 패러다임을 배면에 지니고 있다. 또한 뿌리 깊은 중앙중심주의를 재고하는 문학장의 자기반성으로서 다각적 통찰을 통한 학문적 모색의 과정으로도 주요한 의미를 지닌다. 무엇보다도 문화산업 시대를 맞아 한국문학의 질적 재고와 세계적 경쟁력을 갖추기 위한 방법론적 모색으로서 지역문학에 대한 전유가 시도되고 있으며, 이는 기존의 시각과는 근본적으로 다른 위상을 지역문학에 부여하고 있다.

　실로 각 지역에서는 거점 연구자를 중심으로 연구 단위가 꾸려지고 다양한 성과를 보여주고 있다. 그럼에도 불구하고 모든 지역이 동일한 상황인 것은 아니다. 잘 아는 바대로 대전충청지역과 강원지역은 기타 지역과 비교해볼 때 지역문학에 대한 본격 접근과 성과가 상대적으로 미진한 학문적 낙후지역이라고 하겠다. 이 책은 이에 대한 문제적 인식과 실천적 노력의 일환으로 기획되었다. 주로 대전지역을 중심으로 활동하는 소장 연구자들이 대전충남지역을 대상으로 기존의 문학사적 관점을 보충하는 방향으로 주목한 글들을 묶고 있다. 이를 간략히 소개하면 다음과 같다.

1부는 지역문학 일반론에 대한 글들로서, 「지역문학 담론의 현황과 과제」(오홍진)는 2000년대 들어 활성화되고 있는 지역문학 담론의 현황을 점검하고, 그를 통해 지역문학이 여전히 짊어지고 가야 할 과제가 무엇인지 살펴본 글이다. 지역문학의 소수성과 타자성, 정체성과 주체성, 지역문학사 서술방법론 등으로 세분화되어 진행되고 있는 최근의 지역문학 담론은 지역문학의 활성화를 위해서라도 세밀하게 평가하고 넘어가야 할 문제라고 할 것이다.

「지역문학에 대한 소고」(김현정)는 지역문학을 소수성의 문제와 연결하여 오늘날의 지역문학의 실상과 민족문학과의 연관관계, 그리고 지역문학의 전망 등을 살피고 있는 글이다. 여기서는 소수성 개념을 주류에서 소외된 비주류라는 입장, 그리고 권력을 지향하는 어떤 것에 반한다는 의미로 규정한 뒤 이러한 소수성의 문학으로서의 지역문학은 지역민들의 생활이나 현실을 '지역'이라는 코드에서 해석하고 이해될 때 지역문학의 의미가 생성되는 것임을 강조하고 있다. 이 글은 소수성의 개념을 통해 지역문학을 중심의 세계에서 탈주하는 문학으로 의미화한 점에 의의가 있다고 하겠다.

「지역에 의한, 지역을 위한」(남기택)은 탈식민적 관점에서 지역문학에 접근하는 시론적 글에 해당된다. 현재 왕성한 활동을 하고 있는 작가를 대상으로 지역문학의 긍정적 전통과 해결해야 할 과제를 제시하고자 하였다. 이들을 묶어 대전충청의 지역시로서 조망이 가능한 것인가라는 근본적 문제로부터 이들 시의 지역 모티프가 정치적 의미로까지 해석되어 '탈식민적 의의'를 지닐 수 있을 것인가에 대한 논구의 과정은, 지극히 어려운 만큼 흥미로운 탐구 작업이 될 수 있을 것이다.

「대전 진보문학의 뿌리를 찾아서」(김현정)는 해방공간에 대전지역에서 발간된 좌익잡지 『현대』를 최초로 발굴하여 소개하고 있다. 1947년 8월에 발간된 이 잡지는 그동안 이 시기 대전문학으로 언급되던 순수문학 계열의 『향토』(종합지)나 『동백』(시전문지)과는 다른,

대전 진보문학의 단면을 엿볼 수 있다는 측면에서 시사하는 바가 크다. 특히 『현대』에 수록된, 대전지역을 대표하는 시인이라 할 수 있는 박용래의 「몽양선생영전에」와 박희선의 「불근산맥」은 그들의 시집에 실리지 않은, 처음 선보이는 시라는 점에서도 의미를 지니고 있다.

　　2부는 시를 분석한 글들에 해당되는데, 「동행, 사랑에 이르는 길」(김현정)은 2003년 충청도의 시인 임영조와 함께 작고한 시인인 김강태의 시세계를 두루 살피고 있다. 이 글은 김강태 시의 근간을 이루는 것을 '사랑'으로, 그리고 그 실천방법을 '동행'으로 보고 있다. 이를 통해 충청도 정신의 일면을 엿볼 수 있을 것이다.

　　「갯것들과의 합창, 함께 부르는 생명의 노래」(김화선)는 안학수의 동시집 『낙지네 개흙잔치』를 대상으로 안학수 문학 세계의 특성을 분석한 글이다. 안학수 시인이 지향하는 생태적 세계는 현실에 의거하여 구체적 삶과 더불어 형성되고 있는데, 이러한 그의 시세계와 창작의 자세는 지역이라는 경계를 넘어 진정한 의미의 지역문학의 정체성을 형성하려는 움직임을 보여준다. 지역의 아동문학이 보편적인 문학의 힘을 보여주는 예로 안학수의 (동)시를 논하고 있는 의미 있는 글이다.

「상상력과의 경주」(남기택)는 윤형근론이다. 윤형근의 시편들은 삶과 시를 대하는 시인의 집착과도 같은 애정, 그것을 바탕으로 이룬 상징의 숲이 무성하다. 치열한 현실 인식의 근저에 자리한 인간적 시선이 특히 주목된다. 이 글은 촉망받던 지역작가 윤형근의 시세계를 조망하고, 지속적인 시적 실천을 간절히 기대하고 있다.

「'관물(觀物)'의 정신에서 생성되는 여백의 시학」(오홍진)은 대전충남지역의 대표적 시인인 임강빈의 시를 다루고 있는 글이다. 사물들이 서로 얽혀 빚어내는 조화의 세계를 시화하고 있는 임강빈의 시는 대전충남지역의 문학적 정서로 인식되는 '선비정신'의 맥락과 연결되고 있다는 점에서 지역문학의 한 전범으로 제시할 수 있다.

「'불후(不朽)의 문학'을 꿈꾸며」(김현정)는 대전충남작가회의에 소속된 시인들의 작품을 전체적으로 조망한, 발문의 성격을 띤 글이다. 2004년부터 발간된 『대전충남시선집』은 대전충남지역 민족문학의 지형도를 잘 그리고 있다.

「유성, 시의 색채」(남기택)는 대전 유성과 연고가 있는 시인들의 시

세계를 간략히 소개하고 있다. 이 지역을 근거로 한 작가들 중 소장파 시인이라 주관적으로 판단한 김광선, 이종진, 이태관 등 남성작가와 김수우, 최정숙, 함순례 등 여성시인을 다룬다.

「'서정'으로 꿈꾸는 세상」(오홍진)은 충남 청양에서 농사를 지으며 시를 쓰고 있는 이진수 의 시세계를 다루고 있다. 충청도의 구수한 사투리와 어울려 드러나는 농민들의 한스런 삶과, 가난한 민중들의 고통스런 삶을 잔잔한 시선으로 바라보고 있는 그의 시는, 진보문학의 전통이 강한 대전충남시단의 진보적 경향을 잇고 있다는 점에서 지역문학적 의의를 찾을 수 있을 것이다.

3장은 소설장르를 다룬다. 「지역의 힘, 지역의 문학」(김화선)은 대전지역의 소설과 에꼴의 가능성을 탐색하고자 대전충남작가회의의 기관지 『작가마당』에 실린 소설을 대상으로 지역문학으로서 이들 작품이 지니고 있는 특성을 살피고 있다. 창간호부터 6호까지 『작가마당』에 수록된 소설들이 서사 전략으로서 충청도 사투리를 구사하고 있다는 점과, 서순희, 한윤희, 오내영, 유은선, 심정리 등 여성작가들이 보여준 여성적 인식의 차별성을 보여준다는 점을 지적하고 있다.

「『대천동 영번지』의 공간과 작중인물의 상관성 연구」(오연희)는 충남 대천을 배경으로 한 8편의 단편소설을 묶은 서희의 작품집을 분석한 논문이다. 작가 서희는 대천시의 토박이 문인으로 이 작품집에 수록되어 있는 작품들은 모두가 대천이라는 실제하는 특정 지역 사람들의 삶을 다루고 있다는 점에서 일종의 변주곡들로 읽혀질 수도 있다. 이 글은 이 작품집의 근간을 이루는 대천이라는 장소성을 중심으로 작중인물들의 내면세계를 공간과의 관련성 속에서 분석해 본 글이다.

「아이러니와 해학을 가로지르는 소설의 풍경」(오홍진)은 김종광 소설을 '아이러니'와 '해학'이라는 범주를 통해 살펴보고 있는 글이다. 아이러니가 농촌 출신으로 도시 생활에 적응하지 못하는 인물들의 삶을 드러내는 방식이라면, 해학은 농촌에서 힘겨운 삶을 유지하는 사람들의 내면에 담겨 있는 긍정의 정신을 묘사하는 방식으로 의미화되고 있다. 어느 한쪽 범주에 연연하지 않고 두 범주를 가로지르며 소설의 풍경을 연출하고 있는 김종광 소설은 분명, 대전충남지역문학의 장에 한정될 수만은 없는 한국문학계의 한 성과라 평가할 수 있을 것이다.

「분신 모티프를 통해 본 소외의 두 양상」(오연희)은 최상규의 『새벽기행』과 도스토예프스키의 「이중인격」을 중심으로 두 작가의 작품에 나타난 소외의 두 가지 양상을 고찰한 논문이다. 소외란 자기가 생각하는 자기로부터 현실적인 자기가 소외되는 과정에서 생겨나는 심리적 현상으로, 최상규의 『새벽기행』과 도스토예프스키의 「이중인격」은 주제적인 측면에서 친연성을 보여주고 있다. 특히 이 작품에서 작가 최상규가 제기한 근대적 소외가 사실은 지역작가라는 작가의 자기 소외 의식과 무관할 수 없다는 점에서, 지역 문학에 대한 모든 논의는 소외론의 관점을 비켜갈 수 없다고 본다. 따라서 근대성의 모든 부조리와 모순이 응축되어 있는 듯한 19세기 페테스부르그라는 도시에서 페테스부르그의 지역성을 한 인간의 소외의 공간으로 묘사한 도스토예프스키와, 서울에 살면서 지방 대학으로 출강하는 한 인물의 자기 소외를 변신 모티프를 통해 묘사한 최상규는 현단계 지역 문학론에서 시공간이 한 인간을 어떻게 소외시키고 그것이 어떤 양상으로 나타나는지를 보여주는 좋은 사례가 될 것이다.

「해학과 긍정」(오홍진)은 한창훈 소설에 나타나는 바다의 이미지와,

바다 주변에서 바다와 더불어 살아가는 민중들의 한스런 삶을 '해학'
과 '긍정'이라는 개념으로 풀어내고 있는 글이다. 해학적 세계관의 밑
바탕에 깔려 있는 긍정의 세계관은 민중들로 하여금 삶의 고통에 좌
절하지 않는 의지를 불어넣어 주고 있는 바, 한창훈 소설은 민중들의
내면에 잠재된 해학과 긍정에 주목함으로써 민중문학의 한 진경을 보
여준다 하겠다.

　이번 글들을 모으면서 우리는 지역문학이란 무엇인가를 고민했다.
지역적 소재를 다룬 작품인가, 지역에 사는 작가들의 작품인가. 지역
성을 담는다면 그것은 특수한 것인가 보편적인 미학원리를 완성하는
데로 나아가야 하는가 등등의 질문은 지금의 시점에서도 온전히 해명
되지 않았다. 이러한 단편적 작업들이 또 다른 후진성의 증거일 수도
있겠다는 생각을 또한 버릴 수 없었다. 그러나 우리는 이러한 노력들
이 곧 소외된 지역문학의 온전한 조망을 위한 작은 실천이라 생각하
며, 이러한 목소리들 자체가 문학장의 다양성을 증거하는 현상이라
믿는다. 항상적 관심과 실천 속에서 지역문학의 미학과 방법론이 완
성될 수 있을 것이다. 지속적인 후속 작업을 통해 이러한 믿음에 값

할 것을 약속하기로 한다.

2007. 10.
공저자 모두

제1부

지역문학론의
쟁점과 현황

지역문학 담론의 현황과 과제

오 홍 진

1. 들어가며

'지역문학'에 대한 논의는 근본적으로 '지역성'의 의미를 묻는 데서 시작할 수밖에 없다. 지역 '문학'이 아니라 '지역' 문학이라고 말할 필요야 없겠지만, 지역성이 무시된 지역문학은 그 자체로 존재해야 할 근거를 상실할 것이기 때문이다. 지역문학에 대한 담론적 성찰은 일차적으로 '지역성'의 맥락을 살펴보는 데서 비롯될 수 있는 셈이다. 하지만 이러한 당연한 명제 앞에서 지역문학의 연구자들은 고뇌에 빠진다. '지역성이란 무엇인가'라는 질문을 던지는 순간, 그 질문은 고스란히 질문을 던진 사람에게 부메랑으로 되돌아온다. 스스로 대답해야 할 질문을 던졌는데, 그 질문에 대답할 수 없을 때 연구자는 질문을 던진 것을 후회할지도 모른다. 도대체, 한국 사회에서 지역성을 말한다는 것이 무슨 의미를 지니고 있으며, 그것을 밝혀낸다고 해서 무엇이 달라질 수 있겠는가라는 생각에 이르면, 그야말로 지역 문학 연구자들의 뇌리에는 수많은 고민거리들이 스쳐지나가기도 한다. 그럼에도 '지역문학'이 존재하는 한, 아니 '지역문학'이 존재해야 한다고 생각하는 연구자들이 있는 한, '지역성'에 대한 질문은 변함없이 제기되지 않을 수 없을 것이다.

지역성을 단순히 인식론적인 지평의 물음으로 한정할 수는 없다. 지역성은 무엇인가라는 물음은 실제 그 지역에서 살고 있는 사람들의 삶과 연관되는 물음이라는 점에서 사회·존재론적인 물음과 연관되기 때문이다. 그러므로 지역성은 무엇인가라는 물음보다는 그 지역의 사람들은 '지역성'을 어떻게 생각하고 있는가라는 물음이 더욱 생산적인 물음으로 다가온다. 지역성의 맥락을 의미화하는 작업이 어려운 까닭은 여기에 있다. 지역성의 정의를 내리기는 쉬울 것이다. 하지만 그 정의가 지역민들의 삶의 현실과 연관되지 않는다면, 그것은 담론 속의 정의로만 제한될 뿐이다. 대전을 '양반의 도시'(대전·충남의 지역의 시를 분석할 때 '선비정신'을 주제로 삼는 것은 이 때문이다)라고 한다. '충청도 양반'이라는 말로도 통칭되는 이러한 말은 과연 대전이라는 장소의 '지역성'을 근원적으로 표현하고 있는가? 행정의 중심 도시, 교통의 중심 도시라는 표현을 대전만의 '지역성'을 대표하는 '의미-맥락'으로 자신 있게 말할 수 있겠는가? 우리가 익히 들어온 '대전'의 특성은 소위 중심을 향한 지역민들의 하염없는 열망을 담론적으로 표현한 것은 아닐까? 지역성에 대한 물음이 중심을 향한 열망으로 전도될 때 지역성은 또 다른 '중심'을 설정하기 위한 지배 담론의 하나로 전락한다. 이렇게 본다면, 지역문학은 중심을 향한 지배담론과 끊임없이 거리를 두어야 한다는 전제를 태생적으로 간직하고 있다고 말해도 좋을 것이다.

지역문학과 관련된 담론적 성찰들을 살펴볼 이 글은 무엇보다도 이러한 '지역성'의 맥락이 의미화되는 장소에 주목한다. 지역성은 한 지역의 역사성과 뗄 수 없는 관계를 형성한다는 점에서, 공간적 구획의 맥락을 넘어서는 개념이다. 이를테면 대전이라는 지역은 다른 지역과 공간적으로 구획되어 있기 때문에 '대전-지역'으로서의 특성을 갖는 것이 아니다. 대전이라는 지역의 역사성이 '대전'의 지역성을 표현한다. 역사성의 개념은 물론 대전 지역의 실제 역사와 상관되겠지만, 무엇보다도 대전 지역민들이 대전이라는 공간에 살면서 겪는, 사소한 일상들을 포괄해야 한다. 서울이라는 중앙(중심)을 축으로 움직이는 한국사회의 현실에서 지역민으로 살아간다는 것은 중심주의의 폐해를 고스란히 몸으로 받아내야 한다는 것을 의미한다. 중심주의를 향한 갈망은 지역민이라고 해서 예외가 아니다. 당장 지역의 우수한 문인들이 서울(중심) 지역의 문단으로 대거 빠져나가는 현상이 해마다 되풀이되고 있지 않은가. 지역문학을 중앙 문단의 수준에 미달하는, 수준 낮은 문학으로 인식하는 근저에도 이러한 중심주의적 차별의 논리가 개재해 있다. 지역 문학의 가능성은 따라서 중심주의의 차별구조를 넘어서는 지점에서 생성될 수 있다. 지역성의 맥락을 보존하면서, 중심주의의 차별구조를 혁파할 수 있는 대안은 과연 가능할 수 있을까? 이 글은 여러 지역문학 연구자들의 논의를 살펴보며 그 '가능성'의 현실성 여부를 탐색하는 글이 될 것이다.

2. 지역문학의 타자성과 소수성

지역문학을 타자성과 소수성의 문학으로 바라보는 관점은 지역문학

연구사에서 가장 뿌리가 깊은 관점이다. 소수성(minority)은 1990년대 이후 문학비평계에서 유행하고 있는 '탈식민주의' 이론과 연관되는 개념이지만, 탈식민주의가 유행하기 전부터 지역문학은 이미 서울 중심의 '중앙문학'에 밀려 항상 소수자의 위치로 내몰려 왔기 때문이다. 그러므로 소수문학으로서의 지역문학이라는 인식의 밑바탕에는 서울 중심주의에 대한 강력한 비판정신이 내장되어 있다. 지역문학에 대한 관심은 실상 중심과 주변을 나누고 중심의 관점에서 주변부의 삶(문학)을 평가하는 지배담론에 대한 비판과 맞물려 있는 셈이다. 지역문학의 소수성에 대한 논의가 지역문학의 타자성에 대한 논의로 자연스럽게 흐르는 까닭도 이러한 측면에서 찾을 수 있을 것이다.

지역문학의 타자성에 주목한 글로는 우선 송기섭의 「지역문학의 타자성」(≪문학마당≫ 2004년 겨울호)이라는 글을 들 수 있다. 송기섭은 "지역을 말하는 대부분의 담론에는 근대적 제도가 형성한 근대주의가 깊디깊게 배어 있다"면서, "지역을 문학권력의 힘이 작용할 지배의 경계에 통합"하려는 국가주의적 담론을 지역문학과의 대립선상에서 비판적으로 인식하고 있다. 송기섭은 특히 운동으로서의 문학적 구도로 근대문학의 여명기를 헤쳐 온 '조선프롤레타리아예술동맹(카프 KAPF)'의 조직구성에 주목하고 있는 바, 카프의 문단조직이 근대적 국가 조직의 시스템을 모사하는 과정에서 중심/주변을 구분하는 현재의 문학적 구도가 이루어졌다는 주장을 펴고 있다. 그리하여 중심에서 배제된 지역문학은 타자화된 존재로 낙인찍혔고, 그것은 곧바로 지역문학을 소수성의 문학으로 내모는 결과를 불러일으켰다는 것이다. 운동으로서의 문학적 구도는 1980년대 민족(민중)문학의 장으로도 이어지거니와, 이 시기 민족문학 담론이 지역문학에 무관심했던 이유도 이와 무관할 수 없다 하겠다.

이처럼 지역문학이 타자화되는 조건을 근대적 제도가 구축한 문단 조직에서 이끌어내는 송기섭의 관점은 지역문학의 타자성을 근대적 제도의 억압구조와 연관시키고 있다는 점에서 의의가 있다. 특히 그는 지역문학의 근대성과 관련하여, 근대문학의 동일자적 논리가 지역문학의 타자성을 배제하는 과정을 정치하게 분석하고 있는데, 그러한 분석의 과정을 통해 그는 지역문학을 "소수집단의 향유양식"으로 규정한다. '지역문학의 타자성'이라는 제목에 드러나는 대로, 글 자체가 추상적인 논의로 흐르고 있지만, 지역문학에 대한 역사적 접근이 부실한 상황에서 송기섭의 이 글은, 지역문학의 타자성을 역사적 맥락으로 짚어내고 있다는 점에서 의미 있는 글이라 하겠다. 지역문학을 소수성의 문제와 연결하는 작업은 김현정의 「지역문학에 대한 소고 : 소수자 문학과 관련하여」(≪작가마당≫ 5호, 2002)라는 글에서도 이루어지고 있는 바, 그는 소수성의 개념을 "주류에서 소외된 비주류라는 입장, 권력을 지향하는 어떤 것에 반한다는 의미"로 사용하고 있다. 그리하여 소수성의 문학으로서의 지역문학은 "지역민들의 생활이나 현실을 '지역'이라는 코드에서 해석하고 이해될 때 지역문학의 의미는 생성되는 것"이라는 입장을 개진하고 있다.

두 연구자가 주목하는 지역문학의 타자성-소수성은 지역문학을 중심의 세계에서 탈주하는 문학으로 의미화하는 데 필수적인 개념들이라 할 수 있다. 구미(歐美)의 탈식민주의 문학이론이나, 프랑스의 철학자 들뢰즈(G. Dleuze)와 가타리(F. Guattari)의 '소수성의 문학'을 이론적 근거로 하여 펼쳐지는 이러한 논의는 지역문학 담론이 더 이상 '지방문학'이나 '향토문학'과 같은 열등감의 산물이 아님을 새삼 증명한다. 지역문학은 이제 중심에서 내몰린 주변부의 문학으로 치부되지 않는다. 중심과 주변의 경계 자체가 무화되고 있고, 또한 주변부의 시선이 중심부의 동일자적 논리에 틈새를 내는 '새로운 시선'이라는 관점이 점차로 부각되고 있는 것이다. 지역문학의 '주변부적 시각'은 구모룡의 『지역문학과 주변부적 시각』(신생, 2005)에서 심도 있게 다루어지고 있는데, 그는 이 책에서 지역문학을 반(半)−주변부의 세계에서 새롭게 잉태되는 저항의 문학으로 의미화하고 있다.

구모룡은 우선 지역의 '순수성'이나 '자립성'을 지나치게 강조하는 시각은 "모든 지방을 권력화한다는 점에서 중심주의와 비슷한 인식구조"를 지니고 있다고 비판한다. 중심의 시점에서 그려지는 심상지리를 주변과 중심의 다층적인 관계를 인정하는 새로운 심상지리로 바꿔 그려야 한다는 것이 구모룡의 핵심적인 주장인 바, 그는 무엇보다도 지역문학이 가치의 혼재현상이 두드러지게 드러나는 "반주변부"의 상황에 주목해야 한다고 주장한다. 지역을 토속성과 향토성의 전통적 세계로 보는 시각은 자본주의의 세계화가 지역 구석구석에까지 파급된 현실을 애써 무시한다. 한미 에프티에이(FTA)를 반대하는 농민들의 외침을 생각해 보라. 농촌은 (대)도시와 마찬가지로 세계화의 자장 속에 들어가 있다. 농민들이 싸울 대상은 대한민국의 정부이기도 하지만, 동시에 거대한 농업시장을 휘어잡으려는 세계화론자(다국적 기업가)들이기도 하다.

구모룡의 지역문학 담론에서 중요하게 부각되는 지점은 이처럼 지역의 문제가 더 이상 지역만의 문제로 한정될 수 없다는 인식에서 찾을 수 있다. 지역의 문제는 "근대의 문제이고 세계의 문제"이다. 에프티에이(FTA)에 반대하는 사람들이 싸우는 대상은 '세계화'를 확산시키려는 전 세계의 세계화론자들이 아닌가. 그래서 세계화와 반세계화의 논리가 혼재하는 '반주변부'의 삶에 구모룡은 주목하자고 제안한다. 그에게 지역성은 역사성과 다를 수 없는 특성이다. 역사성을 거창하게 생각할 필요는 없다. 지역에서 끊임없이 벌어지는 반세계화 운동 역시 이러한 역사성의 현실적 표현에 해당될 것이다. 구모룡은 결국 반주변부의 경계영역에서 벌어지는 모방과 저항의 이중적 계기들을 지역문학의 새로운 문제틀로 제시하고 있는 셈이다.

지역문학의 타자성과 소수성은 사실 지역문학이 지향해야 할 미래의 모습을 예시하는 특성들이라 할 수 있다. 타자화의 과정을 거친 주체가 진정한 주체화의 과정으로 들어설 수 있듯, 타자화의 경험을 뼛속 깊이 체험한 지역문학(인)의 현실은 지역문학의 진정한 주체화를 이끄는 긍정적 계기로 작용할 수 있다. 문제는 그러한 주체화의 과정에 개입되는 다층적이고 복합적인 현상들을 어떻게 지역문학의 지역성(역사성)으로 승화할 것인가라는 점에 있을 것이다. 타자성과 소수성에 대한 인식은 그 출발점에 해당되는 것이지 종착점에 해당되는 것은 아니다. 타자성과 소수성의 개념으로 확장된 지역문학의 담론은 이제 저마다의 지역에 내재된 지역성(역사성)과 만나 새로운 지역문학의 상을 만들어내야 할 시점에 와 있다. 구모룡은 이러한 지역문학의 현실을 '비판적 지역주의(critical localism)'라는 새로운 지역주의 담론을 통해 접근하려 한다. 그에 의하면, 비판적 지역주의는 "전지구적 시스템과의 연관에서 지역을 인식"하는 것이다. 구체적으로 그는 생태공동체 운동을 비판적 지역주의의 중요한 정황적 예시로 제시하고 있거니와, 생태문학을 향한 그의 두드러진 관심은 이로써 해명될 수 있다 하겠다.

하지만 구모룡의 비판적 지역주의는 중심과 주변의 변증법을 도모한다는 현실적 맥락에도 불구하고, 여전히 지역문학의 현실과는 일정한 거리를 두고 있다. 지역의 현안이 세계의 현안이 될 수 있겠지만, 그것은 지역문학이 지향해야 할 미래의 모습을 나타낼 뿐이다. 그런데도 한국사회라는 공간 자체를 세계화의 (반)주변부로 파악하는 그에게 지역문학은 이미 <지금 이곳>에 현실화되어 있는 문학으로 인식된다. 현실과 이상 사이에 새겨져 있는 이러한 틈새를 메우는 것은 비단 구모룡만의 문학적 과제는 아닐 것이다. 근·현대 부산·경남 지역에서 행해진 저항문학의 계보를 정리하거나, 3·15 마산의거(4·19 혁명의 시초가 된 사건)의 현장성을 기록한 시에 주목하는 그의 비평적 행보는 지역문학의 지역성과 역사성을 접맥하려는 구체적 시도라는 점에서, 다른 지역의 문학인들 역시 세밀하게 검토해봐야 할 문제의식이라 할 수 있다. 주변부의 삶을 통해 주변부의 문제의식을 전 세계의 문제의식으로 확장하려는 노력은 지금 이 시대의 지역문학인이라면 간과할 수 없는 문제이다. 지역문학의 타자성과 소수성은 그러한 주변부적 삶과 이어지는 지점에서 지역문학의 새로운 쟁점으로 부각될 수 있을 것이다.

3. '지역구심주의'와 지역문학의 정체성

송기한·김현정이 엮은 『대전·충청 지역의 고향시』(다운샘, 2004)에는 충청도 시인들의 다양한 작품들이 수록되어 있다. 편저자들은 이 책의 서문에서 "이 지역 시인들의 정서라 할 수 있는 '느림의 정신'과 '선비정신'도 함께 찾을 수 있다"고 밝히면서, "전북 장수에서 발원하여 금산, 영동, 대전, 공주, 부여, 강경을 지나 장항으로 빠지는 금강은 자그만치 천릿길을 유랑하는데, 이렇듯 긴 여정을 하는 금강을 통해 '여유', '다정함', '겸손함'을 음미할 수 있고, 또한 충청·대전 지역민들의 기질과 밀접한 '느림'의 아름다움 역시 발견할 수 있다"는 점을 강조한다. 충청 지역의 고향시 분석을 통해 편저자들은 느림과 여유, 그리고 선비정신을 충청 지역의 시적 정서로, 나아가 정체성으로 인식하고 있는 것이다. 지역의 정서를 지역의 정체성과 연관 짓는 태도는, "지역 작가의 '고향'을 소재로 한 작품을 분석·평가하는 작업은 지역의 정체성을 확인하는 작업 중 하나"(김현정, 「정훈과 박용래의 시에 나타난 고향의식」, 위의 책, 373쪽)라는 김현정의 언급에서도 새삼 확인할 수 있겠다.

　중심에서 소외된 채 타자화되고 소수화된 지역문학의 현실을 생각한다면, 지역문학의 정체성을 탐색하는 작업은 지역문학 연구의 필수적인 과정으로 자리매김할 수 있다. 문제는 지역문학의 정체성을 어떻게 설정할 수 있는가라는, 당연하지만 어려운 질문에 우선 대답해야 한다는 점에 있다. 탁석산은 『한국의 정체성』(책세상, 2000)에서 "정체성과 동일성은 사실상 같은 개념으로 변화 속에서 남아 지속되는 그 무엇에 관한 것이다. 즉 변화, 지속, 동일함의 문제를 다루는 것이 정체성의 과제"라고 이야기한다. 변화 속에서도 남아 지속되는 그 무엇이 정체성의 핵심이라는 언급에 주목해 보자. 지역의 정체성은 다른 지역과 '우리가 살고 있는 지역'을 구별해줄 수 있는 것이어야 한다. 다시 말해 한 지역의 구체적 삶을 통해 구현되는 '동질성-동일성'의 미학이 지역문학의 미학적 조건을 형성한다. 대전·충청 지역의 미학이 느림과 여유, 선비정신에 있다면 그것은 동시에 그 지역민들의 삶의 현실과 조응되는 미적 조건으로 나타나야 한다. 그런데, 여유와 여백의 미학은 조선조 한시문학의 중요한 특성이었다. 고통스런(세속적인) 현실을 떠나 유유자적하는 선비들의 삶은 조선조의 시가문학을 훑어봐도 쉽게 발견할 수 있는 특성인 바, 그런 점에서 느림과 여유의 미학은 사실상 한국문학의 보편적인 특성(특히 지배층 문학의)이라 말해도 상관없을 것이다. 그러므로 느림과 여유가 대전·충청 지역의 정체성을 표출하는 미학적 특성으로 제시되려면, 이전의 시가문학에 나타난 특성과 어떻게 구분될 수 있는지 이야기할 수 있어야 한다. 지역문학의 정체성을 밝혀내는 문제는 이곳에서 심각한 난관에 봉착하거니와, 이러한 문제는 지역성을 고민하는 지역문학 연구자라면 피하지 못할 난제이기도 할 것이다.

탁석산은 정체성 판단의 기준으로 현재성, 대중성, 주체성 등 세 가지를 제시하고 있다. 현재성은 "정체성에 대한 모든 논의는 현재 우리나라에서 일어나는 현상에서 출발해야 한다는 것"을 의미하며, 대중성은 "많은 사람이 좋아하고 인정하며 즐기는 노래가 한국의 정체성 탐구의 주 대상이 되어야 한다"는 말에 드러나는 대로, '지금 이곳'을 살아가는 사람들의 삶과 직접적으로 연관되는 특성을 가리킨다. 요컨대 현재성과 대중성은 '지금 이곳'을 사는 사람들의 삶을 정체성의 기준으로 바라봐야 한다는 의미로 정리할 수 있다. 이러한 점은 지역문학의 정체성을 논구하는 연구자라면 인정하는 바인데, 지역의 현안을 지역문학의 핵심적 과제로 성찰하는 최근의 지역문학 담론은 무엇보다도 이러한 문제의식을 공유하고 있다 하겠다. 중요한 것은 현재성과 대중성의 문제를 지역문학의 주체성으로 연결하는 작업이 생각만큼 쉽지 않다는 점에 있다. 지역(집단)의 정체성은, 탁석산의 지적대로 "집단의 성향"이며, "집단은 여러 가지의 문화적, 정치적, 경제적, 사회적, 종교적 현상을 통해 자신의 주체성을 드러낸다." 정체성이 '우리'와 '남'을 구분하는 것이라면, 주체성은 그러한 구분의 바탕 위에서 행해지는 삶의 태도를 의미한다. 따라서 지역민으로서의 삶은 지역의 정체성이 밝혀져도 여전히 해결되지 않는 문제로 남을 수밖에 없다. 지역문학의 정체성은 이처럼 정체성과 주체성의 경계지점에 위치한다. 지역의 지리적인 특성과 역사적인 조건, 그리고 지역민들의 다양한 삶이 어울려 지역을 대표하는 지역문학이 탄생한다면, 한 지역의 지역성을 형성하는 조건은 그만큼 그 지역의 지역민들이 살아온 삶의 역정과 이어지지 않을 수 없다. 지역문학의 정체성이 이미 고정된 정체성이 아니라 항상 변화하는 정체성이라는 점은 그래서 마땅히 강조되어야 할 부분이라 하겠다.

지역문학의 정체성과 관련하여 박태일의 『한국 지역문학의 논리』 (청동거울, 2004)를 주목할 수 있다. 박태일은 자신이 세운 지역문학의 논리를 경남·부산 지역의 문학에 구체적으로 적용한 『경남·부산 지역문학 연구 1』(청동거울, 2004)이라는 단행본도 냈는데, 책 제목만큼이나 그는 '한국 지역문학의 논리'를 세우기 위해 고군분투하는 대표적인 지역문학 연구자이다. 그는 "이제 지역은 더 이상 중앙·중심에 얽매여 있는 지방이나 변두리가 아니다"라고 선언하며, 지역 구심주의(local centripetalism) 의식의 중요성을 강조한다. 지역 구심주의는 "경험 가능한 삶터를 인식의 중심에 세우는 수평적 틀"이라는 의미대로, 지역민의 현재적 삶을 세계의 중심에 세우는 작업이라 할 수 있다. 물론 여기서 말하는 세계의 중심은 '중심주의'의 폐해를 그대로 답습하는 것이 아니다. 중심은 중심이되 다양한 중심을 인정하는 중심이며, 모든 지역이 중심이 되는 다층적인 중심을 그것은 의미한다. 이러한 인식의 밑바탕에는 "지역은 오랜 근대의 공간 경험과정에서 속겉으로 부서지고 일그러진 직접적인 피해자"라는 저자의 뼈아픈 성찰이 스며들어 있다. 억압된 것의 복귀라 이름할 수 있는 지역의 중심화는 2000년대 들어 점차적으로 세력을 얻고 있는 소수성의 문학과도 직접적으로 연계될 수 있다 하겠다.

박태일이 세우려는 지역문학의 논리는 정체성의 문제를 둘러싼 앞서의 논의에서 밝혔듯, 지역의 현재성과 대중성, 그리고 주체성의 담론적 과제를 하나하나 풀어가는 과정에서 굳건해지고 있다. 우선 그는 지역민들의 '경험 가능한 삶터'를 중시하고 있는데, 지역민들의 현재적 삶을 지역문학의 핵심으로 제시함으로써 그는 지역 구심주의의 이론적 틀을 성찰하기 시작한다. 대중성은 지역민들이 공감할 수 있는 현재적 사안을 의미하므로, 그것은 지역문학의 현재성과 뗄 수 없는 관계를 맺고 있다. 지역민들의 구체적인 삶은, 특히 지역문학을 통해 구현되는 지역민들의 구체적인 삶은 현재성과 대중성을 담지해야만 지역문학으로서의 가치를 실현할 수 있는 셈이다. 박태일이 고민하는 부분은 역시 지역문학의 주체성을 살피는 데서 나타나는데, 그는 "세계화의 원심력과 지역화의 구심력은 순리"라는 인식 아래, "모든 문학은 스스로 이미 장소문학이거나 지역문학"이라는 핵심적인 주장을 이끌어낸다. 자신이 발 딛고 사는 지역이 세상의 중심이고, 거기에서 파생되는 개인적·사회적 문제는 곧바로 세계의 문제로 확장된다. '지역문학은 민족문학'이라는 인식은 이 지점에서 생성되거니와 "지역문학에 대한 관심은 마침내 민족문학의 다양성을 되살리고 겨레문학의 가능성을 새롭게 찾으려는 학적 호기심과 모험심에 맞닿아 있는 일"이라는 박태일의 생각은 이렇게 본다면, 지역문학의 "새로운 윤리"를 제시하려는 그 나름의 학문적 노력으로 평가할 수 있을 것이다.

하지만 '지역 구심주의'를 근간으로 펼쳐지는 지역문학의 논리는 주변부의 문학으로 몰리던 지역문학을 민족문학의 다양한 중심에 배치하는 장처에도 불구하고, 지역문학의 주체성에 대한 논의에 이르러서는 일정한 한계를 반복하고 있다. 경남·부산 지역의 문학작품을 구체적으로 분석하는 글에서도 이러한 점은 산견되어 나타나거니와, 그것은 주변부로 소외되어 있던 지역문학을 다양한 중심을 지닌 문학장으로 수용하는 과정에서 생긴 결과일 수도 있겠다. 요컨대 「경남지역 계급주의 시문학 연구」, 「근대 통영지역 시문학의 전통」 등에서 박태일은 경남·부산 지역의 문학적 지형도를 세밀하게 그려내고 있지만, 거기에는 지역의 구심성만 오롯이 부각될 뿐 세계화의 원심력은 구체적으로 분석되지 않고 있다. 부산·경남 지역 문인들의 부왜(친일) 활동을 비판한 글들 역시 부왜 문인들로 평가되는 그들의 문학이 왜 하필 '지금 이곳'에서 지역문학의 과제로 연구되어야 하는지에 대해서는 분명하게 언급하고 있지 않다. 지역문학을 향한 박태일의 지극한 관심을 고려한다면, 또 지역문학의 구체적 현장을 답사하는 그의 비평적 행보를 눈여겨본다면, 이러한 지적은 췌언이 될 수도 있다. 그럼에도 지역문학의 주체성이 그 어느 때보다 절실하게 요구되는 시점에서, 지역문학 연구를 선도하는 대표적인 연구자의 문제의식을 새로이 정립하는 작업은 후임 연구자들에게는 여전히 필요한 과제라 할 것이다.

4. 지역문학사 서술과 관련된 다양한 논의들

지역문학의 타자성, 소수성, 정체성에 대한 연구는 지역문학에 대한 이론적 논의라는 점에서 분명한 한계를 지니고 있다. 그에 대한 연구는 지역문학의 발전을 위해서는 필요한 과정이지만, 지역문학 연구가 그러한 개념 연구에 그치는 것은 아니기 때문이다. 요컨대 지역문학 연구는 실제 그 지역에서 생산된 문학작품에 대한 연구로 연결되어야 한다. 작품을 생산하지 못하는 지역문학은 이미 지역문학으로서의 가치를 상실해 가고 있다고 해도 무방할 만큼 작품의 생산은 지역문학의 활성화 정도를 가늠하는 기준이라 하겠다. 지역문학의 역사에 관심을 갖는 논자들이 최근 들어 늘어나는 까닭도 지역문학의 바탕에 새겨진 이러한 문제와 연관될 것이다. 부산·경남, 대구·경북, 광주·전남, 대전·충남, 제주 등 대부분의 지역에서 지역문학사를 정리한 단행본이 발간될 정도로 연구자들은 지역의 문학사에 깊은 관심을 내보이고 있다.

그렇지만 지역문학사의 서술방법론과 관련된 연구는 지역문학사의 전국적인 발간과 비교해 볼 때, 지지부진하게 진행되고 있다. 대부분의 지역문학사는 지역의 문인들을 시대별로 나열한 후 각 문인들의 문학적 특징과 지역문학사적 위상을 기록하고 있다. 당연히 그 지역만의 독특한 지역성을 표현한 작가나 문학작품을 발굴하는 데는 큰 관심을 기울이지 않는다. 대전 지역에서 발간된 『대전문학사』(박명용 편, 한국예총대전광역시지회, 2000) 역시 이러한 문제에서 자유롭지 않다. 시·시조·소설·수필·희곡·아동·비평 등으로 세분화되어, 각기 해당 장르에 정통한 연구자들에 의해 씌어진 『대전문학사』는 대전(충남)과 직접적, 간접적으로 이어진 문인들의 작품 경향을 정리하는 차원에 머물러 있다. 특히 『대전문학사』는 지역문학사의 서술방법론에 대한 고민의 흔적이 전혀 나타나지 않고 있거니와, 이것은 문학사 서술의 기본적인 사고과정을 배제하고 있다는 점에서 두고두고 반성해야 할 부분이라 하겠다. 다만 시문학사(박명용 글)에서 대전 지역 시인들의 시 세계를 네 가지(자연과 순수서정, 영원성과 전통성, 존재의식 또는 현실인식, 역사의식과 민중성)로 구분하여 정리한 점, 또 소설문학사에서 근대도시로서의 대전의 역사를 서술하고, 대전 지역 소설가의 범위를 어떻게 정할 것인가와 같은 고민을 내보이고 있다는 점 등은 대전의 지역문학사를 새롭게 쓰려는 후임 연구자들이 좀더 심화시켜 나갈 필요가 있는 부분으로 보여진다.

지역문학사 서술을 위한 서술방법론을 본격적으로 모색하는 대표적인 글로는 양영길의 「지역문학사 서술방법론」, 「제주지역문학사 서술의 성격」(이상 『지역문학과 문학사 인식』, 국학자료원, 2006에 수록) 등을 들 수 있다. 양영길은 "문학사적 인식은 문학작품으로 창작된 작품만을 대상으로 인식하는 것이 아니라 문학담당자들이 살았던 역사, 살고 있는 현실, 살아갈 전망, 그리고 그 속에서 숨쉬고 있는 모든 정서와 역사를 바탕으로 인식하는 것"이라고 말하고 있는데, 이를 통해 그는 "지역의 생활을 재구성할 수 있는 생동하는 문제(living problem)를 골간으로 파악된 문제 중심의 역사를 통하여 지역문학사의 문학사상(文學史像)을 드러내"야 한다고 주장하고 있다. 구체적으로 그는 지역사, 수난사, 지역 정서의 생태, 가치체계 등을 지역문학사에서 관심 가질만한 '문제'로 생각하고 있는 바, 이러한 '문제'는 지역, 작가, 독자, 작품의 범위라는 네 가지 기준을 바탕으로 세분화된 지역문학의 상으로 드러나야 한다는 주장으로 이어지고 있다.

양영길은 또한 중앙 중심의 인식에서 출발한 지역문학의 관점을 맹렬하게 비판하고 있는데, 그 예로 그는 이효석의 '메밀꽃 필 무렵'이 과연 강원도의 지역문학이 될 수 있는가라는 문제제기를 하고 있다. 카프가 완전히 해체된 직후인 1936년에 발표된 이 소설은 "일제강점기 궁핍한 민족적 삶의 애환과 민족적 정신을 의도적으로 배제하면서 문장의 유창성을 통하여 서정적 분위기로 작품의 허전한 공백을 메우는 말재간을 부리고 있을 뿐"이라는 것이다. 소설의 역사적 가치에 대한 판단은 전혀 없이, 관광객을 끌어 모으기 위한 방편으로 문학작품을 활용하는 지방 자치단체의 행태도 비판의 대상이 되고 있다. 이러한 논의를 통해 양영길은 "지역문학이란 그 지역의 삶의 모습, 그 지역 사람들이 살아왔던 역사와 그 속에 숨쉬고 있는 정신을 그 바탕에 깔고 있어야" 한다고 결론짓는다. 지역민의 실제적인 삶을 지역문학의 핵심으로 생각하는 양영길의 입장은 하지만, 구체적인 지역문학사의 서술로 이어지지 않고 점에서 이제 출발점에 서 있는 논의라고 할 수 있다. 제주 4·3 문학을 통일문학과 연계시키는 글이 보이긴 하지만, 그것을 지역문학사 서술의 전모로 파악하기는 어렵다고 보아야 할 것이다.

지역문학사 서술에서 빼놓을 수 없는 논의가 지역문학의 범주와 관련된 문제이다. 지역, 작가, 독자, 작품의 범위를 기준으로 지역문학사의 서술 원칙을 세운 양영길도 그러하지만, 지역문학의 연구자들은 대부분 이 문제에 대한 나름의 의견을 개진하고 있다. ≪작가마당≫ 8호(2005년)에 발표된 「지역에 의한, 지역을 위한」이라는 글에서 남기택은 이러한 지역문학의 범주를 세 가지 차원으로 나누어 논의하고 있다. 그는 형식의 차원(해당 작가가 지역에서 살고 있(었)다는 실존적 조건), 내용의 차원('지역성'을 담보하는 문학의 내적 기제-주제 · 표현방식 등), 실정의 차원(상징권력, 인맥, 명망성, 발표지면 등)을 지역문학을 정의할 수 있는 세 가지 차원으로 제시하고 있는 바, 그는 무엇보다도 실정의 차원을 지역문학의 문제적 상황으로 인식한다. 문학장(文學場)의 상징권력에서 배제된 지역문단의 현실과 중앙문단을 향한 지역문인들의 하염없는 사랑의 밑바탕에는 지역문학의 실정적 차원이 내장되어 있다는 것이다. 그러한 문제는 어떻게 해소될 수 있을까? 남기택은 그 지역의 문학 전통을 계승하는 것이 하나의 대안이 될 수 있다고 생각한다. 이를테면 대전 · 충남 지역문학의 경우 "이른바 80년대식 민중문학의 전통은 지역문학의 가능성을 낙관적으로 전망할 수 있는 주요한 근거가" 될 수 있다는 것인데, 지역문학의 내재적 역량을 지역문학인 스스로 발견해야 한다는 남기택의 주장은, 지역문학사 서술의 근본 바탕이 무엇이 되어야 하는가를 분명히 밝혀주고 있다 하겠다.

근래 들어 문학 계간지를 중심으로 행해진 지역문학의 논의 역시 지역문학사 서술과 관련하여 고려해볼 만한 문제를 다채롭게 제시하고 있다. 광주 지역에서 발간되는 시 전문지 ≪시와 사람≫은 2006년 가을호 특집으로 '지역 언어와 시문학'을 기획했다. 시문학에서의 지역 언어의 가치를 다룬 글(이태영, 「지역 언어의 가치와 시의 방언」)과 백석, 박목월, 고재종 등의 시에 나타난 사투리의 문학적 양상을 분석한 글(윤동재, 「한국 현대시에 나타난 사투리의 힘과 쓰임새」) 두 편이 특집글로 실렸다. 이태영은 표준어에 대응되는 언어는 방언이 아니라 일상어이며, 사투리는 살아 있는 일상어라고 주장하면서 사투리에 대한 인식 전환의 필요성을 강조하고 있다. 이태영의 이러한 주장은 "방언에는 그 지역의 다양한 문화, 전통, 역사가 살아 숨쉬고 있고, 그 지역 사람들의 독특한 정서가 깊이 배어 있다"는 윤동재의 주장과 더불어 지역문학사 서술에서 '지역 언어'에 대한 고려가 얼마나 중요한가를 새삼 밝혀주고 있다. 지역민의 생활 세계를 지역 언어로 묘사하는 작품들은 지역문학이 걸어가야 할 미래의 모습을 예시한다. 표준어의 폭력에 치여 매몰된 사투리(일상어)의 언어세계 역시 우리네 삶의 전면으로 드러나는 계기로 작용할 수 있을 것이다.

≪실천문학≫ 2006년 겨울호 특집 '지역의 창조적 위반과 전복적 상상력'에서는 지역문학의 활성화를 위해 지역 문학잡지가 해야 할 역할에 대한 논의가 이루어졌다. 각 지역마다 다양하게 발행되고 있는 문학전문지가, 소위 중앙에서 발간되는 문학전문지와 차별화될 수 있는 방안을 모색하는 글들이 특집의 중심내용을 이루고 있다. 주목할 만한 글로는 하상일의 「지역문학에 대한 성찰과 지역 문예지의 역할」을 들 수 있는데, 그는 "지금 지역은 주변부적 가치가 중심부적 가치에 의해 급격하게 파괴되면서 가치의 혼돈 상태를 겪고 있다"며, 지역의 자율성과 자치성을 확보하는 대안으로 '비판적 지역주의'를 제시한다. 부산·경남 지역의 대표적인 지역문학 논객인 구모룡, 박태일 등의 지역문학에 대한 소중한 성과를 이어받고 있는 하상일은 한편으로, "지역문학사의 대부분이 문단의 주요 사건이나 문인들의 활동 상황을 나열하는 수준에 그치고 있어 제대로 된 문학사의 체계를 갖추었다고 보기는 어렵다"는 지역문학사와 관련된 비판적 인식도 내보이고 있다. 이 특집에 참여한 연구자들은 지역문학의 활성화를 위해서는 지역의 자율성이 선행되어야 한다는 인식에 공감한다. "자본

이 중앙으로부터 자율성을 얻지 못하는 한 지역 자치는 힘들"다는 이은봉의 주장이나, "지역은 각기 다른 특성을 갖고 있는 소우주"라는 이희환의 생각 등으로 이러한 관점은 구체화되거니와, 지역문학사 서술 역시 근본적으로는 중앙으로부터 지역의 자율성을 획득하는 제도적 과정과 맞물려 제 자리를 잡아나갈 수 있을 것이다.

지역문학사 서술은 한 지역의 문학적 성과를 점검하는 자리라는 점에서, 지역문학의 핵심적인 부분이라 할 수 있다. 그만큼 지역문학사 서술은 지역문학을 활성화하는 계기가 될 수 있는 바, 각 지역마다 지역문학사 서술에 큰 관심을 보이는 이유도, 지역문학사 서술에 담지된 이러한 장점을 깨닫고 있기 때문이다. 하지만 방법론이 배제된 지역문학사 서술은 지역문학의 수준을 지역문학인들 스스로 낮추는 독소로 작용할 수 있다. 특히 '한국문학사'라는 이름으로 이미 나온 문학사에 실리지 않은 문인들을, 작품에 대한 평가 기준 없이 지역문인이라는 이유로 지역문학사에 기록한다면, 그것은 문학사의 평가 자체를 무시하는 반학문적인 태도가 될 것이다. 결국 지역문학의 현재적 상황에서 중요한 것은 '지역문학사 서술'과 같은 이벤트성 사업이 아니라, 지역문학의 정실주의나 아마추어 정신을 극복(박태일)하려는 학문적 자세를 구비하는 것이다. 지방과 향토의 문학으로 폄하되었던 지역문학이, '지역성'을 담보하는 '지역의 소중한 문학'으로 변화되어 온 밑바탕에는, 지역문학을 학문의 차원으로 승화시킨 연구자들의 끊임없는 노력이 스며들어 있다. 지역문학사 서술은 바로 그러한 연구자들의 노력이 모여 새롭게 정립되어야 할 과제이다. 그리하여 지역문학의 새로운 미래를 창출할 수 있는 과제로서 지역문학사 서술이 이루어질 때 지역문학 스스로 그 존립 근거를 마련할 수 있을 것이다.

5. 나가며

필자는 이 글의 모두(冒頭)에서 지역성의 맥락을 보존하면서, 중심주의의 차별구조를 혁파할 수 있는 대안은 있는가라는 질문을 던지며 글을 시작했다. 이 글은 그 대안을 찾기 위해 여러 지역문학 연구자들의 글을 살펴 왔지만, 그럼에도 대안은 쉽게 찾아지지 않는다. 지역문학의 소수성-타자성을 인식하고, 지역문학의 정체성-주체성-자율성을 굳건히 해야 한다고 논자들은 주장하고 있지만, 실제 그러한 주장이 지역을 대표하는 '문학작품'으로 실천되고 있지는 않기 때문이다. 물론 구모룡의 경우처럼, 부산·경남 지역 출신인 김정한의 소설에 나타난 지역성을 바탕으로 지역성과 보편성의 상호관계를 밝혀내는 작업도 이루어지긴 했지만, 그 역시 지역문학 이론을 김정한이라는 한 작가의 작품에 적용한 성격이 강한 글이라 하겠다. 지역문학의 정체성이 제대로 정립되지 않은 상황에서 지역문학의 주체성과 자율성을 말하기는 어렵다. 지역문학의 범주를 세밀하게 정립할 필요성은 여기서 자명해지는데, 각 지역의 문예지나 '지역문학사' 단행본들은 이러한 문제에 발 빠르게 대처하지 못했다고 해도 과언은 아닐 것이다.

지역문학에 대한 문제의식은 분명히 있지만, 그 문제의식이 실제의 문학적 상황으로 전환되지 못하고 있는 점은 철저하게 반성하고 넘어가야겠다. 이를테면 지역문인들의 식민주의 사고 행태를 비판할 경우, 식민주의적 사고를 극복할 수 있는 대안이 뒤따르지 않는다면, 그것은 비판을 위한 비판에 머물 수밖에 없다. 중앙을 향한 욕망을 버리고, 지역성에 관심을 갖자는 주장 역시 문인들이 처한 현실적 상황과 거리가 있기는 마찬가지이다. 사회 전체의 의식구조가 그렇게 설정되어 있는 상태에서, 의식에 대한 비판은 자칫 당사자에 대한 비난의 수사로 표출될 수 있는 것이다.

문학은 기본적으로 정신의 산물이지만, 문학의 물질성(제도성) 역시 배제할 수는 없다. 자본주의 사회에서 문학을 한다는 것은 이러한 물질성과의 끊임없는 사투 속에서 이루어지지 않는가. 지역문학이 한 지역의 문학으로만 한정되지 않는 이유가 여기에 있다. '비판적 지역주의' '지역구심주의' '신지역주의' 등 여러 가지 지역 논의가 펼쳐지고 있지만, 각 지역의 문학을 연계하는 작업은 실상 없다고 해도 무방하다. ≪실천문학≫의 지역문학 특집이 거의 유일할 정도로, 지역 간의 문학을 상호 점검하고 그를 통해 대안을 제시하는 기본적인 협의의 과정이 지역문학계 내부에서도 거의 이루어지지 않고 있는 셈이다.

지역문학 연구는 생각만큼 보답이 돌아오지 않는 분야이다. 한국사회처럼 서울이라는 지역에 모든 역량이 집중되는 중심주의(국가주의)의 나라에서, 지역에서 문학을 연구하고 지역에서 창작을 한다는 것은 스스로 고립의 상황 속으로 들어가는 것과 다르지 않다. 그럼에도 지역문학을 연구하는 사람들이 많아지고 있고, 그만큼 다양한 성과물들이 축적되고 있다. 지역문학에 대한 인식이 서서히 바뀌고 있음을 나타내는 징표일 것이다. 하지만 문제는 여전히 남아 있다. 중앙 문단의 상징 권력은 전혀 무너지지 않은 채 존속하고 있으며, 중앙 문단을 향한 지역 문인들의 해바라기 역시 사라지지 않고 있다. 지역 문인들에 대한 차별의식도 알게 모르게 문학계에 넘쳐난다. 무엇보다도 문학의 상징 권력이 소수의 문학권력자나 출판권력자에 몰려 있는 상황이다.

지역문학의 이러한 정황은 어떻게 보면 지역문학의 필요성을 강화하는 이유로 인식될 수도 있다. 상황이 이렇기 때문에 지역문학이 활성화되어야 한다는 주장을 자연스럽게 도출할 수 있기 때문이다. 하지만 문제는 거기서부터 시작될 것이다. 지역에서나마 상징 권력을 획득하기 위해 문학잡지를 만들고, 지역문학을 연구한다면 그것은 '중심주의의 오류'를 지역에서 다시 반복하는 것이 될 뿐이다. 지역문학 연구는 이처럼 어려운 작업이라 할 수 있다. 지역성을 중시하되, 보편성을 지향하는 지역문학의 모습은 그러므로 아직까지는 '현재형'이라고 말해야 할 것이다.

지역문학에 대한 소고

― 소수자 문학과 관련하여

김 현 정

1. 지역문학의 현재적 의미

지방자치시대 이후 지역문학에 대한 관심이 날로 증폭되고 있다. 이는 자신이 출생한 또는 자신이 거주하고 있는 지역의 문학을 올바르게 자리매김하려는 노력의 일환으로 매우 고무적인 현상이라 할 수 있다. 이러한 노력에도 불구하고 현재의 지역문학의 현실을 볼 때 아직도 여러 면에서 문제점을 노정하고 있는 것을 부인하기 어렵다. 그 하나로 중앙과 지방의 이분법적 시각, 즉 지역문학이 변두리문학이라는 시각이 아직도 지배적이라는 점을 들 수 있다. 지역문인들을 중심에서 소외된 무리들, 주류에 끼지 못한 주변에 머무는 무리들로 보는 시각이 아직도 많다는 점이다. 이러한 시각은 그 지역에서 활동하는 일부 문인들의 행위, 즉 중앙문단에서 어느 정도 입지를 확보한 후 아마추어 위에 군림하려는 문인들, 지방 문단의 권력을 잡고 문인을 꿈꾸는 지망생들에게 실력행사를 하려는 이들 때문에 더욱 고착화되기도 하는데, 여기에서 우리가 논하고자 할 지역문학은 이러한 일부 문인들의 행위와 거리를 두고자 한다.

그리고 둘째로 지역문학을 논함에 있어 그 작가가 지역사람인가, 그 지역을 배경으로 하고 있는가하는 점을 지역문학의 전부처럼 여기는 형식논리학적 관점을 들 수 있다. 그동안 이러한 관점에 의해 지역문학이 그 지역의 정서와 언어를 담아내면 된다는 단선적인 문학태도로 나아간 면이 없지 않다. 물론 그렇다고 해서 그 지방의 정서와 언어가 지역문학을 표방하는 데 중요하지 않다는 얘기는 아니다. 다만 이러한 두 요소들이 지역문학의 전부가 아닌 지역문학의 정체성을 표출하는 기제의 하나로 작용해야 한다는 지적을 하고 싶은 것이다. 이러한 점을 바탕으로 우리는 왜 지역문학에 관심을 가져야만 하는가, 그리고 지역문학이 어떤 의미를 가지고 있는가 하는 점을 집중적으로 논의하고자 한다. 이러한 물음들을 통해 지역문학의 새로운 의미와 지역문학이 나아가야 할 방향 등에 대한 모색이 가능할 것이기 때문이다.

지역문학은 기본적으로 소수성의 문학[1]이라 할 수 있다. 주류에서 소외된 비주류라는 입장에서, 권력을 지향하는 어떤 것에 반한다는 의미에서 그러하다. 소수성의 문학은 소수적인 언어로 된 문학이라기

---

1) 소수적(mineure)이라는 말은 '다수적(majeur)'이란 말과 반대인데, 단순히 수적인 비교를 하는 개념이 아니다. 가령, 곤충들은 인간보다 수가 훨씬 많지만 이 세계에서 인간이 다수자라면 곤충은 소수자이고, 여성이 남성보다 수가 적지 않지만 남성에 대해 여성은 소수자이다. 다수자 내지 다수성이란 척도적인 것, 그래서 척도의 권력을 장악하고 있는 것이고, 그것이 평균적인 것이 되는 것은 바로 그것 때문이다. 그런 점에서 '다수적인'이란 '지배적인' 내지 '주류적인' 것이고, 언제나 권력이 함축되어 있는 어떤 것이다. 소수적인 것은 그 지배적인 것에서 다수적인 것의 권력에서 벗어나는 것이다.(질 들뢰즈·펠릭스 가타리, 『카프카』, 이진경 옮김, 동문선, 2001, 43면 참조)

보다는 다수적인 언어 안에서 만들어진 소수자의 문학이다. 소수성의
문학의 세 가지 특징은 언어의 탈영토화, 개인적인 것과 정치적인 것
의 직접성의 연결, 언표행위의 집합적 배치이다. 이 '소수성'이라는
말은 어떤 문학을 특징짓는 것이라기보다는, 거대한(혹은 기성의) 문
학이라고 불리는 것 안에서 만들어지는 모든 문학의 혁명적 조건을
뜻하는 것이다.[2] 기존의 거대하고 권위있는 문학에 균열을 낼 수 있
는 조건들, 힘들은 모두 이 소수성의 문학과 관련된다. 여기에서는 지
역문학이 거대하고 권위있는 중앙문단의 문제점을 제기하는 차원이
아닌 길항작용을 할 수 있는 생산의 장의 차원에서 논의를 진행시키
고자 한다.

   지역문학은 자신의 삶의 뿌리가 된 지역 현실에 관심을 지니고 있
다는 측면에서 70-80년대의 리얼리즘 문학에서 토대를 마련할 수 있
는데, 이러한 점에서 볼 때 지역문학은 당대의 현실의 삶과 철학과
밀접하다고 할 수 있다. 지역문학이 지역 현실의 문제를 자신의 구체
적인 삶의 문제로 인식한다든지, 일상적 차원의 테두리 속에 관련시
킨다는 점에서 볼 때, 80년대 문학의 경직된 모습과 거리가 있으며,
포스트모던한 90년대 문학과도 차이가 있다고 할 수 있다. 여기에서
우리는 지역문학이 80, 90년대 문학의 한계를 뛰어넘어 새로운 문학
의 방향을 생산할 수 있는 가능성을 엿볼 수 있다.

   이 글에서는 오늘날의 지역문학의 실상을 살펴보고, 지역문학의 새
로운 개념을 설정한 뒤 민족문학과의 연관관계를 모색할 것이며, 끝
으로 지역문학의 전망을 제시해보고자 한다.

---

2) 질 들뢰즈·펠릭스 가타리, 위의 책, 43-48면 참조.

2. 지역문학의 새로운 개념

지역문학이 중앙과 지역을 우월의 공간과 열등의 공간으로 나누는 이분법적 시각에 의해 오랫동안 인식되어온 것이 사실이다. 따라서 대부분의 지역문학인은 지역문학을 중앙문학의 하위개념으로, 소외받는 문학으로 인식하여 왔다. 그래서 그들은 지역문단에서 벗어나 중앙문단에 진출할 기회가 생기면 미련없이 떠났으며, 또한 그렇게 되기 위해 부단히 힘쓰기도 하였다. 이러한 현상은 중앙문단에서 활동해야 문인으로서 제대로 인정받을 수 있는 문단풍토와 지역문단에서 활동하는 지역문인들의 비주체적이고 소극적인 인식이 어우러진 결과라 할 수 있다. 이는 기존의 중앙과 지방(역)간의 주종적 역학관계를 여실히 반영해 주고 있다. 이러한 우리나라 문학의 중앙집권화 현상은 외국에 비해 유별난 것을 알 수 있다. 가령, 독일의 경우 '중앙문단'이나 '지방문단'이라는 표현을 쓸 수 없을 정도로 지역 간의 차별이 없다고 한다.[3]

지역문학[4]이 변방의 문학으로 취급되게 된 데는 여러 가지 이유가 있겠지만, 그 중 하나로 지역문학의 연구가 제대로 되지 못한 점을 들 수 있다. 이러한 관점에 접근하여 지역문학과 그 연구의 관련성을 밝힌 박태일의 글은 시사하는 바가 크다.

---

3) 김천혜, 「지방문단뿐인 독일문학계」, 『오늘의 문학론』, 지평, 1985, 48-55면 참조.

4) '지역문학'이라는 말 외에도 '지방문학', '향토문학' 등의 용어가 사용되기도 한다. 그러나 이 용어들 간에는 일정 정도 차별성이 존재한다. 지방문학은 종속적 개념이요, 향토문학은 주관적 개념이다. 이에 비해 지역문학은 객관적인 용어라고 할 수 있다.(임재해, 「지역문화 연구를 위한 몇 가지 구상과 전망」, 『안동문화연구』, 제 8집, 안동문화연구회, 1994, 105-106면 참조)

지역문학은 지역 가치를 키워내고 이어줄 뿐 아니라, 지역 사회의 문화통합을 앞서 이끌고 있는 중요한 인자다. 그리고 지역문학의 발전은 그 연구의 도움없이는 어려운 일이다. 지금까지 지역문학이 제대로 대접받지 못하고, 지역사회 안에서조차 곁눈질 받아야 했던 까닭은 그 연구가 크게 모자랐거나 잘못 나아간 데 있다.[5]

위에서 보듯 지역문학의 가치가 제대로 평가받지 못한 데에는 지역문학에 대한 연구의 소홀이 한몫 했다는 것이다. 지역문학에 대한 연구의 필요성을 강조하는 이 대목은 연구자들의 지역문학에 대한 관심의 확대와 연구의 필요성을 여실히 보여주고 있다고 하겠다.

그러나, 이제는 지역문학의 여러 문제점을 노정한 지역문학에 대한 기존의 잘못된 시각, 지역문학이 중앙과 지역의 우등/열등의 이분법적 시각에서 탈피해야 한다. 서울과 지역간에는 "문화의 우월함과 열등함 사이에서 나타나는 차이가 아닌, 인간의 삶의 양식들 사이에서 나타나는 차이가 존재할 뿐"[6]이라는 인식이 절실하다. 인간의 삶의 양식 차이가 존재한다는 말 속에는, 그 지역의 특수성에 대한 인정이 내포되어 있다. 그리고 또한 중앙도 하나의 지역이라는 사실이 내포되어 있다. 중앙/지방, 우등/열등이라는 견고한 인식틀에 균열을 내는 이러한 작업을 통해 지역문학의 새로운 개념을 설정할 수 있는 기반이 형성된다.

지역문학의 개념을 일반적인 규정에 의해 두 갈래로 나누어 보면, 광의적인 의미로는 그 지역의 문학이라는 개념, 협의적인 의미로는

---

5) 박태일, 「지역문학 연구의 방향」, 『지역문학연구』 제 2호, 경남지역문학회, 1998, 130면.
6) 김병택, 「지역문학의 현실과 미래」, 『영주어문』 4집, 2002, 246면.

그 지역 출신 작가의 문학작품 또는 오랫동안 그 지역에 거주한 작가의 문학작품이라는 개념이다. 이러한 개념을 모르는 이는 거의 없을 것이다. 이러한 막연하고 단순한 지역문학의 개념에 인식의 전환을 가져올 무언가가 필요한데, 그것은 위에서 언급했던 지역에 대한 인식변화이다. 즉 지역은 그 구성원들의 공동체의식을 바탕으로 이루어진 세계의 중심이라는 인식 전환, 곧 중앙패권주의나 지방우월주의에 대한 지역구심주의(local centripetalism)의식이 바로 그것이다. 중앙은 '우리' 지역과 떨어져 있는 또 '다른' 한 지역일 뿐이다. 지역 가치와 지역 다양성 뿐 아니라, 구체적으로 경험 가능한 삶터를 인식의 중심에 세우는 수평적 틀이 바로 지역구심주의이다.[7] 지역문학의 새로운 개념도 이러한 인식 위에서 가능하다고 할 수 있다.[8] 이렇게 볼 때 지역문학은 "지역성을 자각하면서, 우리의 삶 전체에 대한 관심을 환기시키고 아우르는 문학"[9]으로 정의내릴 수 있겠다. 그 지역민들의 생활이나 현실을 '지역'이라는 코드에서 해석하고 이해될 때 지역문학의 의미는 생성되는 것이다. 왜냐하면 그 지역이라는 코드에 지역의 정서와 풍토들, 그 지역에서 일상을 살아가는 사람들의 구체적인 삶의 내용이 담겨 있기 때문이다. 따라서 지역문학의 개념은 그 지역의 정체성과 특수성을 드러내는 문학으로 설정할 수 있겠다.

---

7) 박태일, 「지역시의 발견과 연구」, 『한국시학연구』 제 6호, 한국시학회, 2002, 89면 참조.

8) 이러한 입장으로 볼 때, 서울도 하나의 지역으로 인식이 가능하며, 서울의 본질을 언어예술로 담아내면 서울의 지역문학이 될 것이라는 논리가 가능해진다.

9) 이현식, 「지역문학을 둘러싼 문제들」, 『작가들』, 소명출판, 2001년 겨울호, 21-22면 참조.

3. 지역문학의 정체성

지역의 정체성을 찾기 위한 작업이 한창 진행되고 있다. 그 지역만의 뿌리 깊은 정체성을 찾아내어 현재적 의미로 재해석하려는 운동의 일환으로 보인다. 이는 그 지역의 정체성을 살려 지역민과 공유하려는 측면에서 바람직한 일로 여겨진다.

먼저 여기에서 말하는 정체성(正體性)의 개념이 무엇인지를 짚고 넘어가야 할 것 같다. 에릭슨에 의하면, 정체성은 개인이 지니고 있는 연속성·단일성·독자성·불변성과 그와 같은 개인의 동질성에 대한 의식적인 감각이고, 사람이 자라고 발전함에 따라 자신과 하나가 되는 존재감인 동시에 또한 그의 역사뿐만 아니라 미래와도 하나가 되는 존재의 공동체 감각을 가진 친근감이라 할 수 있다.[10] 이러한 개인의 정체성에 비추어 지역의 정체성에 대한 의미규정을 내려보면, 그 지역에만 존재하는 연속성·단일성·독자성·불변성이며, 그 지역의 특수성과 동궤에 놓인다고 할 수 있다. 이러한 논리에 비춰볼 때 지역문학은 역사·지리·언어·민속·가치관·공동체의식 등을 바탕으로 지역의 이같은 정체성과 특수성을 드러내는 문학으로 정의 내릴 수 있다. 이렇게 될 때 비로소 문학적 가치를 인정받고 존중받을 수 있을 것이다. 또한 이러한 지역문학의 현재의 정체성에 대한 이해는 지역문학의 바람직한 미래를 위한 발전방안을 마련하는 데에 효과적으로 기여할 수 있을 것이다.

지역문학이 이러한 지역의 정체성을 드러내는 것이라 할 때 발생되

---

10) Erik H. Erikson, *Identity : Youth and Crisis*(New York : Norton, 1968), 183면, *Identity : Dimension of a New Identity*(New York : W. W. Norton and Company, Inc., 1974), 27면 참조.

는 문제 중 하나는 이 정체성 드러내기가 지역성의 강조로 이어져 자
칫 편협된 지역문학으로 전락할 우려가 있다는 점이다. 다시 말하면
정체성의 강조로 말미암아 그 지역만을 위한 지역문학으로 될 가능성
이 있다는 점이다. 그래서 이와 같은 지역문학의 편협성을 지양하기
위해서는 지역문학이 우리 민족이 지향하는 민족문학과 맥이 닿아야
할 것이다. 지역문학이 지역성을 염두에 두되, 우리의 보편적인 삶을
아우르는 문학이어야 한다는 것도 결국 이러한 맥락에서이다. 여기에
서 지역문학과 민족문학과의 소통가능한 틈이 마련되는데, 이에 대해
김승환은 '지역문학은 민족문학이다.'라는 명제가 정합성을 획득하기
위해서는 지역문학의 개념과 민족문학의 개념이 지향하는 바가 동일
해야 한다고 언급하면서 다음과 같이 언급한 바 있다.

> 지역문학은 한 지역의 문학적 총량이 아니다. 지역문학은 민족
> 문학을 실천하는 구체적 방식이며 역사적인 과정인 것이다. 생
> 존의 정체성을 확인받고 삶의 현실을 반영하는 구체적인 언어
> 예술의 방식이 지역문학이다. 다시 말해서 21세기적 삶의 세 범
> 주는 세계체제, 민족국가, 지역이라고 할 수 있을 것인데 민족
> 국가의 약화와 세계체제의 강화에서 삶의 정체성을 보장하며
> 언어예술로 표현하는 것이 지역문학인 것이다.11)

지역문학은 민족문학을 실천하는 구체적 방식이며, 역사적인 과정
이라고 주장하고 있다. 지역문학과 민족문학이 불가분의 관계이고, 길

---

11) 김승환, 「민족문학과 지역문학」, 『작가들』, 2001년 겨울호, 116-117면. 같은 글
에서 "민족적으로 사고하고 지역적으로 실천한다"라는 명제를 사용하고 있는
데, 이때의 지역은 현장이고, 민족문학이 목표로 했던 가치들을 실천하는 현장
성을 담보하는 공간이 바로 지역이다(105면 참조). 따라서 민족문학과 지역문학
은 항상 공존하고 있음을 엿볼 수 있다.

항작용의 관계임을, 나아가 지역문학의 존재 의의까지도 밝히고 있다. 따라서 우리는 지역의 정체성을 추구하되, 보편성을 염두에 둔 그러한 지역문학을 추구해야 할 것이다.

여기에서 생각해 볼 문제는, 지역간의 정체성을 고려해 볼 때 대전 지역의 정체성이 광주나 부산지역의 정체성보다 상대적으로 부족한 측면이 없지 않다는 점이다. 오래 전부터 형성된 부산이나 광주에 비해 식민지시대에 형성된 신흥도시인 대전이 역사가 짧다는 점이 작용한 결과라 할 수 있다. 유구한 역사를 통해 문화가 발전하고 정체성이 형성된 부산, 광주과는 달리 짧은 역사를 통해 문화와 정체성이 형성된 대전은 분명 문화와 정체성의 기반이 열악할 수밖에 없을 것이다. 그러나 이러한 점이 반드시 부정적으로만 작용한다고 볼 수는 없다. 왜냐하면 다른 지역에 비해 역사가 짧고 정체성이 뚜렷하지 못한 점이 한편으로 폐쇄성이 별로 없는, 개방성이 강하다는 점으로 부각될 수 있기 때문이다. 짧은 역사를 지닌 대전이 다른 지역보다 이 지역만의 문화와 정체성을 형성하고 보편적인 정서를 함양해 나가는 데 유리하게 작용할 수도 있다는 것이다.

4. 지역문학의 전망을 모색하며

민족문학과 지역문학의 합일점을 찾아온 최원식은, 「지방을 보는 눈」이란 글에서 현실 비판과 삶의 통합을 지향해야 하는 민족문학 내부에서조차 무시되고 폄하되어온 지역문학을 과연 어떤 식으로 재고할 것인가에 대해 다음과 같이 언급한 바 있다.

이 이분법(지역과 중앙을 평면적으로 나누는)의 극복을 정치적인 차원과 문학적 차원의 통일로서 밀어나갈 민족문학인들, 특히 지방에서 활동하는 문인들의 역할이 중차대하다. 오늘날 문인들의 대부분이 서울에 몰려 복작대는 것은 정말 문제지만, 사실 문인이 어디 사는가가 중요한 것은 아니다. 어디 살든지 그 지방에서 사는 한, 그 값을 제대로 하면 족할 것이다. 지방에 살면서 그저 '지방 지방'하는 것도 촌스러운 일이고, 그곳에 단지 몽뚱이만 덩그러니 얹힌 상태로 왔다갔다하는 것도 안쓰러운 것이다. 가장 이상적인 경우는 자기가 딛고 사는 고장의 삶을 자기 삶의 일부로 접수하고 그 공간 속으로 침투해 들어감으로써 지역적 실천 속에 전지구적 사고를 벼리는, 그리하여 문학과 삶을 함께 구원하려는 지역 문인들의 등장이다.[12]

전지구적으로 사고하고 문학과 삶을 한꺼번에 구원하자는 그의 제안은 지역문학에 복무하는 문학인의 대승적인 안목과 자세를 보여주고 있다는 점에서 시사하는 바가 크다. 이제 지역문학의 문제를 시·공간을 분리하는 것만으로 문제를 해결하는 데는 한계가 있기 때문에 우리에게 혁신적인 사고를 요구한 것이다. 삶이 이어지는 곳마다 내재한 제 모순을 찾아 해결하고, 인간다운 삶을 누리기 위해 무딜 대로 무딘 우리의 사고를 예리하게 만들어야 한다는 그의 주장은 '지금-이곳'을 사는 우리에게 설득력있게 다가온다.

지역문학이 지배구조의 내부를 교란시킬 수 있는 이와 같은 인식적 힘은 소수성의 존재들이 지배구조에 대항하는 삶의 토대에서 비롯된다. 따라서 지역문인들은 자신의 삶의 토대를 기반으로 끊임없이 지배구조에 균열을 내야 하고, 끊임없이 그 지배구조를 견제해야만 할

---

12) 최원식, 「지방을 보는 눈」, 『황해문학』 17, 1997. 12, 226면.

것이다. 그렇게 될 때 지역문학이 그 지역의 정체성을 담보한 보편적인 문학으로, 그리고 그 지역에 살고 있는 지역민들의 잠재성의 세계가 내포된 문학으로 생성될 것이다. 소수성의 존재들의 인식적 힘은 인식의 고정성이 아니라 유동성에서 나온다는 것이다. 그들의 인식적 힘은 결코 어떤 하나의 목적을 정해놓고 끊임없이 그 목적을 이루기 위해 질주하는 목적론적 시각이 아닌, 목적을 계속 바꾸어가는 '변용(變容)'의 속성을 지니는 유목민적인 시각에 닿아 있다. 그리고 지역문학은 '중심이라고 착각하는 문화(문학)권력이 스스로를 해체하고 문화의 지역적 평등을 실현하는 인간적 목표의 전망을 가질 때 비로소 존재의의를 확보한다. 요컨대 지역문학의 의의는 모든 삶의 터전을 지역이라는 관점에서 바라보고 그것이 작품 속에서 형상화된다는 인식 속에서 찾아질 것이다.[13]

이러한 지역문학의 실천을 위해 앞에서 잠깐 언급했던 지역문학에 대한 연구를 게을리하지 말아야 할 것이다. 이 연구는 지역공동체에 대한 실천문학임과 아울러, 지난 날의 문학연구 인습에서 벗어나려는 대항문학이며, 굳어진 문학소통 관행을 깨뜨리는 혁신문학[14]이어야 하기 때문이다.

지금까지 논의한 지역문학의 내용을 몇 가지로 나누어 정리해 보기로 한다.

첫째, 지역문학은 중앙문학과 지역문학을 우월의 공간과 열등의 공간으로 나누는 이분법적 시각에서 벗어나야 한다. 중앙/지방, 우등/열

---

13) 김승환, 앞의 글, 115면 참조.

14) 박태일, 「지역문학 연구의 한 방향」, 『지역문학연구』 2호, 경남지역문학회, 1998, 130면.

등이라는 견고한 이분법적 인식틀에 균열을 내는 작업을 통해 지역문학의 새로운 개념이 설정될 수 있을 것이다.

둘째, 지역문학은 지역의 정체성과 특수성을 드러내는 문학작품의 창작을 위해 노력해야 한다. 지역작가들은 그 지역만의 정체성을 찾아내어 문학작품으로 형상화시켜야 할 것이다.

셋째, 지역문학은 지역민들의 공동체의식을 지향해야 한다. 공동체의식은 그 지역민들을 하나로 만드는 집단적 무의식이자 잠재태이다. 그러므로 지역의 전통적 힘을 현재적 의미로 재해석하는 데 필수불가결한 요소가 된다.

넷째, 지역문학은 민족문학과 유기적 관계를 맺고 있다. 지역문학이 지역의 전통과 정체성, 그리고 공동체의식을 다루는 것이라고 해서 그 지역에만 국한되는 것은 아니다. 지역의 정체성과 공동체의식이 민족의 정체성과 공동체의식과 밀접하게 관련하고 있기 때문이다.

다섯째, 지역문학의 활성화를 위해 학자와 비평가들은 지역문학 연구에 적극적으로 참여해야 한다. 지역문학의 활성화와 질적 향상을 꾀하는 데 학자와 비평가들의 역할이 중요하다고 본다. 특히 지역성의 함축 여부, 작품성의 유무 등을 객관적으로 비평하는 작업이 필요하다.

여섯째, 지역문학은 고정된 틀에 의해 맞추어 나가는 것이 아니라 끊임없이 변모해야 한다. 지역문학은 지역의 정체성을 드러내면서, 동시에 그 정체성을 시대적 상황에 맞게 재해석해내는 작업을 요구하고 있다. 따라서 끊임없이 지역민들의 잠재태를 찾아내어 문학적으로 승화시켜야 할 것이다.

결론적으로, 지역문학은 지역의 진실과 역사를 자기화시켜 이해하면서 작품으로 형상화한 결과이면서, 문학 담당층이 갖는 개별성과 문학이 구현하는 보편성을 다같이 표출하는 구체적인 장이라 할 수 있다. 그리고 지역문학은 지역공동체의 정체성을 담보한다는 점에서 '결정성'을 지닌 문학이면서 민족 전체의 보편성을 전제로 한다는 점에서 '미결정성'을 내포한 문학이기도 하다. 이러한 두 측면의 공존이 지역문학의 정체성(停滯性)을 극복해주는 인자로 작용하는 동시에 지역문학의 특수성과 보편성을 지닌 생성의 인자로 작용하리라 생각된다.

지역에 의한, 지역을 위한

남 기 택

1.

오늘날 세계는 이른바 신자유주의의 기치 아래 전지구적 자본주의가 본격적으로 실현되고 있는 듯하다. 문화의 어떤 형식도 자본주의적 경제 논리와 치열한 경쟁을 통한 살아남기 싸움으로부터 자유롭지 못하다. 문학장 역시 상품 시장의 원칙에 의해 그 정당성과 가치가 평가되고 있는 것이 현실인바, 각종 지원금 수여 여부가 문인들의 화제가 되는 것은 어제 오늘의 일이 아니다. 더불어 강한 민족 담론의 시대로부터 '상상의 공동체'로서 민족 개념에 대한 근본적 회의가 지속되는 전환기의 시대를 우리는 살고 있다. 민족문학의 위상이 곧 근대문학을 대표했던 우리 문학장의 관성도 위와 같은 인식 변화와 함께 패러다임의 전환을 맞고 있는 현실이다.

관점의 변화는 현실의 변화로부터 비롯된다. '강한' 민족 담론의 위기는 공동체와 문화를 이끌어가는 민족 단위의 현실 구조가 해체됨으로부터 비롯될 것이다. 반면 여전히 맹위를 떨치고 있는 자본주의적 현실은 각종 잉여 가치를 종속적으로 분배하는 또다른 모순을 배태하고 있으며, 이에 문화의 식민성은 정치의 식민성과는 별개로 특수한 문제적 지형으로 반복 재생산되고 있는 것이다.

탈식민주의 이론(postcolonial theory)은 문학의 (신)식민성과 문화의 혼종성을 재고하는 하나의 시각을 제시하고자 한다. 탈식민주의는 그간 당연시되었던 문학의 정전을 발본적 차원에서 재고하고, 다양한 방법론을 통해 문학 담론의 기형적 구도를 극복하자는 주요한 문제의식을 담고 있다. 우리의 문학이 오리엔탈리즘적 식민성의 구조로부터 자유롭지 못하다는 점은 부정하기 어렵다. 예컨대 이론의 서양 편력, 문학을 보는 시각, 중앙과 지역의 이분법적 구도 등은 지금 이 순간에도 한국문학장을 규정하는 중심 질서로 기능하고 있다.

한편 탈식민주의가 유행한 지 일정 정도의 시간이 지난 작금의 상황에서 이론에 대한 부정적 입장 역시 대두되고 있다. 이론의 정당성에 대한 근본적 회의가 제기되고 있는 것이다. 특히 기존 민족문학의 입장을 지니고 있는 일련의 시각에서나 창작자 혹은 지역문학의 현장에서 이러한 목소리를 종종 듣게 된다. 현학적 외국이론이 문학과 이론, 현장과 분석의 간극을 더 큰 골로 몰고 간다는 것이 비판적 입장의 주된 논거일 것이다.

그럼에도 불구하고 실존하는 문학의 경계들을 본다. 차이를 넘어 차별로 존재하는 문학장의 폐단이 우리 곁에 있다. 중앙과 지역의 이분법적 구도, 상징권력을 소유한 명망에 의해 좌우되는 문학성, 문화적 유행을 발빠르게 섭렵하는 재기에 반해 그 평가에 둔감한 비평의 수준 등등 문학적 차별을 진지하게 고려해야만 하는 현실이 문학 위에 있다. 이에 이 글은 탈식민적 이론의 정당성을 포기하기에는 우리의 취한 자세가 너무 방관적인 것은 아닌가 하는 반성적 자세를 견지하고자 하며, 특히 지역문학의 현재라고 하는 구체적 문제에 초점을 맞추고자 한다.

2.

지역의 문학을 규정하는 기준은 무엇인가. 지역문학은 분명한 기준이 있다기보다는 관점에 따라서 다양하게 해석될 수 있는 유동적 개념이다. 그럼에도 불구하고 지역문학의 정체성을 형성하는 공통된 요소를 추론해볼 수 있다. 앞선 연구에 따르면 지역문학은 "지역의 진실과 역사를 자기화시켜 이해하면서 작품으로 형상화한 결과이면서, 문학 담당층이 갖는 개별성과 문학이 구현하는 보편성을 다같이 표출하는 구체적인 장"[1]이라 정의된다. 그런데 이러한 정의는 지역문학의 현재적 개념이라기보다는 잠재적 혹은 당위적 개념이라 할 수 있다. 우리가 지금 사용하는 '지역문학'이라는 개념이 해당 작가의 개별적 체험과 문학의 보편성을 담지하는 통일체로 사용되는 것 같지는 않기 때문이다. 오히려 중앙으로 진출하지 못한 주변부 문학, 문학성이 상대적으로 빈약한 문학, 그럼으로 인해 중앙문단의 시혜로부터 내용적·형식적으로 소외된 문학이라는 뉘앙스가 강하다.

그리하여 지역문학의 개념을 이해하는 다음의 관점이 성립될 수 있다. 우리가 지역문학이라 명명할 수 있는 일차적 근거는 해당 작가가

---

1) 김현정, 「지역문학에 대한 소고─소수자문학과 관련하여」, 『작가마당』 5호, 대전·충남작가회의, 2002, 70면. 기타 지역문학에 대한 기존의 관점이 이 글에 요령 있게 정리되어 있다.

지역에서의 삶을 살고 있(었)다는 현실이다. 이는 지역문학을 규정하는 일차적 조건, 혹은 실존적 조건으로서 지역문학의 형식이라는 층위를 이룬다. 지역문학이 그 형식을 지니기 위해서는 외형적으로 해당 지역과의 관련성이라는 조건이 필요한 것이다. 다음으로 '지역성'을 담보하는 문학의 내적 기제가 있다. 이는 작품의 주제나 표현 방식, 의미와의 관련성 차원으로서 지역문학의 내용 층위를 이룬다. 고유한 향토색, 지역적 서정, 지역적 삶의 내면적 승화 등등이 이와 관련된 요소라고 할 수 있겠다. 그런데 이와 같은 형식과 내용은 지역문학의 '종속성'을 규정하는 어떠한 근거도 되지 못한다. 그렇다면 중앙과 지역을 이항대립적으로 구분하는 종속의 조건이라는 것이 별도로 존재하게 되는데, 이를 통칭 중앙 문단과의 변별적 거리라 할 수 있다. 이러한 요소가 결국 지역문학의 종속성을 규정하는바 이를 지역문학의 실정적 층위라 부르기로 하자. 이상 지역문학의 개념이 지닌 층위를 도식화하면 다음과 같다.

개념의 층위	각 층위가 지닌 구체적 의미망
형식의 차원	지역에서의 삶, 지역적 연고, 구체적 경험 등
내용의 차원	지역이라는 주제, 소재, 기타 지역적 경험의 형상화 등
실정의 차원	상징권력, 인맥, 명망성, 독자층, 발표기회 여부 등

이렇게 볼 때, 우리가 지역문학의 문제적 상황을 거론하는 것은 지역문학의 내용과 형식이라기보다는 실정의 차원임을 알 수 있다. 지역시의 작품성이 떨어지는 것이 아니라 지역문예지로 등단한 작가가 중앙문단에 작품을 발표하기 어려운 현실이 문제이다.[2] 왜 지역문학

은 문학장의 상징권력과 독자층을 확보하지 못하는가. 그 근본적 원인은 개인의 문제를 넘어선다. 이는 근대적 문화 구조가 결과한 차별과 배제라는 "지역문학의 숙명적 의미망"인 것이다.[3] 지역문학 개념의 층위에 대한 언급, 이를 통해 확인하는 지역문학의 '현실적 의미'가 모든 지역 작품에 적용되는 것은 아니다. 개념의 각 층위가 분리되어 재현되는 것도 물론 아니다. 이러한 도식화는 우리가 지역문학을 논하는 장에서 주요하게 다루어야 할 실정적 차원을 분명히 인지하자는 의도에서이다. 이에 따른 각론을 제시하는 일환으로 다음 작품을 보자.

> 푸른 불 시그널이 꿈처럼 어리는
> 거기 조그마한 驛이 있다.
>
> 빈 待合室에는
> 의지할 倚子 하나 없고
>
> 이따금
> 急行列車가 어지럽게 警笛을 울리며
> 지나간다.

---

2) 한 예로 2005년 중앙일간지 신춘문예 시 부문 당선자 가운데 2명은 지난 해 기존 문예지를 통해 이미 등단한 사람이었다. 지방 문예지 출신은 물론 서울 지역 문예지 출신이 신춘문예에 다시 응모하는 이러한 현실은 우리 문학의 '중앙집중화' 현상을 반증하는 사례라 하겠다. 박철화, 「문단의 중앙집중화 실태와 타개책」, 『문학사상』, 2005. 4 참조.

3) 송기섭, 「지역 문학의 정체와 전망」, 『현대문학이론연구』 24집, 현대문학이론학회, 2005, 22면. 이 글은 문학이 근대 국가 권력의 문명화 기획에 의해 표준화되었으며, 이러한 전일화 논리 속에서 국민문학의 타자로 배제된 것이 지역문학이었음을 이론적으로 논증하고 있다.

눈이 오고
비가 오고……
아득한 線路위에
없는 듯 있는 듯
거기 조그마한 驛처럼 내가 있다.
　　　　　－한성기, 「역」(『낙향이후』, 활문사, 1969) 전문

　초고속 열차가 질주하는 요즘의 정서로 볼 때 「역」이 그리는 시골
역의 풍경은 고풍스럽기만 하다. 그럼에도 불구하고 우리가 한성기의
「역」을 잊지 못하는 이유는 시대와 풍물을 뛰어넘는 삶의 원체험에
대한 언어의 절경을 기억하는 데 있다. 그의 시는 단순하지만 절묘하
게 생의 고독과 삶의 의지를 그려낸다. 시인의 대표작이자 스스로의
삶과 문학을 상징적으로 보여주고 있는 「역」에서, '역'은 "의지할 의
자"조차 하나 없는 쓸쓸한 공간으로 덩그러니 놓여 있다. 하지만 그
역은, "거기 조그마한 역처럼" 존재하는 나와 더불어, 푸른 불빛 신호
등의 꿈과 어지러운 경적의 급행열차 그리고 끝없이 이어지는 선로
등속의 의미를 완성시키는 중재자이기도 하다. 일상을 둘러싼 숱한
기호들과 목적지를 향해 치달리는 행위는 역의 교섭으로 인해 그 의
미가 완성된다는 말이다. 최첨단의 문명과 기타 삶의 이기들이 표면
을 채웠다고 해서 행복이 보장되는 것은 아니다. 수많은 존재와의 숱
한 부딪힘 속에서도 본연의 고독을 벗어나지 못하는 우리들 인생은
쓸쓸한 역의 운명을 닮아 있다. 그럼에도 불구하고 무량한 시간의 흐
름을 이겨내며 존재와 존재를 잇는 소통의 역이고자 한다. 삶의 허무
는 역을 거치는 지양과 교섭 속에서 긍정으로 화한다.
　이렇게 한성기의 시는 "없는 듯 있는 듯" 우리들의 마음에 간이역

으로 남아 있다. 삶을 시로 알고, 시처럼 살다 갔다 하는 시인 한성기. 그는 화려한 문명의 도시보다는 '조그마한 역'이고자 했던 자신의 시처럼 소박한 삶을 짧게 보내고 떠나갔다. 그의 문학에 부여된 작은 역의 운명은 분단으로 인한 실향의 경험이나 지역의 오랜 체험 등과 닮아 있고("먼 길/ 내게는 먼 嶺마루를 넘어서/ 永同 禮山 鳥致院 유성으로/ 10年이 걸려서/ 돌아온/ 길", 「둑길Ⅵ」, 『실향』, 현대문학사, 1972), 또한 평생 자신을 짓누른 병마의 그림자이기도 했을 것이다("병원에서도/ 약방에서도/ 손을 못 쓰던 내 병/ ……/ 사람의 지혜", 「산·9」, 『구암리』, 고려출판사, 1975). 하지만 고독한 존재로서 간이역의 천명을 무언의 실천으로 천천히 극복해나가는 삶, 자연을 벗삼아 슬픈 운명을 넘어서고자 했던 노력의 흔적이 곧 한성기의 시편들이라 하겠다.

그리하여 한성기의 시는 대전 지역을 상징하는 의미를 지니기에 충분하다. 「역」이 새겨진 시민회관광장의 시비를 들지 않더라도 그의 시 곳곳에 배인 향토성과 토속적 소재들은 이 지역을 포함하는 전통적 정서를 환기해주고 있다. 나아가 문명 혹은 도시와의 교감을 노래하는 것 또한 한성기 시의 한 미덕이다. 그는 또 다른 시에서 "都市가 한幅 그림처럼 보이는 것은/ 이러한 位置에서였다.// 사람들마저 온통/ 꽃밭처럼 피어져 있다."(「교외에서」, 『낙향이후』)라고 노래한다. 이 작품은 평범한 몇 줄의 일상어를 통해 속깊은 의미를 발견케 하는 한성기적 스타일을 잘 반영하면서 '교외'의 '위치'를 발견하고 있다. 이는 곧 도시와 그 속의 사람들을 아름다운 풍경화와 꽃밭으로 만드는 힘이다. 이 작품은 따라서 타자이며 주변적인 것인 교외의 시선을 통해 도시의 의미를 완성한다. 역은 이제 교외가 된 것이다. 이를 농촌 취향의 봉건적 정서와 구별할 수 있을 것인가의 질문도 중요할 듯하다. 그에 대한 설명으로 전근대적 삶의 장을 형이상학적으로 미화하는 데 그치지 않는 것, 나아가 도시와 교외의 이분적 대립을 넘어서는 차원을 지적할 수 있다. 교외의 발견이란 "들꽃 하나를 따 들고/도시위에다 꽂"는 실천적 행위요 상생의 노력인 것이다. 그의 흔적을 지역에서 만날 수 있는 것은 삭막한 도시를 살아가는 자들의 큰 위안일 수 있다. 변방의 시선은 스스로 첨단의 도시가 된 오늘의 삶 속에 더욱 절실히 필요한 것이다. 한성기의 시는 이처럼 지역의 정서와 삶을 형상화한 대표적 지역시라 할 만하다.

시의 지역성을 논한다는 것은 지역시의 개념이 지닌 차별성만을 드러내는 것이 아니다. 시가 지닌 구조와 의미, 미학적 성취는 지역시를 논하는 전제가 되어야 한다. 시의 지역성에 대한 탈식민적 고찰은 개별 작품의 총체적 의미에 다가서는 전략적 수사일 것이며, 지역시가 처한 실정적 곤란을 극복하는 방법론적 견인차로서 기능해야 한다.

3.

앞서 살펴본 바와 같은 개별적 논의의 한계, 이론과 실천의 괴리 등을 극복하기 위해서는 이에 대한 부단한 관심과 지속적 논의가 필요하다. 대전·충남지역 민족문학의 역사는 여타 지역과 비교해도 손색이 없는 전통을 지니고 있다. 지역문학이 지향해야 할 방향이 다양한 형태의 억압에 대한 저항과 진정한 자율적 주체로서의 문학장 형성이라고 할 때, 이른바 80년대식 민중문학의 전통은 지역문학의 가능성을 낙관적으로 전망할 수 있는 주요한 근거가 된다.[4] 예컨대 신동엽은 80년대 민족문학의 성과를 선취하고 있으며 또한 지역문학의 구체성을 민족문학의 보편성으로 승화시킨 경우라 할 수 있다.

이러한 지역시의 민족문학적 전통을 90년대 이후까지 이어받고 있는 예로 이면우를 들 수 있다. 그의 작품들은 구체적 일상과 체험의 형상들로 가득 차 있다. 문학이 삶의 반영이라면, 그러한 문학의 원리는 이면우의 시에서 전형적으로 재현된다. 『저 석양』(호서문화사, 1991), 『아무도 울지 않는 밤은 없다』(창작과비평사, 2001), 『그 저녁은 두 번 오지 않는다』(북갤럽, 2002) 등에 수록된 시편들은, 스스로가 노동자인 것을 충실히 반영하듯, 생활이 농익은 언어의 자태를 증거하는 형국으로 매편 주조되고 있다.

> 흰 구름과 쌀밥은 닮았다 어려서
> 구름이 자꾸 몸 바꾸다 돌연 사라지는 걸
> 꿈꾸듯 지켜보는 내게, 아버지
> 너, 게으르면 힘든 밥 먹는다.
>
> 보일러 점화 삼분 뒤 굴뚝을 본다
> 탄산가스와 습증기로 된 흰 구름이 뭉게뭉게
> 차가운 하늘 속으로 반듯이 올라간다
> 내가 만든 구름 참 많이 흘러다닐 하늘 저편에 대고
> 가만히 불러보았다, 아버지
>
> 저는 지금 구름이
> 밥이 되는 기적을 만나는 중이에요.

---

4) 80년대 『삶의 문학』을 중심으로 한 대전·충남지역 민족문학의 전사에 대해서는 강병철, 「시대의 몸부림 그리고 비탈길」, 『작가마당』 7호, 대전·충남작가회의, 2004 참조.

하여, 이면우의 시편들 속에서 일상을 규정하는 노동과 자본의 긴장을 본다. 그러나 그것은 80년대적 현장성과는 다른 질을 지닌다. 이면우 시의 자본은 "내 여름의 자본은/ 두 장 반바지, 티셔츠 하나/ 그리고 작업 중 척 늘어져/ 거추장스런 반 근 불알의 자존"(「잘 있거라, 내 여름의 강」)과 같은 남루한 개인의 차원과, "돼지 살코기로 두 근이나 끊고 느타리 못생긴 거 한 소쿠리 슢아 우리 식구 배가 봉긋해지도록 먹었다 그때부터 나는 괜스리 눈물만 많아졌다 돈아, 너 참 이쁘구나"(「돈아, 너 참 이쁘구나」)와 같은 역설적 경외의 차원을 걸치며 시인의 삶을 규정하고 있지만, 정직한 노동으로 맞서는 단련의 과정을 통해 자본의 삶은 건강함을 회복하게 된다. 구름을 향한 낭만적 동경의 추상성이 구름을 만드는 보일러 작업의 구체성과 결합하여 이루어내는 "구름이/ 밥이 되는 기적"은 생성의 희열과 노동의 가치를 상징하고 있다. 결국 이면우가 이어받는 지역시의 전통은 미분화된 시대 속에서도 구체적 노동과 현장성을 간과하지 않는, 이른바 일상시가 이룬 시적 긴장에 있다고 하겠다.

　그 밖에도 많은 지역작가들이 지역시의 긍정적 전통을 이어받고 나아가 새로운 가능성을 보여주고 있다. 김백겸 역시 새로운 시의 정열로써 기성 시인의 활력과 다양한 실천적 사례를 증거한다. 그는 이면우와는 다른 지역시의 전통과 가능성을 보여주는 경우라 하겠다. 그가 문단에 이름을 건 것이 1983년 「기상예보」(『서울신문』 신춘문예)를 통해서인바, 이제는 이십여 년의 시력을 거느린 소위 중견 작가의 입지를 지니게 되었다. 하지만 그 기간이 지속적인 시작 활동으로 채워져 있던 것은 아니었다. 시집 『북소리』(새로운눈, 2002)는 10여 년이나 지속되었던 절필에 대한 반성이요, 그간 상재했던 시편들에 대한 총정리의 의미를 지니고 있다. 『북소리』 이후 『비밀 방』(시선사, 2005)에 이르기까지 왕성한 신작시들은 김백겸 시의 르네상스를 증거하고 있다.

경영학 전공이나 원자력연구소 감사실 근무라는 이력과는 달리 그의 삶이 불가분 시와 연관될 수밖에 없었던 이유는 무엇일까. 단정할 수는 없지만 영원과 이상을 좇는 낭만주의자의 천성은 김백겸을 시인이게 하는 중요한 원인이 된다. 그런 성격은 80년대 리얼리즘적 세계관의 시편들과 김백겸 시 사이에 놓인 거리감의 원인이기도 하다. 그의 시편들은 이를테면 김춘수와 김수영 같은 모더니즘적 색채를 강하게 지니고 있는 것이었다. 그리하여 고단한 현실과 삶의 이상에 대해, "슬프고 기쁜 마음으로 플라스틱 줄을 흔들며 나는 바라본다/ 내 사랑의 불씨 하나가 칡넝쿨처럼 언덕을 타고 오르는 것을/ 시간이 깨지지 않은 생의 의지가 물결을 이루어 바다로 가는 것을"(「리틀 버드」, 『비를 주제로 한 서정별곡』, 문학사상사, 1988)이라고 노래한다. 나무로 만들어진 몸과 플라스틱 줄에 얽매인 삶은 비단 '리틀 버드'만의 운명일 수 없다. 인공의 도시적 삶 속에서 회색으로 점철되어 가는 현대인의 슬픈 일상을 켜켜이 쟁여, "시간이 깨지지 않는 생의 의지"로 극복코자 하는 구도의 노력이 김백겸 시의 주된 모티프인 것이다. 그 방식은 현실을 직설로 노래하기보다는 일상의 풍경에 대한 지극한 관심과 관찰이 철저하게 내면화되는 차원으로 존재한다. 현실과 이상, 부정과 화해의 모순적 긴장이 낳은 80년대식 신서정의 자리에 김백겸 시의 촉수는 긴밀히 닿아 있다.

그의 시를 이해하기 위한 또 다른 전제조건으로서 국선도에 대한 이해를 빼놓을 수 없다. 개인사적 배경과도 긴밀히 연관되는 단전호흡에의 몰입은 그의 시력에서 시의 부재를 낳은 원인이기도 하다. 그와 관련하여 김백겸은 시와 선의 일치를 체득한다. 그는 『북소리』의 후기에서 "시란 그 형식에 불문하고 드러나지 않은 질서를 드러난 질서로 표현해서 이 세계의 신비함을 독자와 나누는 일"(116면)이라고 말한다. 그로부터 비롯되는 특유의 절제와 긴장은 관념의 유희 혹은 직설의 언어와는 다른 김백겸 시의 결을 형성하게 된다. 기의에 닿지 못하는 기표의 운명이 곧 언어의 선험적 한계일지라도, 그럼에도 불구하고 언어로 된 상징의 세계를 살 수밖에 없는 인생과 시의 본연을 부정할 수는 없다. 이에 대한 깨달음이 깊어질수록 시는 냉소와 자조를 넘어 삶의 심연을 붙잡는 고도의 회의가 된다.

> 목련이 돋아나고
> 산수유가 피어나고
> 벚꽃이 불을 터뜨리기 시작해서
>
> 갑자기 봄이 무서워졌다
> 겨울이 히말라야 만년설처럼 녹지 않는 마음인줄 알았더니
> 눈물을 흘리는 눈사람처럼
> 시간이 저절로 녹아서 나무들의 뿌리와 줄기로 흘러가더니
> 희고 노랗고 붉은 횃불을 든
> 이 모든 꽃들의 혁명이 무서워졌다
>
> 그 미묘한 신호와 암시에 중독된 검은 운명의 인생보다도

정말로 무서웠던 것은

겨울이면서 봄이면서 여름이면서 가을인 당신
나무이면서 꽃이면서 잎이면서 열매인 당신
꽃들의 환한 시간 속에서 내 얼굴을 들여다보는 당신
　　　　　　－김백겸, 「횃불」(『비밀 방』) 전문

　「횃불」은 영원을 향하는 자기 단련과 긴장, 그리고 자연에 내포된 절대적 가치의 발견을 형상화하고 있다. '횃불'은 그리하여 삶의 이치를 밝히는 지표가 된다. 자연에 대한 경외감은 존재의 경계가 해체되는 데 대한 감각이요 형이상학적 정서라 할 수 있다. 계절의 변화를 징표하는 꽃들에 대한 관찰로부터 비롯된 경외감은 존재의 조건이 해체되면서 역설적으로 감각되는 삶의 원리로 이어지고("시간이 저절로 녹아서 나무들의 뿌리와 줄기로 흘러가더니"), 이것이면서 동시에 저것인 불연기연(不然其然)이 체화된 형태인 '당신'의 발견에서 극대화된다.

　이러한 발견은 경외감으로 표상되지만 실상은 극한의 기쁨이기도 하다. 낮은 음역으로 조율된 일상 속에서 체감되는 절대적 존재의 응시는 무언의 아우성인 '북소리'의 감각인 것이다. 이러한 각성에는 "북소리는 마음속에 천천히 울려 퍼지며/ 남보다 한 발짝 늦게 가라고 속삭이네/ 노을이 산허리 바위를 붉게 물들이는 모습과/ 가문비나무들이 팔 벌려 흰 새를 불러들이는 풍경을/ 마음에 새겨 가라고 말하네"(「북소리」, 『북소리』)와 같이 존재에 대한 충실한 성찰이 밟아온 귀납의 과정이 전제되어 있다. 김백겸 시의 천천한 여정은 실은 이처럼 웅대한 발견의 과정이라는 큰 폭의 긴장을 내포하고 있다.

　이와 같이 김백겸의 시적 경향은 낭만적 서정성에 근거하여 이를 모더니즘의 방식으로 풀어내는 형식성을 보여준다. 그의 현재까지의 삶을 규정하는 '지역성'은 시세계의 근간 모티프를 이루고 있다고 보기는 어렵다. 한편 '문학성'의 차원에서 김백겸 시는 어느 정도의 확고한 자기 세계를 지니고 있는 것을 부정할 수 없다. 그렇다면 시적 평가와 지역문학의 평가는 달라져야 하는 것인가. 소재적 차원에서 주목할 만한 경향은 예컨대 「단전호흡2」(『북소리』)의 경우, "연구단지 도룡동 우성이산 숲"에서 "여름 새벽 그녀"라 표현된 자연의 원리를 발견하는 과정 정도라 생각된다. 그러나 그의 시가 지닌 문학성은 이러한 소재적 혹은 표현적 방식에 국한되지 않는다.

따라서 지역성이라는 것이 시적 소재나 표현에 국한되지 않음을 다시 확인할 수 있다. 지역적 삶과 지역문학인으로서의 실천을 김백겸 시를 통해 발견하게 된다. 이를테면 그의 문학적 실천은 왕성한 작품 활동 뿐만 아니라 지역문인으로서의 활동과 지역문학 활성화에의 헌신을 포함한다. 이것이 곧 문학인으로서의 실천일 것이다. 이러한 전사가 있기에, 그는 대전을 떠나 있음에도 불구하고 여전한 이 지역의 작가로 기억된다. 한때 지역문학 활동가로서의 추억을 자랑하는 많은 문인들이 현재는 전혀 무관한 삶을 사는 현실이 있다. 시의 지역성은 삶의 실천과 밀접한 관련이 있다. 그것이 곧 시의 지역성을 물화시키는 조건일 것이다.

김수우의 경우는 시뿐만 아니라 다양한 장르적 실험을 통해 민중적 삶의 가치를 형상화하고 있다. 특이하게도 김수우 시의 지역은 다양하여, 대전에 거주했던 얼마간의 현재, 부산 영도의 비린 바다내음에 적셔진 유년, 저 멀리 사하라 모래도시(누아디부)와 대서양의 작은 섬 (라스팔마스)을 영유해 온 특이한 이력이 포함된다. 이런 경험은 다시 그의 시 심연의 모티프로 가라앉아 현재의 시공간을 규정하고 있었던 것이다. 세상을 두루 거치며 지니게 된 애정의 더듬이는 때론 카메라 렌즈를 통해 각종 풍경과 그 이면을 포착하게 한다. 이렇듯 김수우는 거센 모래폭풍으로부터 그만큼 거칠고 깊은 반도의 골목 어귀에 혼과 언어, 앵글을 부리며 살아 왔다. 시인이자 사진작가로서 이 땅 곳곳에 이르는 삶의 거처를 이미 마련해놓고 있었던 것이다.

그 고단한 여정 속에서 김수우의 시가 슬픔과 상처를 노래하는 것은 피할 수 없는 선택이었을 것이다. 종종 등장하는 사막의 이미지는 그와 같은 상처로 인해 시세계에 각인된 또 다른 그림자라 할 수 있겠다. 「붉은 사하라」(『붉은 사하라』, 애지, 2005)에서 보듯, 사막은 모든 존재들에 대한 소멸의 집합이요 적멸의 고독이다. 사막의 고독은 인간과 자연, 문명과 야만을 망라하는 비밀의 전사를 배태하고 있다. 여기서 우리가 주목해야 할 것은 사막을 건너 이르는 바다, 즉 모래의 씨앗이 "슬픔의 유전인자"로 이어가는 생의 긍정과 관련된 문제이다. 상처로 사는 역설의 존재론, 이는 시집 『길의 길』(시와시학사, 1996)과 『당신의 옹이에 옷을 건다』(시와시학사, 2002)에서 발견되는 시적 사유의 주된 의미망 중 하나이다. 적멸의 사막이 고독을 이겨 무궁한 생명의 바다로 화하는 순간, 이른바 '모래'가 '씨앗'이 되는 역설의 경계를 그녀의 시는 살아왔던 것이다.

포토에세이라는 형식을 빈 그녀의 또 다른 감각은 이에 대한 보다 구체적 형상을 보여준다. 『하늘이 보이는 쪽창』(새움, 1999)으로 시작된 이러한 실천은 『아름다운 자연, 가족』(휘즈프레스, 2004)에 이르기까지 부지런한 행보로 지속되고 있다. 그 중 한 컷, 김수우는 슬레이트 지붕 위에 운동화를 말리는 허름한 골목의 흑백사진 옆에, "모든 존재는 다친다. 살아 있다는 것은 그 상처를 전제로 한다. 편견과 오해, 소외와 분노 그리고 자유라는 수레바퀴는 언제나 험하게 퉁탕거리고, 그 삐걱임을 따라 우리는 늘 몸이 기울고 허기진다"(『지붕 밑 푸른 바다』, 눈빛, 2003)라고 쓴다. 그렇다면 상처는 이미 상처가 아니다. 그것은 삶을 증거하는 흔적이요 모든 존재에 드리워진 고독의 그림자로서 그것 없이 감각할 수 없는 삶의 의미가 아니던가. 실로, 음울한 골목의 풍경과 생동하는 가족의 얼굴을 담은 그녀의 사진첩들 속에서 삶은 항상 죽음과 함께 있다. 이 역시 상처의 존재론이 빚어놓은 구도에 다름 아니다. 문자의 형태이든 필름의 형태이든, 그것은 옹이로 굳은 상처에게 말 거는 김수우의 언어들일 것이다. 사막의 고독을 몸에 익힌 시선이 깨달은 삶의 의미("평생을 걸어도/ 마지막 무릎을 꿇을 곳, 결국/ 사막 한가운데임을 되뇌는 걸까", 「저, 낙타」, 『당신의 옹이에 옷을 건다』), 이를 헤아리는 말들은 낙타를 닮아 지극히 정제되어 있다.

  사막에 가기로 한 것은
  유독 그립게 내 뼈를 키운 끈을 찾아서였다
  낙타의 길 어디쯤, 덤불고랑 어디쯤
  여섯 살 때 떠나 버린 장난감 새나
  새를 걷게 하던 태엽이 버려져 있지 않을까
  혹 잃어버린 옛 만년필 뚜껑도 찾을 수 있을까
  그러나 사하라를 걸으며 부딪힌 것은
  끝없이 자신을 분열하는 모래알
  사박사박 자기를 증식하는 먼지의 꿈
  태엽도 만년필 뚜껑도 모두 분해되어
  모래숲으로 울창해지며

내 몸이라는 추억의 성벽을 쌓고 있었다
발등을 흘렀던 물길의 흔적을 지나
반짝이다, 분열한 이팝나무 향기를 지나
미세한 먼지로 이루어진 거대한 사막을 걸어
모래알로 돌아온 하루,
방문을 여니
나를 앞서 온 장난감새가 기다린 듯 돌아본다
먼지들 쉽없이 번식하며 살아가는 방
내 몸이 무수히 분열하는 사막이었다
　　－김수우, 「내 방엔 사막이 산다」(『당신의 옹이에 옷을 건다』)
　　　　　　　　　　　　　　　　　　　　　　　전문

　　때론 이렇게 작정을 하고 내면의 사막을 찾아나서기도 한다. 얼마
나 큰 그리움이었기에 "내 몸이라는 추억의 성벽을 쌓"게 되었는가.
이때의 시선은 자신의 상처로 향한 것이다. 그 결과 소중했던 유년의
추억, 나의 몸, 몸을 가둔 방, 이 모든 것들이 결국 모래들의 분열이
요 내 방의 사막이라 한다. 모래의 씨앗은 이제 고스란히 내 몫의 고
독이 되었다. 그런데, 사뭇 비극적일 듯한 내 몸의 분열이 전혀 낯설
거나 두렵지가 않다. 정지된 언어와 그림들 뒤로 수런대는 존재의 정
체를 알기에, 우리는 낙타의 고독이, 사막이 된 그녀가 전혀 애처롭지
않다. 이러한 감각은 지역의 정체라는 것이 지닌 본래의 다양함과 경
계를 넘나드는 시적 양태를 체감하는 과정과 같다. 이 또한 지역시가
걸어갈 의미 있는 행로 중 하나일 것이다.

4.

지역시의 가능성은 개별 작가나 작품의 차원으로 한정되지 않는다. 이는 지역문학이라는 억압적 구조의 발생 원인과도 밀접한 관련이 있다. 지역문학의 오늘이 구조적인 억압과 배제의 결과였다면, 그것의 극복 역시 근본적 원인의 개선 가능성 여부가 주요한 관건이 된다. 그런 관점에서 볼 때, 대전·충청지역의 물적 조건은 문학장의 기형적 구조를 개선할 수 있는 긍정적 토대를 지니고 있다. 이를테면 문학장의 열린 구조, 지역과 지역을 연결하는 지리적·심상적 차원의 밀접한 거리감은 이곳의 지역적 장점인 것이다. 그러한 입장에서 문단의 양대 세력인 문협과 작가회의 사이의 소원한 관계 역시 긍정적으로 지양해나가려는 노력이 필요하지 않을까 한다.

많은 사람이 지적하듯이 지역문학의 차별성 극복을 위해서는 완결된 문학성, 지속적이고 자유로운 창작활동, 지역 문단의 활성화 등이 중요하다. 실제로 적지 않은 지역작가들이 문학의 보편성을 작품 속에 형상화해 내면서도 자신의 삶이 뿌리내리고 있는 지역의 특수성을 함께 녹여냄으로써 독특하고 개성 있는 문학성을 담아내고 있다.[5] 대전·충청지역에도 위의 예시 이외에 다양한 가능성들이 잠재되어 있다. 이러한 가능성을 실재의 효과로 이어가는 데에는 무엇보다도 지역 문인들의 실천적 노력이라는 매개가 필요하다. 그것을 강제하는 제도적 보완 역시 중요하다.

우리가 신동엽의 사례를 통해 시사받을 수 있는 '양가적 지역성'의 시적 구조는 시대를 넘나들며 신채호, 정지용, 한성기, 기타 현역 작

---

5) 전남 장흥의 한승원, 울산의 정일근, 전주의 안도현, 순천의 곽재구, 속초의 이상국 등을 대표적 경우로 예시할 수 있겠다. 박철화, 앞의 글, 240-41면.

가들의 다양한 면면을 통해 그 흐름이 이어지고 있다. 이 글에서는 이에 대해 극히 일부분만을 언급했을 뿐이고, 따라서 앞으로도 지속되어야 할 연구 과제일 것이다. 이들을 묶어 대전·충청의 지역시로서 조망이 가능한 것인가라는 근본적 문제로부터 이들 시의 지역 모티프가 정치적 의미로까지 해석되어 '탈식민적 의의'를 지닐 수 있을 것인가에 대한 논구의 과정은, 지극히 어려운 만큼 흥미로운 탐구 작업이 될 수 있다. 분명한 것은 이들이 삶의 이력에서 접했던 지역의 경험이 시적 재현의 과정에 불가분 반영되어 있다는 사실이다. 또한 외현적으로 정치적 의미를 지향했든 내재적 심미화의 과정을 밟았든 '지역적 실천'이 지니는 지역문학으로서의 긍정적 성과가 있다. 이는 지역적 시의 실천이, 그 의도를 떠나 함의하게 되는 양가적 효과가 아닐 수 없다.

대전 진보문학의 뿌리를 찾아서

―『현대』를 중심으로1)

김 현 정

1. 『현대』의 발견과 그 의미

2006년 9월 30일 충북 보은에서 열린 '오장환문학제'에 다녀왔다. 월북시인 최초로 문학관을 개관한다는 내용을 접했기 때문이다. 작년에 이 문학제에 참가했을 때만 해도 윤곽이 구체적으로 드러나지 않았던 '오장환문학관'이 마침내 개관된 것이다. 문학관에 그의 연보와 자료들, 그리고 그와 관련된 많은 문인들의 자료들이 조목조목 잘 전시되어 있었다. 10여 년 전 마을 주민의 반대로 오장환의 생가터에 '표지석'을 세우는 것조차 힘들었던 것을 감안하면 실로 감개무량할 일이 아닐 수 없다.2) 대전에 사는 필자로서는 부러움이 없지 않았다. 몇 년 전 옥천에 월북문인 '정지용문학관'이 개관되었고, 괴산에 월북

---

1) 이 글을 쓸 수 있도록 귀중한 자료 『현대』를 제공해 준 윤종영 시인께 감사드린다.
2) 오장환의 '표지석'을 세우는 일에서부터 '오장환문학관'이 건립되기까지는 도종환 시인과 <보은미래신문>의 박진수 기자의 도움이 컸다.

문인 '벽초 홍명희'의 생가복원이 진행되는 등 충북지역에서는 다양한 움직임을 보이고 있다. 그들은 그 지역에서 태어난 문인들 중 문학사적인 가치와 의의가 있는 문인에 대해 이념과 사상을 초월하여 문학적으로 조명하고 복원해 내고 있는 것이다.

그런데, 대전, 충남지역의 문학현실은 어떠한가? 대전, 충남지역에는 이곳에서 태어나고 자란 문인들 중 문학사적인 가치와 의의가 있는 문인이 상당수 존재하고 있다.[3] 신채호, 한용운, 윤곤강, 이기영, 신동엽, 박용래, 이문구 등이 여기에 해당된다. 그럼에도 이 문인들의 삶과 문학의 체취를 느낄만한 문학관은 아직 없는 실정이다. 한용운, 신동엽, 이문구 등의 문학관이 건립 중에 있거나 추진 중에 있다고 하니 그나마 다행스런 일이다. 이와 결부지어 아쉬운 점은 우리 지역에 월북문인의 생가 및 문학관이 없다는 점이다. 우리에게 소설 『고향』으로 널리 알려져 있고, 카프문학에서도 중요한 위치를 차지하고 있는 이기영 작가의 삶과 문학의 체취를 느낄만한 곳이 없다는 점은 우리를 안타깝게 만든다. 이는 아직도 문인의 문학적 가치와 우수성보다는 그의 사상과 이념이 더 크게 작용한 결과가 아닌가 한다. 이처럼 같은 충청도지역이라고 해도 대전·충남지역과 충북지역의 진보문학에 대한 관심의 정도가 다른 것을 알 수 있다. '새는 좌우의 날개로 난다'는 어느 사상가의 말처럼, 어느 문인을 조명할 때 그의 사상과 이념만이 아닌 문학성, 문학사적 위치 등 다양한 측면에서 평가하는 균형 감각이 요구된다고 하겠다.

이러한 점에서 1947년 8월에 발간된 종합지 『현대(現代)』(9월호)는 이 시기 대전의 진보문학의 한 단면을 엿볼 수 있다는 점에서 시사하

---

3) 송기한·김현정, 『대전·충청지역의 고향시』, 도서출판 다운샘, 2004 참조.

는 바가 크다. 그동안 해방공간의 대전문학에 대해서는 종합지 『향토 (鄕土)』(1945. 10)와 시전문지 『동백(冬栢)』(1946. 2) 등이 주로 언급 되었다.[4] 지금까지 진보문학 계열의 자료가 발굴되지 않아 생긴 어쩔 수 없는 현상이었을 것이다. 그러나 이 잡지의 발굴로 해방 이후 대 전문학에 대해 새롭게 조명할 필요성이 제기되고 있다. 물론 이 잡지 전부가 발굴된 것이 아니라 한 호만 발견되었고, 문학, 예술잡지가 아 닌 문화잡지의 성격을 띠고 있기 때문에, 이를 통해 당시 대전지역의 진보문학의 전모를 밝힌다는 것은 불가능할 것이다. 그러나 이는 해 방 이후 대전의 문학장(場)에 분명 진보문학의 축도 있었다는 사실을 밝힐 수 있는 단서가 되고, 당시의 진보문학의 양상을 살필 수 있는 단초가 될 것으로 사료된다. 특히 이 잡지에 시를 발표한, 대전문학사 에서 빼놓을 수 없는 박용래, 박희선 시인에 대해서도 일정 정도 새 로운 시각에서 조명이 가능할 것이다. 이 글에서는 『현대』 잡지의 발 견의 의미와 이 잡지의 성격과 구성(형식), 그리고 대전·충남지역의 진보문학의 현실과 그 가능성을 살펴보고자 한다.

2. 『현대』의 성격과 구성

문화잡지의 성격을 띤 『현대』가 발간된 1947년은 해방 직후 나타난 좌우익 이데올로기의 대립이 점점 심화되던 시기였다. 해방 직후 정치 적 상황의 변화에 따른 좌우 이념적 성향이 모든 분야에서 두드러지 기 시작한 것이다. 문학에서도 예외는 아니었는데, 그 예가 문단조직 의 좌우 분열과 민족문학의 개념을 둘러싸고 나온 이념적 대립이었다.

---

4) 박명용 편, 『대전문학사』(한국예총대전광역시지회, 2000)와 『대전문학과 그 현장 (상)』(대전문인총연합회, 푸른사상, 2004) 참조.

당시 문단조직의 분열 과정을 보면 좌익 문단의 조직과 그 세력화 과정이 두드러지게 나타난다. 임화, 김남천, 이태준 등에 의해 조직된 <조선문학건설본부>(1945. 8)의 등장에 이어, 이들의 문화운동 노선에 불만을 품은 이기영, 한설야, 송영, 한효 등의 <조선프롤레타리아문학동맹>(1945. 9)이 결성된다. 그런데 이 두 조직은 사회주의 문화운동의 단일노선을 의미하는 문화통일전선의 구축을 위해 <조선문학가동맹>(1945. 12)으로 통합된다. 좌익문단의 조직화 과정에 맞서 김광섭, 박종화, 이헌구는 문단의 민족세력을 규합하여 <중앙문화협회>(1945. 9)를 결성하였고, 뒤에 <전조선문필가협회>(1946. 3)와 <조선청년문학가협회>(1946. 4)의 조직이 이루어지면서 문단의 좌우대립이 노골화되기에 이른 것이다.[5] 좌익문단에서는 일본 제국주의의 잔재 소탕, 봉건주의 잔재의 청산, 국수주의 배격, 진보적 민족문학의 건설, 조선문학의 국제문학과의 제휴 등의 강령을 내세워 진보적 민족문학의 건설을 주장한 반면, 우익 문단에서는 자주독립을 위한 문화적 헌신 기함, 민족문학의 세계사적 사명 지향, 진정한 문학정신 옹호 등을 내세워 문학의 자율성과 순수성을 바탕으로 한 민족문학을 표방한다.

문화단체도 좌우익으로 갈려 결성하게 된다. 우익측에서는 김광섭, 양주동, 박종화, 유치진 등을 중심으로 <중앙문화협회>(1945. 9)가 결성되어 과거의 문화적 생명을 탐구하여 현재를 건실히 파악하고, 인류문화의 보편성을 담지한 조선문화 건설을 추구하였다. 반면 좌익측에서는 김용건, 임화, 이태준 등을 중심으로 <조선문화단체총연

---

5) 권영민, 「해방공간의 민족문학론과 그 이념적 실체」, 『한국민족문학론연구』, 민음사, 1988, 362-3면 참조.

맹>(1946. 2)이 조직되어 국유(國有)문화의 정당한 계승, 진보된 과학의 수입 연구, 인민의 민주주의적 교육, 비과학적, 반민주적 문화 경향의 배제 등을 토대로 '민주주의 민족문화의 건설'을 표방하였다.

『현대』는 '조선문화단체총연맹'과 '조선문학가동맹' 등의 단체명이 등장하고, '민주주의 민족문화'와 '진보적 민족문학' 등을 건설하자는 내용이 나와 있는 것으로 보아 좌익진영의 계열에 해당되는 잡지라 할 수 있다. '문화소식'란에 '조선문화단체총연맹' 산하에 충남도연맹과 각 단일동맹지부가 결성되었다는 내용과 이 결성을 축하해 주기 위해 시인 조벽암과 소설가 안회남이 대전에 왔다는 내용이 이러한 점을 더 확실하게 해준다.

조선문화단체총연맹 산하의 각 단일동맹지부결성준위에서는 5, 6월 두 달에 걸쳐 각각 지부를 결성하였는데 선임된 역원은 다음과 같다.

문학가동맹대전시지부
위원장 황린 / 부위원장 김종태 / 서기장 송설영 / 상무위원 이병권 박희선(朴喜宣)외 십육명[6]

문련 충청남도연맹결성을 준비중이든 동준위에서는 지난 六月 十八日 중앙위원 안회남 조벽암 양씨 참석하에 서면대회로서 결성을 보았는데 선임된 역원은 다음과 같다.

---

[6] 이 외에 문연산하에 있는 과학동맹대전시지부, 미술동맹대전시지부, 연극동맹대전시지부, 음악동맹대전시지부 등이 결성된 내용도 소개하고 있는데, 그 내용을 밝히면 다음과 같다. <과학동맹대전시지부> 위원장 김종남 / 부위원장 서재윤 / 사무국장 홍성일 / 상무위원 인휘수외 九명, <미술동맹대전시지부> 위원장 이도희 / 부위원장 박성변 / 서기장 박성규, <연극동맹대전시지부> 위원장 홍경운 / 부위원장 신관우 / 서기장 이영찬 / 상무위원 김기환외 五명, <음악동맹대전시지부> 위원장 남철우 / 부위원장 오태균 / 서기장 민인식 김영태 / 상무위원 육동일외 九명.(『현대』9월호, 현대사, 1947. 8, 63면)

위원장 안회남 / 부위원장 임완빈 / 서기장 송진무[7]

위의 내용 중 낯익은 이름은 '문련충청남도연맹' 위원장 안회남과 '문학가동맹대전시지부' 상무위원 박희선이다. 안회남은 신소설 「금수회의록」으로 유명한 안국선의 장남으로, 1948년에 발표된 「농민의 비애」로 널리 알려진 소설가이며 월북문인이다. 그리고 박희선은 충남 강경 출신으로 독립운동가이자 시집 7권과 시선집 3권 등을 상재한 불교시인이다. 이 시인에 대해서는 다음 장에서 좀 더 구체적으로 밝히기로 한다.

국판 103면 내외의 분량으로 되어 있는 『현대』 9월호 잡지는 정확하게 1947년 8월 28일에 인쇄하고 동월 30일에 발행되었다. 편집 겸 발행인은 김종태이고, 대전부(大田府) 원동 47번지에 위치한 현대사에서 발간하였다. "1946년 6월 18일 제 24호"로 허가받은 것으로 나와 있고 이번에 발견된 9월호가 혁신호임을 감안하면, 이전에 분명히 창간호를 비롯하여 여러 권의 잡지가 발간되었을 것이고, 이후에도 더 발간되었을 것으로 추정된다.[8] 이들 잡지가 발굴되면 해방공간의 대전의 진보문학의 윤곽이 어느 정도 드러날 것으로 판단된다. 그리고 '사명변경근고(社名變更謹告)'란에 1947년 7월 28일부터 사명을 '고려출판사'에서 '현대사'로 변경하였고, 서울에 현대사의 '서울총국사무소'를 설치하였다는 내용도 보인다.

---

7) 『현대』 9월호, 위의 책, 63-4면.

8) 유실된 이 잡지를 발굴하는 작업이 급선무라 할 수 있다. 그리고 『현대』 편집 후기에 "1947년 6월부터 해방이주년기념 특집호 편집에 전력을 경주했었으나 결국 용지 원고수집 인쇄 기타의 일로를 타개할 도리없이 유산되고 말았다."라고 나와 있는 것으로 보아 1947년 6월호부터 8월호까지는 발간되지 않았음을 알 수 있다.

『현대』는 문화와 문학에 대한 전반적인 내용을 다루고 있다. 이를 크게 두 개로 나누어 보면, 하나는 인민문화, 문화대중화, 지방문화운동, 문화공작단활동 등 '민주주의 민족문화'의 건설을 위한 지침과 실천운동을 강조하는 문화에 대한 것이고, 또 하나는 진보적 민족문화의 하위 개념이라 할 수 있는, '조선문학가동맹'에서 추구하는 진보적 민족문학을 표방하는 내용이다.

이러한 내용을 살피기 위해 목차를 소개하기로 한다.

포프라송(頌)……이병권
바다의 과학……정인택
여성해방운동사……천유석
신인문단
학생시단
창작 새벽종……(라디오드라마)……우안빈(宇安賓)
안해……주성이(朱星二)
문화소식
중계실
편집후기
표지……박성규

위의 목차에서 우리가 눈여겨 볼 것은 당시 진보문학 진영에서 왕성한 활동을 한 김태준, 신남철, 김남천, 조중곤의 글과 대전, 충청지역의 대표적인 시인으로 손꼽히는 박용래와 박희선의 시, 그리고 '민주주의 민족문화의 건설'을 모토로 한 문화대중화와 지방문화운동에 관한 내용 등이다. 첫 번째와 두 번째 부분은 다음 장에서 구체적으로 다루기로 하고 여기에서는 세 번째 지방문화운동에 대해 논의하기로 한다.

강성재는 「민주건국과 문화대중화」라는 글에서 인민의 문맹을 퇴치하고 인민들에게 민주주의적 재교육과 과학적 계몽을 위한 문화대중화가 꼭 필요하다는 점과 문화단체가 전국적인 조직망을 정비하고 인민문화의 창조자로서, 지도자로서의 역할을 다할 때 인민을 위한 민주주의 민족문화를 건설할 수 있을 것이라는 점을 역설하고 있다. 그리고 이 문화대중화운동은 조선의 완전한 자주독립과 진정한 민주주의의 건국의 정치운동과 결부된 매우 중요한 것임을 밝히고 있다.9)

또한 김진웅은 지방문화의 활성화를 모색하는 내용을 개진하고 있다. 그는 먼저 지방문화운동의 과업 및 구체적인 실천방안을 피력하고 있다. 첫째는 "농후한 봉건사상을 타파하고 일제잔재요소를 청소(淸掃)하며 민족문화수립에 옳은 의식을 주입시킬 수 있는 조선문화단체총연맹에 망라된 민주주의적문화단체의 지방지부를 조직하고 그것을 토대로 하여 양심적인 문화인을 발견하여 내야 한다"라고 하여 조선문화단체총연맹에 망라된 민주주의적 문화단체의 지방지부 설치와 양심적인 문화인의 발견, 육성에 중점을 두고 있다. 둘째는 "대중 속에서 자주적으로 이러나는 문화써-클을 옳은 방면으로 인도하는 사업"으로 자발적인 문화써클을 올바른 방향으로 인도해야 한다는 것이다. 셋째는 "민족문화단체에 같은 방향으로 나가는 문화인을 위선(爲先) 조직화하는 문제와 조직화된 문화인을 어떻게 하며 대중 속에 드러가서 공작하고 활동할 수 있는 수준까지 높이는 문제"로 지방문화운동의 올바른 전개방법에 대해 모색하고 있다. 아울러 그는 충남지방의 문화운동에 대해서도 언급한다. "충남에 있어서도 과거의 충남문화협회가 충남문화총동맹으로 개편되자 이것이 모체가 되어 단일체(즉 과학동맹 미술동맹 문학동맹 음악동맹 등)를 통합한 조선문화단체 충남도연맹으로 발전하게 된 것"[10]이라고 하여 충남문화협회가 충남문화총연맹으로 바뀐 뒤 과학동맹, 미술동맹, 문학동맹, 음악동맹 등을 통합한 조선문화단체 충남도연맹으로 발전되었음을 밝히고 있다.

그리고 문화총련산하의 문화공작단을 맞이하여 마련한 '좌담회'의 내용도 보인다. 문화공작단의 사명은 문화를 인민들 속에 삼투하고,

---

9) 강성재, 「민주건국과 문화대중화」, 위의 책, 17-22면 참조.
10) 김진웅, 「지방문화운동전개에 대한 제의」, 위의 책, 26-8면.

문련의 조직을 확대 강화하며, 민주진영내의 타조직의 강화에 도움이 되는 것에 있다는 것이다. 그리고 문화의 대중화운동은 각 부문의 조직적인 연대를 통해서, 그리고 대중 속으로 침투함으로써 가능하다고 역설하고 있다. 음악에서는 민요를 살리고, 연극에서는 희곡의 부족, 테로의 창궐, 극장의 교섭란 등을 해결해야 한다는 등 구체적인 실천 방안까지도 모색한다. 그런데 이 좌담회를 하는 과정에서 문제가 발생하게 된다. 그 문제는 "주최자로부터 이 좌담회는 최초 약 두시간을 예정하고 좀더 충분한 내용을 가져보려고 했었으나 돌연 불온한 모종이 정보로 인하여 부득이 중단하게 되었음을 독자와 함께 유감으로 생각하는 바이다."[11]라고 한 데서 알 수 있듯 우익측의 방해공작이다. 그리고 임완빈의 「문화공작단을 마지하여」라는 글에서 문화공작단의 공연이 우익진영의 방해공작과 당국의 비협조로 인해 여러 차례 중단되었음을 기술하고 있는 것도 같은 내용들이다. 이러한 사실을 통해 당시 모든 분야에 걸쳐 좌우익의 이념 대립이 얼마나 심했는지를 알 수 있다.

3. 『현대』와 진보문학, 그리고 대전지역의 진보문학

먼저 진보적 민족문학의 입장에서 개진하고 있는 김태준, 신남철, 김남천, 조중곤의 글을 살펴보자. 김태준과 신남철은 '『현대』에 부치는 글'의 형식을 취하고 있다. 1930년대 최초로 비교문학적 국문학연구서인 『조선소설사』를 발간하고, 이희승, 조윤제 등과 함께 '조선어문학회'를 결성한 것으로 유명한 김태준은 당시 척박한 대전 문화의

---

11) 「문화공작단을 에워싼 좌담회」, 위의 책, 44면.

현실에서 『현대』의 혁신호가 발간되는 것에 커다란 의미를 부여하고 있다. 그는 "우리 대전만 하드라도 인민의 신문 하나도 없지 않느냐 인민의 위안물이며 인민의 말을 기록한 문화잡지 하나도 없지 않느냐!"라고 하여 당시 대전의 문화 현실을 언급한 뒤 『현대』가 "충남운 동의 지남침(指南針)이며 인민의 목탁이며 인민의 혓바닥이며 인민의 거울"12)이 되어야 함을 역설하고 있다. 그리고 신남철은 "포부와 자신과 투지가 더욱 더욱 새로워감을 금할 수 없는 것은 『現代』와 더부러 우리가 다같이 느끼는 바이다. 과학사상과 문화를 일반화시키며 또 그러한 실천을 통하야 우리의 민족문화가 순정(純正)하게 건립되도록 하지 않어서는 아니될 것이다."13)라고 하여 과학사상과 문화를 일반화시키며, 그러한 실천을 통해 민족문화 건립에 노력할 것을 당부하고 있다.

그리고 김남천과 조중곤은 '인민문학'의 개념과 인민문학이 가야할 길을 밝히고 있다. 『대하(大河)』를 지은 소설가로, 고발문학론을 주장한 문학평론가로 널리 알려진 김남천은 인민문학의 기본이념에 대한 견해를 피력한다. 그는 민족문학은 "인민의 문학이어야 한다는 기본이념"을 밝힌 뒤, 인민문학의 기본이념을 '인민의 이익에 복무하는 문학', '인민에게 널리 사랑을 받고 즐거움을 주고 교양을 줄 수 있는 문학', '인민 자신이 창조하는 문학'으로 규정짓고 있다.14) 그리고 조중곤은 비교적 긴 글을 통해 인민문학론에 대해 언급하고 있다. 그는 민족문학의 임무는 인민들에게 자신의 생활을 인식함과 동시에 사회

---

12) 김태준, 「호중의 목탁되라」, 위의 책, 7면.
13) 신남철, 「인민문화의 역군으로」, 위의 책, 9면.
14) 김남천, 「인민문학의 기본이념」, 위의 책, 51-2면 참조.

현실을 옳게 이해하도록 교육하는 것이고, 조선민족문학으로서의 인민문학이 가지는 숭고한 자기과업의 완수는 조선문학가동맹의 깃발 아래에서 인민대중에게 문학적 양식을 주는 데서 가능하다고 주장한다. "인민문학이란 인민의 생활과 지향을 내용으로 하는 인민이 이해할 수 있는 형식을 가추운 문학작품을 인민인 작가의 손으로서 창작한 것"[15]임을 밝히고 있다.

다음에는 박용래(1925-1980)와 박희선(1923-1998)의 시에 대해 살펴보자. 대전의 대표적 시인이라 할 수 있는 그들의 초기시에 해당되는 작품들이다.

박용래는 해방 이후 줄곧 좌우합작운동을 전개하다 1947년 7월 19일 한 극우파에 의해 숨진 몽양 여운형에 대해 추모하는 시를 발표한다.

> 모자를 버스라
> 너도 나도 당신도
> 朝鮮아 너의 어린품앓에
> 꽃도 피기前
> 人民의 指導者 夢陽先生 가시다
> 政治도 學者도 雄辯家도 아닌
> 名譽나 지位나 호사스런 그런 것은
> 더군다나 아닌
> 毒한 彈丸 叛逆의 칼속
> 불길처럼 솟아오르는 眞情을 人民의 權利로
> 아로색인 높은 行列의 旗幅에 더펴가신 님
> 설주도 스기前
> 朝鮮아 너의 夢陽은

---

15) 조중곤, 「인민문학론」, 위의 책, 15면.

우리 指導者 夢陽先生을

어느 먼곳으로 여위야 했드냐

어두움에

빛과 함께 前進하든 뭇 작은 별들도

잠시 머리숙여라

우리들을 위하야 희생하는 先驅者의 피보다

슬픈건 있으랴

맑은 샘물이 쉴새없이 고이듯 坊坊谷谷 三千萬의

追悼가 腸子를 끊는 하늘아래

무릅꿇어

사람들

다시 엎드려라

                  ─ 「夢陽先生靈前에」[16) 전문

위의 시를 제대로 이해하기 위해서는 먼저 몽양 여운형에 대해 살펴보는 것이 순서일 것 같다. 여운형(1886-1947)은 공산주의자, 민족적 민주사회주의자, 좌경적 사회주의자, 민주적 사회주의자, 민족적 사회주의자 또는 사회주의적 민족주의자, 민주주의자·사회주의자 등 다양하게 평가되고 있다. 해방 이후 그는 한반도의 완전한 통일·독립이 미국과 소련이라는 외세의 대립, 좌익과 우익이라는 사상·이념적 대립, 남한과 북한이라는 지역적 분립이라는 세 가지 층위의 대립구도를 극복해야 가능하다는 신념을 가지고 있었던 것으로 보인다. 이러한 미-소, 좌-우, 남-북간의 대립구도를 타개하기 위한 핵심적 방안으로 그는 좌우합작운동을 펼치게 된다. 그리고 여운형 자신이 스스로를 공산주의자나 사회민주주의자가 아닌 진보적 민주주의자로 규

---

16) 이 시는 그의 시전집 『먼바다』(창작과비평, 1984)에 수록되지 않은 작품이다.

정하고 있는데, 이는 당시의 민족문제를 해결하기 위해서는 특정 이념보다는 구체적인 실천이 중요했음을 반증하는 것이라 하겠다.[17) 이를 통해 볼 때 여운형은 중도 좌파의 성격을 띤 진보적 민주주의자로 규정지을 수 있다. 2005년에 그가 '건국훈장 대통령장'을 받은 것도 그의 독립운동과 좌우합작노력이 인정되었음을 반증하는 것이라 하겠다. 해방 이후 좌우익의 분열된 모습을 보면서 많은 회의를 느꼈을 박용래는 이러한 좌우익의 이념 대립과 갈등을 불식시킬 수 있는 여운형의 좌우합작에 많은 기대와 희망을 가지고 있었던 것으로 보인다. 그런데 그가 한 극우파에 의해 암살당한 것이다. 이 사건은 박용래 시인에게 커다란 충격을 가져다 주었을 것이고, 그리하여 그가 여운형을 추모하는 시를 쓴 것으로 추정된다. 위의 시에서 불길처럼 솟아오르는 "眞情을 人民의 權利로 / 아로색인 높은 行列의 旗幅에 더퍼가신 님"이라는 구절은 '인민의 권리'를 위한 삶으로 일관한 여운형이 당시 민중들에게 많은 사랑을 받았음을 보여주고 있다. "우리들을 위하야 희생하는 先驅者의 피보다 / 슬픈건 있으랴"라는 대목과 "맑은 샘물이 쉴새없이 고이듯 坊坊谷谷 三千萬의 / 追悼"라고 한데에서는 몽양에 대한 민중들의 끝없는 추도 행렬을 보여주고 있다. 여기에서 우리가 간과하지 말아야 할 점은 그의 시적 형상화 방법과 감정처리방식이 뛰어나다는 점이다. 가령, 사람들뿐만 아니라 "어두움에 / 빛과 함께 前進하든 뭇 작은별들"까지도 추도 대열에 포함시키는 장면이라든지 해방 이후 모든 것이 미성숙된 현실을 "朝鮮아 / 너의 어린품앓에 / 꽃도 피기前"이라는 구절에서 박용래의 시적 형상화

---

17) 정병준, 「해방직후 몽양 여운형의 노선과 활동」, 『한국현대사연구』 창간호, 한국정신문화연구원 현대사연구소, 1998, 96-7면 참조.

기법을 엿볼 수 있다. 그리고 시인은 몽양 여운형을 죽인 극우파에 대한 적대적인 감정을 "毒한 彈丸 叛逆의 칼속"이라고 표현하여 감정을 절제하는 모습이 보인다. 그는 여운형을 숨지게 한 적대자에 대한 분노보다도 당시 민족을 위해 꼭 필요한 몽양의 갑작스런 죽음에 대한 슬픔에 더 무게중심을 두었던 것으로 판단된다. 여운형에 대해 추모하고 있는 다른 시를 보면 박용래 시의 진가를 더 발견하게 될 것이다.

아ー
惠化洞로ー타리에
거룩한 鮮血이 어려
三千萬 가슴마다
憤怒의피
새파랗게 逆流하고
哀悼의 우름 목매여
邊土에 號泣하다

아ー
祖國하늘밑
피흘린
巨大한 革命家의 痛恨
人民의가슴
속속이 사모친瞬間
百萬의 骨髓
칼을 갈라

아ー
正義도 멍들고

얄구진 自由
大陸의 흐린 하늘에
깃들곳 없고
시베리아 찬바람에 눈물이얼든
불길 마듸마듸
싶어런 총칼 자퀴가
체 아물기도前
崇高한 生命들 사라진다
흙속으로 鐵窓으로

여기 또다시
가시는구나 우리의夢陽先生
人民解放 못보시고
밤바람 차운길로

피에주릴 吸血鬼야
피에醉한 사탄들아
너희들 그얼마나
모착스러우냐

고요히 잠드시라
人民의 우름속에
오늘 여기 애끈는 눈물
방울마다 칼날되여
기어코 갚으리다 千秋의 恨을
—홍기협의 「正義 멍들고 人民은 울었다—夢陽先生의 靈前에」전문

위 시는 전반적으로 시적 형상화 측면과 감정처리방식에서 습작기
의 수준을 크게 벗어나지 못하고 있다. 특히 마지막 연에 나오는 "人

民의 우름속에 / 오늘 여기 애끈는 눈물 / 방울마다 칼날되여 / 기어코 갚으리다 千秋의 恨을"이라고 한 대목에서는 화자의 적대적 감정이 과잉된 모습으로 나타나며, 박용래 시인과는 달리 여운형의 추도보다는 여운형을 숨지게 한 적의가 전면에 더 부각되어 있는 것을 알 수 있다.

　박용래 시인보다 두 살이 더 많은 박희선 시인은 1943년 일본 학도병으로 끌려가 중국에서 복무하던 중 일군을 탈출, 독립운동을 하다가 체포되어 감옥에서 해방을 맞이하게 된다. 박용래와 마찬가지로 박희선도 일제에 대한 저항의식과 비판의식을 지니고 있었다. 그는 몽양 여운형을 추모한 박용래와는 달리 '붉은 산맥'을 노래하고 있다.

　　　오늘 여름 구름들이
　　　石柱처럼 솟아
　　　실라쩍 옛하늘을 받으는
　　　베포기 푸르는데 서서
　　　들끝
　　　工場연긔가 녹는데
　　　땀을 씨스며 생각는 맘은
　　　낯서른 지역으로 쪼끼며
　　　헤매든 생각이여
　　　한줌 흙을 쥐어 사랑하듯
　　　원수와 더붓고
　　　피빛처럼 분하자는
　　　우뢰소리가 멀리 노하는데
　　　귀감으며 다짐함이다

　　　붉은 山脈 가까히

한두룸 소나기와
강물은
가슴패기 빛으로 물들어
다시 흐르기 시작한 것이다

―「붉근 山脈」[18) 전문

해방되기 전 일본 고마자와(駒澤)대학 불교과를 수학한 바 있는 박
희선 시인의 불교적 색채를 엿볼 수 있는 작품이다. 구름이 모여 소
나기가 내리고 다시 강물로 흐르는 윤회사상을 보이고 있다. 그러나
이 시는 서정주의 「춘향유문」, 「추천사」 등에서 보이는 윤회사상과는
사뭇 다르다. 그의 시가 구름 → 소나기 → 강물이라는 순환구조만을
보이는 것이 아니라 대립·분열 → 사랑 → 통합이라는 구조를 함축
하고 있기 때문이다. '대립·분열' 양상은 구름이 '石柱'처럼 솟고 서
는 장면과 우뢰소리가 멀리 노하는 장면에서 보이고, '사랑' 국면은
"한줌 흙을 쥐어 사랑"하듯 원수와 더불어야 된다는 것에서 나타나
며, '통합' 양상은 소나기와 강물이 '다시' 흐르기 시작한 장면에서
드러난다. 대립·분열 양상에서 사랑 양상으로 나아가게 하는 것은
다름 아닌 시적 화자가 식민지시대에 낯선 지역으로 쫓기며 '독립운
동'을 하던 기억이다. 대립·분열되지 않고 한 목소리로 '일제'를 타
도하기 위해, 독립을 위해 싸웠던 기억을 말이다. 즉, 그것은 독립을
이루기 위한 사상과 방법은 달랐어도 서로 배척하거나 방해하지는 않
았던 그들에 대한 기억이다. 그리고 이 시에서 간과하지 말아야 할
것은 시인이 '대립·분열'에서 '화해'로 나아가기 위해 '가슴패기 빛',
'붉은', '피빛'으로 상징되는 '열정'을 투사하고 있다는 점이다. 따라

---

18) 그의 시집에 수록되지 않은 작품이다.

서 이 시는 불교의 윤회사상을 바탕으로 당시 좌우익의 분열된 모습을 원래의 분열되기 이전의 상태로 '다시' 되돌리려는 의지를 담아낸 작품이라 할 수 있다.

이 외에도 이 잡지에 신설된 '신인문단'과 '학생문단'도 눈여겨 볼 만하다. 이는 "문학적 천분(天分)과 재능을 연마하는 도장이 되고 동시에 작금 신예문학도들에게 절실히 요청되고 있는 민족문학 수립과 문학대중화의 과제를 실천에 옮기는 공기(公器)"가 되기 위해 마련한 것이라고 밝히고 있다. '학생문단'란에 계룡학관 윤황한의 「정의와 함께」, 대전여고 정옥순의 「달밤」, 대전중학 정해강의 「만종」등의 작품이 수록되어 있는데, 이는 당시 학생들의 많은 호응을 반영하는 것이라 하겠다.

4. 『현대』와 대전의 진보문학의 가능성

'조선문련(조선문화단체총연맹)' 기관지격인 『현대』의 발간은 당시 대전에 살고 있는 지식인과 많은 사람들에게 센세이션을 불러일으켰을 것이다. 해방 이후 제대로 된 '인민의 신문', '인민의 문화잡지'가 하나도 없는 상태에서 처음으로 만들어진 것이기 때문이다. 그리고 이 잡지에는 문학부분에 많은 지면을 할애하였기에 '진보적 민족문학'에 관심있는 독자들의 욕구를 어느 정도 충족시켜 주었을 것으로 판단된다. 대전의 대표적 시인인 박용래와 박희선를 비롯하여 '조선문련' 충남도연맹의 부위원장인 임완빈, 음악동맹 대전지부 위원장인 남철우 등의 시는 대전지역의 진보적 민족문학의 기틀을 세우는 매개가 된다. 박용래는 좌우익 이념 대립에 희생된 여운형을 추모하는 시를,

그리고 박희선은 좌우익의 분열된 모습을 분열되기 이전의 상태로 돌리려는 의지를 담아낸 시를 발표하여 당시 좌우익의 이념의 대립과 분열양상에 대해 우려와 안타까움을 표출하였다. 그리고 이 잡지에 신설된 '신인문단'과 '학생문단'란에 실린 작품도 대전지역의 진보적 문학을 확인하는 데 어느 정도 도움이 될 것으로 보인다.

『현대』잡지 한 호를 가지고 대전지역의 진보문학을 운운하는 데 에는 무리가 없지 않다. 그러나 이를 통해 해방 이후 대전지역에도 '진보적 민족문학'을 담아낸 잡지가 존재했었고, 대전의 문학장에 진보문학의 축도 있었다는 사실을 밝히는 것도 의미가 있을 것으로 판단된다. 이러한 작업은 대전 진보문학의 전모를 밝히기 위한 단초가 될 것으로 사료된다. 아울러 이 지역 진보문학의 자양분이 풍부해지기 위해서는 해방 이후 대전의 진보문학 자료를 지속적으로 발굴해내야 할 것이다.

제2부

지역시의 색채

동행, 사랑에 이르는 길

— 김강태론

1.

김강태 시인이 작고한 지 1년이 조금 더 지났다. 아이들을 잘 키워 줘서 고맙다는 아내의 말에 "우린 함께 동행했을 뿐"이라고 말했던 그는 같은 충청도 출신인 임영조 시인과 '동행'하려 했는지 같은 날에 이 세상을 떠났다. 이 세상에 남아있는 많은 지인들은, 그를 아내와 두 딸을 너무도 사랑했던 시인으로, 빗소리를 무척 좋아하고 이 세상 하직하기 전까지 "生에의 의지"를 절대 포기하지 않았던 시인으로, 그리고 지독히 가난했던 시절에도 "시와 자존심"만큼은 결코 버리지 않았던 시인으로 기억하고 있다.

1978년 『한국문학』으로 등단한 그는 첫 시집 『물의 잠』을 비롯하여 『혼자 흔들리는 그네』, 『숨은 꽃』, 『모르는 거 물어봐』, 『비밀번호』, 『등뼈를 위한 변명』, 『눈빛 영혼』, 『빈 나무 밑을 지나가다』등 8권의 시집을 발간하게 된다. 이 중『눈빛 영혼』과『빈 나무 밑을 지

제2부 지역시의 색채 95

나가다』는 사후에 발간된 유고시집이라 할 수 있다.

　김강태 시의 근간을 이루는 것은 '사랑'이다. 기본적으로 그 사랑은 사소하고 하찮은 사물을 꼼꼼히 관찰하고 응시하는 데서 비롯되며, 가족들을 보듬고, 나아가 소외된 이웃들을 감싸안는 바탕이 되며, 우리의 것을 소중히 여기는 토대가 된다. 그리고 사랑은 절망을 일으켜 세우고, 희망을 찾는 일의 주춧돌이 되기도 한다. 그의 이러한 사랑의 실천방법은 다름 아닌 '동행'이다.

2.

　혹자는 고통이 때로는 힘이 되기도 한다고 말한다. 이는 고통이 절망에서 벗어날 수 있는 힘을 주고, 자신의 삶의 뒤돌아볼 수 있는 계기를 마련한다는 점에서 나온 말이리라. 김강태도 이같은 맥락에서 접근할 수 있는 시인이 아닐까. 그의 삶이 유년시절부터 가난으로 인한 고통과 역경을 감내해야만 하는 삶이었기 때문이다. "먹거리 곁, 코 흘리며 서있는 내게, 엄니는 / '옜다!' 우동을 휘휘 말아주신다"(「간이술집에 관한 추억」, 『빈 나무 밑을 지나가다』)[1]라는 시 구절에서 보이듯 그의 유년시절의 삶이 매우 궁핍했음을 알 수 있다. 그리고 "왜 저리도 늦은 밤 가위질일까 어차피 / 째고 찢는 곳은 엄니의 깊이일 것, / 엄니는 무언가를 파는 듯했다"(「가위－반짇고리」, 『등뼈를 위한 변명』)라고 한 구절에서도 어머니의 바느질로 생계를 유지해야만 하는 절박한 모습이 보인다.

---

1) 이 글에 인용된 시는 시제목과 시집명을 병기(倂記)하기로 한다.

내 유년의 기억이 아직은 생생하다는 것
결코 내 안을 떠나지 않고 불을 계속 지펴낸다는 것
다만 이런 것들이 기억의 덜미를 사뭇 낚아채네
요즘도 내 어린 자궁은 창문쪽으로 길이 나 있는지?
아직은 쓸쓸하다고 자신있게 말할 수 있겠네
깊은 창이 덜컹대던 헛간이 그토록 무섭고 그리우므로
　　　　　　－「깊은 창－헛간」(『빈 나무 밑을 지나가다』)에서

　'헛간'을 대상으로 노래하고 있는 작품이다. 헛간은 농기구나 잡동사니를 두는 곳으로, 이 시에서는 짚이 깔려있고 깊은 창이 있는 헛간이 형상화되어 있다. 유년시절 화자는 그곳에서 많은 시간을 보냈을 것이고, 그곳에서 화자는 어둠과 친숙해지는 법과 고독을 익혔을 것으로 보인다.[2] 그렇기에 유년시절의 '헛간'은 "아직은 쓸쓸하다"는 표현에서 알 수 있듯 "무섭고 그리"운 공간으로 자리매김된다. 이렇듯 그의 유년시절은 가난과 궁핍한 삶의 연속이었고, 그로 인해 어둠과 고독과 친숙해지게 된다. 이러한 모습은 가족의 풍경에서도 드러난다.

　엄니가 또 펌프질 하나보다 이상한 일이었다 나는 납득할 수
없었다 엄니는 항상 컴컴한 방구석에서 울었다 찌익찌익……속
초에서 아버지 편지가 올 때마다 엄니는 울었다……그날 밤은
우리 가족 모두가 펌프였다 그러다가 한꺼번에 울음을 몽창 게
워냈다

---

2) 이러한 면은 "구석 짚더미에 몸을 던지면 / 어둠이 고인 짚풀의 따스함 / 호호
　지피던 아슴한 유년의 불씨 / 어린 나는 따스한 어둠이 좋았지"「헛간」(『등뼈를
　위한 변명』)라고 한 데서도 엿볼 수 있다. 이 시의 "따스한 어둠"이라고 한 구절
　에서 어둠이 따뜻할 수도 있음을, 그리고 화자가 그러한 어둠과 아주 친숙했음
　을 어렵지 않게 짐작할 수 있다.

어린 시절
우리는 펌프울음 가족이었지
―「펌프질 하나보다!―엄니」(『빈 나무 밑을 지나가다』)에서

위 시에서 우리는 화자가 외지에 있는 아버지와 떨어져 살고 있다
는 점과 아버지에게서 편지가 오는 날이면 어머니가 펌프질을 하면서
눈물을 훔치는 것을 목격할 수 있다. '펌프질'을 통해 울음소리(남편
에 대한 그리움의 표현)를 감추려는 어머니의 모습과 펌프질 사이로
흘러나오는 어머니의 울음소리를 듣고 우는 화자의 모습이 중첩되어
나타난다. "어린 시절 / 우리는 펌프울음 가족이었지"라는 표현에서
시인의 가족의 모습이 그리 밝지 않았음을 엿보게 된다. 이러한 일련
의 과정을 통해 시인이 밝음보다는 어둠에 친숙해졌고, 드러나는 소
리보다 감추어진 소리에 익숙하게 된 것을 추측하기란 어렵지 않다.
우울하고 힘든 유년시절을 보낸 그의 고향은 충남 부여이다. 그러
나 그가 유년시절의 많은 시간을 부여에서 보낸 것 같지는 않다.[3] 그
럼에도 그의 시에는 부여의 흔적과 백제에 관련된 편린들이 알게 모
르게 등장하고 있다.

    이거, 너 글 쓴 거 아녀어 왜 버리냐아

    달의 꼬리만 흐미한 월미도를 돌아 혼잣방에 오며, 부여에서 백

---

3) 이용범에 따르면, 김강태는 1950년 10월 21일에 경기도 시흥군 군자면 옥구섬에
  서 태어났고 아버지의 뜻에 따라 공식 서류 외의 모든 프로필에 고향을 부여로
  적게 되었다고 술회하고 있다.(「아름답고도 슬픈, 동행-김강태론」, 『현대시』,
  2003. 7, 110면 참조) 그러나 필자가 보기에는 김강태가 실제 태어난 고향은 그
  다지 중요하지 않다고 본다. 왜냐하면 부모님이 살고 있는 곳, 그리고 자신의
  마음의 고향이 시인에게 더 영향을 주었을 것이기 때문이다.

제땅을 이고 오신 엄니는 방구석의 휴지를 하나하나 다림질하
고 계셨다 내 글씨가 있는 종이면 어두운 눈으로 마뭇 곱게 구
김을 펴서는 따스히 다림질하셨다 매달 엄니는 다녀가셨고 그
때마다 나의 서랍에는 반듯한 원고지가 채곡채곡 쌓여 있었다
등단 기념 축하연에 참석하려던 그날 저녁 여섯시. 엄니는 '뇌
졸중'이라는 아름다운 이름으로 쓰러지셨다……그제서야 나는
알았다 오실 때마다 엄니는 풋풋한 백제어로 못난 아들의 여린
詩의 주름을 펴주신 것임을

엄니의 휘인 뼈마디 꺼끌한 주름 겹겹을 내가 다림질할 수 없
을까 부여로 갈 때마다 나는 설움에 받쳐 점점 가늘어지는 엄
니의 다리와 손목을 손으로 쓸어드렸다 그러나 나의 다림질은
소용히 없었다……

……지금 엄니는 흙으로 누어 계신다
오늘도 나는 다림질을 한다 원통히 흙이 되신 당신의 굽은 마
디마디 뼈가 흙 속에서 곧게 펴질 때까지
　　－「다림질을 하며-대학 시절」(『빈 나무 밑을 지나가다』)에서

　어머니를 그리워하는 시인의 따뜻한 심성을 엿볼 수 있는 작품이
다. 여기에서 화자는 '어머니'가 아니라 '엄니'라고 부르는데, 이러한
면을 통해 '어머니'와 '나'라는 격이 있는 모자(母子)의 관계가 아닌
유년시절의 '상상계적 단계'의 모자관계임을 알 수 있다. 이 시에는
그의 시에 자주 등장하던 유년시절의 우울한 모습보다는 밝은 모습으
로, 그리움이 가득찬 모습으로 다가온다. 여기에서 눈여겨 볼 것은
"부여에서 백제 땅을 이고 오신"이라는 구절과 "풋풋한 백제어"라고
표현한 구절이다. 어머니가 부여, 고향에서 가져온 것이 다름 아닌

'백제 땅'과 '백제어'라는 것이다. 이 둘의 공통분모는 '백제'인데, 이를 보더라도 그가 어머니 뿐만 아니라 그의 고향, 부여가 백제의 옛 도읍이라는 것에 대한 자긍심이 대단하였음을 알 수 있다.[4] 그리고 어머니가 자신의 "여린 詩의 주름"을 "풋풋한 백제어"로 펴주신다는 대목은 오래 전부터 이어 온 충청도의 넉넉함과 풋풋함을 느끼게 해준다. 이러한 충청도의 정신을 바탕으로 시인이 문단에 등단하게 되자, 어머니는 자신의 소임을 다한 듯 '뇌졸중'으로 쓰러지게 된다. 이 '뇌졸중'을 '아름다운 이름'이라고 표현한 데서 시인의 어머니에 대한 강렬한 사랑을 엿볼 수 있다. 그리고 "원통히 흙이 되신 당신의 굽은 마디마디 뼈가 흙 속에서라도 곧게 펴질 때까지" 다림질을 하겠다는 구절에서 시인의 사모곡(思母曲)은 극에 달한다. 어머니에 대한 그리움은 "불티 가까이 볼을 대노라면 / 어머니, 듬성 듬성듬성 / 당신 음성이 묻어 나는 걸 느"(「노을에게―어머니」, 『등뼈를 위한 변명』)낀다고 한 구절에서도, "상추를 하얗게 부비던 엄니 손의 / 푸른 물방귀"(「물 속 방귀」, 『빈 나무 밑을 지나가다』)라고 한 데도 진하게 묻어난다. 그리고 그는 어머니 뿐만 아니라 아버지에게도 많은 사랑을 보여준다.(「문이 이상해요―아버지」, 『등뼈를 위한 변명』 등) 또한 시집 서문에 "이 시집을 나의 어머님과 나의 아버님께 바친다."(『혼자 흔들리는 그네』 후기)라고 한 것과 "이 다섯 번째 시집을 아버지께 공손히 바친다."(『비밀번호』 자서)라고 한 것에서도 부모님에 대한 사랑이 지극했음을 알 수 있다.

---

4) 이를 통해 볼 때, 앞에서 이용범이 언급한 부분, 즉 아버지의 뜻에 따라 충남 부여를 고향으로 했다는 그의 진술은 설득력이 좀 떨어진다. 설사 시인의 그렇게 언급했다손 치더라도 그것은 시인의 무의식적 측면에 있는 고향을 언급한 것이 아닌 것으로 보이기 때문이다.

그의 부모에 대한 지극한 사랑은 가족사랑과 직접적으로 결부된다. 시인은 부모에 대한 사랑 못지 않게 아내와 자녀에 대한 사랑이 지극하였다.

그렇구나 거품이 저리 큰 방울이 되다니
믿음아 보름아
늬들 맘껏 불어라
오만하고 조밀한 늬들 방 창을 맴돌다
알미늄 새시 숨막힌 틀을 떠나
뭉게구름 양털구름의 하늘로
두둥실 날아오르게

(……)

영롱하다 흐느적
소리없이 그림자 끌고 가는 비눗방울 보아라
둥글게 나도 몰려간다 엄마 손 잡고
처음 울음의 울음 속 울음 안으로 가자
우리 가끔
작고 네모난 집을 떠나서
　　　　　　　－「비누방울가족」(『빈 나무 밑을 지나가다』)에서

이 시는 그의 가족사랑을 단적으로 보여주는 작품이다. 이 시는 "작고 네모난 아파트의 비좁은 공간을 벗어나 아이들의 자유로운 상상력을 키우면서도 사물의 본질을 깊이 천착하는 눈과 마음을 갖기를 소망하는 아버지의 마음이 배어있는 작품"5)이라 할 수 있다. 이 시의

---

5) 장영우, 「겨울 빈 나무 밑을 걸어간 사람을 위하여－김강태론(論)」, 『다층』, 2003년 가을, 251면

핵심은 "처음 울음의 울음 속 울음 안으로 가자"라는 구절이다. 가끔씩 '지금-이곳'의 각박한 현실에서 벗어나 자궁의 공간, 태초의 공간 속으로 회귀하고자 하는 욕망이 담겨져 있다. 그리고 시를 처음 쓰던 시절, 왜 시를 쓰려고 했고, 왜 시를 써야만 했는지를 되돌아보는 초심(初心)을 느끼게 해준다. 그의 가족에 대한 사랑은 "출근 때 보름이랑은 입구에서 입을 맞춘다"(「것두 모르고 차암!-중2 김보름」, 『빈 나무 밑을 지나가다』)에서도 어렵지 않게 확인된다. 이러한 그의 가족 사랑은 아내를 대한 사랑을 보여주는 데서 절정을 이룬다.

> 그새 잠에 깊이 빠진 그녀의 볼 밑으로
> 그런데 마알간 은하(銀河)의 물 같은거,
> 놀란 남자는 여자 머리맡서 휴지를 가만 뜯는다
> 서너 겹으로 여남은 개쯤 만들고
> 너덧개를 더해 머리맡에 채곡채곡
> 그래, 지금까지 한 번도 아파보지 않던 그녀
> -「코닭개 종이」(『빈 나무 밑을 지나가다』)에서

독감 걸려 흘리는 아내의 콧물을 '은하'의 물로 비유하는 장면에서, 그리고 "지금까지 한 번도 아파보지 않던" 아내를 위해 서너 겹으로 접은 휴지를 아내의 머리맡에 두는 모습에서 아내에 대한 지극한 사랑을 엿볼 수 있다. 이러한 면은 그가 병원에서 치료받던 과정에서도 보인다. "몇 달 째 계속되는 간호에 지친 아내가 잠깐 눈이라도 붙이면 자신은 파도처럼 밀려오는 통증을 참으면서도 간병인을 시켜 아내에게 이불을 덮어주던 사내가 바로 그였다."[6]라고 한 대목에서 말이

---

6) 장영우, 앞의 글, 250면.

다. 그리고 아이들을 잘 키워주어서 고맙다는 아내의 말에 "우린 함께 동행했을 뿐이야"[7]라고 한 데서 그의 가족사랑 뿐만 아니라 사랑이 한층 승화된 '동행' 의미까지도 엿보게 한다.

그렇다고 그의 사랑이 부모님과 가족에 국한된 것만은 아니다. 그의 사랑은 확장되어 소수자에 대한 사랑을 보이기도 한다. "새벽비 오면 긋는 비를 피해 또 다른 저들과 어깨를 걷는다…… // 우린 안는다 업으며 또 다른 그와 동행한다 '자코메티―'"(「나는 그를 '자코메티'라 부른다―노숙자를 위하여」, 『빈 나무 밑을 지나가다』)라고 하여 노숙자를 사랑하고 위하는 것에 그치지 않고 '동행'해야함을 역설하고 있는 시가 있는가 하면, "공치는 날은 웬걸, 모두들 쉰 목소리로 / 악다구니를 저질러댄다"(「니나놋집」, 『빈 나무 밑을 지나가다』)에서처럼 막노동군의 애환이 담겨 있는 시도 있다.

3.

김강태의 삶과 시에 등장하는 모든 사랑은 기본적으로 사소하고 일상적인 소재를 감싸안는 과정을 통해 형성된 것이라 할 수 있다. 때문에 아무리 하찮은 대상일지라도 그의 감관(感官)을 통하면 생기 있고 윤기 나는 대상으로 뒤바뀐다. 이렇듯 그는 공기, 초(촛불), 달걀, 가위 등 우리 주위에서 쉽게 만나고 볼 수 있는 대상들을 그의 독특한 상상력과 조어력으로 새롭게 자신만의 시를 생산해 낸다.

---

7) 김보름, 「사랑하는 아빠께」, 『다층』, 2003년 가을, 272면 참조.

한 치도 틀림없는
정밀한 동그라미보다
타원형 네가 좋아
눌린 동그라미
한쪽으로 쏠린 힘이 휘잉,
공기 띠를 꽈놓았다
                    － 「타원형에 관하여 － 달걀 6」(『비밀번호』)에서

그곳 어딘가 누군가 살고 있음의
막연한 희망
희망이라는 빵을 씹고 있는
그, 누구를 위해
누군가 가위 입을 쫙 벌리고 있다.
                    － 「가위 － 입」(『등뼈를 위한 변명』)에서

　　위 시에서 일상적인 대상인 '달걀'과 '가위'는 각기 다른 모습으로
탈바꿈된다. '달걀'의 질적 측면보다는 '타원형'인 달걀의 모양에 시
선을 집중하는가 하면, 어떤 대상을 분리하는 역할을 담당하는 '가위'
가 궁핍한 시절 생계의 수단이 될 수 있는 희망의 대상으로 되기도
한다. 얼핏 보면 두 시가 서로 상반된 것 같은 느낌, 즉 전자는 형식
을 강조하고, 후자는 내용을 강조하는 듯한 느낌이 들 수 있다. 그러
나 엄밀히 보면 두 시가 지향하는 바는 거의 일치하고 있다. 전자 또
한 후자와 마찬가지로 시적 화자가 "한 치도 틀림없는 / 정밀한 동그
라미"가 아니라 "타원형"의 달걀을 좋아하는 것은 빈틈없는 각박한
삶보다는 여유가 있고 인간적인 삶을 희망하고 있는 것이기 때문이
다. 이렇듯 시인은 사소하고 하찮은 대상들을 그만의 독특한 상상력
과 언어적 질감을 통해 '살아있는 시'로 탈바꿈한다. 나아가 그가 말

년에 쓴 것으로 보이는 시 「귀지를 흘리며ー병상일지」에서는 '귀지' 까지도 끌어안는다.

> 귓속을 한없이 파고픈 듯,
> 어느새 가슴을 찌른다
> 그도 숨을 쉬는 걸까
> 그동안 정체된 것들의
> 여린 호흡
> 귀지란 내 몸의 새살이다
> 여린 살을 송송 듣게 하는
> 그 무엇,
> 이 엄청난 밀어내기로
> 윤기나는 귀지,
> 싱그러운 생명의 힘
> ー「귀지를 흘리며ー병상일지」(『빈 나무 밑을 지나가다』)에서

'귀지'는 무엇인가. 우리 귀 속에 들어온 먼지가 뭉쳐진 오물덩어리 가 아닌가. 그런데 시적 화자(시인)의 생각은 다르다. 그의 시선에 들 어온 '귀지'는 우리 몸에서 제거되어야만 하는 대상이 아닌 내 몸의 일부가 된다. 그래서 '귀지'는 자신의 '새살'이 되고, "싱그러운 생명 의 힘"을 지닌 대상으로 변모된다. 화자 자신의 몸의 균형감각을 맞 추기 위해, 올곧은 소리를 듣도록 도와주는 '귀지'가 결코 먼지 덩어 리로만 보이지 않았던 것이다. 오히려 그에게는 그것이 하나의 생명 체로 보였던 것이다. 이는 시인 자신의 '병(病)'과 '귀지'라는 서로 이 질적인 대상이 만나 새로운 의미를 창출한, 들뢰즈가 말한 '이접적(離 接的) 종합'의 결과라 하겠다. 자신이 건강할 때 느끼지 못했던 '귀

지'에 대한 생각이 '병'을 만나 새로운 의미로 생성된 것이다. 이처럼 작고 하찮은 일상적인 대상이 그의 시선에 포착되면 의미 있는 대상으로 탈바꿈된다. 결국 이러한 시적 양상은 그 이면에 내재한 시인의 따스하고 인간적인 심성에서 비롯된 것이라 하겠다.

　시인의 이같은 사소하고 하찮은 대상들에 대한 관심은 '소리'에로 이어진다. '소리'는 들을 수는 있어도 볼 수는 없는 대상이다. 때문에 소리를 그린다는 것은 불가능하다. 그러나 시인은 이러한 소리에 대해 생명력을 불어넣는다. 이를 통해 소리는 깨어나게 되고, 따라서 소리에도 우리가 선/악으로 구분할 수 있는 소리 외에 또 다른 소외된 소리가 있음을 발견하게 된다.

> 소리에도 혀가 있다
> 소리에도 감촉이 있다
> 하다 만 몸짓의 혼,
> 소리의 잔혼일게다
> 때로는 그것이
> 징징징 우는 빛일 때가 있다
> 은밀비밀
> 서로의 몸을 닦으며
> 울음 몰래 날던 소리혼
> 어둠의 등뼈를 갈라
> 바늘처럼 남몰래 튕겨나곤 한다
> 어느 달빛 사이
> 흰 가슴을 내보이는 어둠에
> 귀 기울여 보라
> 소리의 혼이 종종 일어나고 있다
> 　　　　　－「소리혼」(『빈 나무 밑을 지나가다』)에서

소리에는 여러 가지가 있다. '좋음/나쁨'의 소리, '기쁨/슬픔'의 소리, '행/불행'의 소리 등. 그런데 시인은 이러한 이분법적인 구도로 짜여진, 정형화된 소리 자체가 많은 사람들을 얼마나 구속하고 억압하는지를 감지한다. 그래서 시인은 이러한 정형화된 소리를 해체하기 위해 소리의 '이면'에 귀기울인다. 이는 소리 자체를 가지고 소리를 감지해내는 단순한 느낌에 대해 반기를 드는 행위이기도 하다. 그리고 그는 '밝음'을 뚫고 나오는 소리보다 '어둠'을 통해 나오는 소리에 대한 애착을 보여주는데, 그것은 온전하고 완전한 것이 아닌 결여되고 덜 생긴 소리들을 원상대로 회복시켜 주려는 그의 강한 의지에서 나온 것이라 하겠다. 그가 이 시 말미에 "흠짓난 빗방울만 등빛에 영롱하"다고 한 것처럼, 소리 또한 흠짓난 소리가 혼이 영롱할 수 있다는 것과 맥을 같이 하고 있다. 그리고 이러한 모습은 "너는 소리다 / 볼 수 있는 소리다 / 말끔히 씻어 안을 비우는 너 / 소리로 죽어 / 소리로 태어나는 너 // …… 비어 있음 안에서 / 울음이 본디의 소릴 켜낸다"(「통」, 『빈 나무 밑을 지나가다』)에서도 엿볼 수 있다. "소리로 죽어 / 소리로 태어나는" 소리의 '윤회설'과 비어 있는 상태에서의 울음이 "본디의 소릴 켜"낸다는 '공명(空鳴)'의 힘을 느낄 수 있다. 또한 시인은 소리 자체가 개별적인 것이 아님을 역설하고 있다. 이는 소리는 어떤 관계 속에서 이루어지는 것이고, 그 관계를 파악하는 것이 중요한 것임을 말하고 있는 것이다. "내 안의 소리가 소리를 부르고 있다"(「촛농—촛불생각 24)라고 한 것처럼 한 소리가 다른 소리를 부르고, 한 소리가 다른 소리를 부를 때 겹치는 소리는 또 다른 소리로 나오는 것이다. 여기에서 소리의 '복수성(複數性)'을 엿볼 수 있다. 그는 소리의 다양성을 본 것이 아니라 소리의 차이와 겹침을 보고 있는 것이다. 이러한 소리의 복수성을 확인한 시인은 나아가 소리의 혼을 찾는 일에 골몰한다. 그래서 그는 소리에 '혀'를 붙이고, '감촉'을 부여한다. 이를 통해 어둠 속에서 "소리의 혼이 종종 일어나"는 것을 느낀다. 여기에서 우리는 시인의 소리에 대한 깊은 성찰과 예리함을 엿볼 수 있다.

. 그가 불완전하고 결여된 소리를 통해 소리혼을 탐색하려는 모습은 '등뼈'를 세우려는 몸짓과 무관하지 않다. 그의 시의 키워드 중 하나인 '등뼈'는 시의 '틀'과 결부된다. 혼이 정신적 범주에 드는 것이라면, '등뼈'는 어떤 몸체를 구성하는 골격이라 할 수 있다. 그는 뼈대를 올곧게 구축해야만, 살을 붙일 수 있고, 나아가 혼을 불어넣을 수 있다고 피력한다.

> 논개 그대의 손마디 뼈부스러기 몇 알
> 지금도 강줄기 속빛이 허옇게
> 출렁인다지
> 요추 흉추 늑골 두개골
> 지금도 길다라이 우는 흐름으로
> 생살 키워 흐른다지, 부인
> ─「논개」(『빈 나무 밑을 지나가다』)에서

주지하다시피 논개는 왜장을 안고 진주 남강에 뛰어든 의녀로, 오늘날까지 그녀의 의로운 행동은 현재를 살아가는 이들에게 많은 귀감이 되고 있다. 시인은 이러한 논개의 '잔해(殘骸)'를 찾아 헤맨다. 지금도 진주 남강에는 그녀의 "손마디 뼈부스러기"와 "요추 흉추 늑골 두 개골" 등이 남아 있음을 간접화법으로 말하고 있다. 또한 그 뼈는

"생살 키"우는 매개물이 되기도 한다. 이는 무엇을 말하는가. 시인이, 인정이 메마른 각박한 현실과 우리의 정신(혼)을 잃어가는 현실 속에서 우리의 뼈대를 만들고 살을 붙여 혼을 불어넣고자 하는 욕망에서 논개를 환타지화한 것으로 보인다. 결국 이 시에서 살을 붙이는 대상과 생살을 키워내는 대상으로 '뼈'를 차용하고 있음을 알 수 있다. 이 뼈가 존재해야 다른 것도 가능할 수 있음을 보여주고 있는 것이다. 그리고 그의 시에 등장하는 뼈는 여기에 국한되지 않는다. 그가 "말씀의 뼈를 만나기란 쉽지 않다"「말의 뼈」(『등뼈를 위한 변명』)고 말한 것처럼, 어떤 사물의 핵심을 의미하기도 한다. 개인적인 삶에 치중하고, 이기적인 삶이 지배적인 현실 속에서 이타적인, 남을 위한 말을 하기란 쉽지 않다. 그래서 시인은 '뼈있는 말'이 그리운 것이다. 이는 올곧은 선비정신과 무관하지 않을 터, 그리하여 시인은 '골절'되고 '탈골'된 말의 뼈를 온전하게 바로잡고자 역사적으로 귀감이 될만한 인물들의 언행을 차용한다.

이렇듯 김강태 시인은 일상에서 볼 수 있는 작고 하찮은 대상, 그리고 소외된 대상에 남다른 애착을 가지고 죽어있는 것을 살아나게 하고, 잃어버린 것을 되찾고자 하며, 억압된 것을 원상태로 복원시키려 한다. 그 작업은 허물어진 '뼈'를 바로 세우려 하고, 거기에 살을 붙여 혼을 불어넣는 과정으로 이어진 것이라 할 수 있다.

그리고 김강태의 시적 여정을 통해 우리가 느낄 수 있는 것은 자기를 사랑하는 생에의 강력한 의지와 무엇이든 포기하지 않는 희망의 지가 강렬하다는 점이다. 때문에 그의 시에 등장하는 절망은 희망이 내포된 절망이고, 그의 어둠은 '따스한' 어둠이듯, 그에겐 완전한 절망과 좌절이란 없다. 그래서 그의 시는 따뜻하고, 희망적이며, 혼이 묻어난다.

> 춥지만, 우리
> 이제
> 절망을 희망으로 색칠하기
> 한참을 돌아오는 길에는
> 채소파는 아줌마에게
> 이렇게 물어보기
> 희망 한 단에 얼마예요?
> ―「돌아오는 길―序詩」(『등뼈를 위한 변명』)에서

시인은 이 세상이 희망이 없는 세상이라고 문득 느끼게 될 때 이렇게 희망 찾기의 의미를 일상적인 작은 삶 속에서 찾고자 하였다.[8] 이러한 일련의 작업으로 그는 "절망을 희망으로 색칠하기" 시작한 것이다.

4.

시인이 예전에 "모든 것과의 완전한 만남을 위해서는 우선 온전한 헤어짐이 전제되어야 한다. 일단 헤어져야 하며 떠나 있어야 한다. 분명한 거리감이 우리들 삶에서 필요한 것 같다."(『혼자 흔들리는 그네』 후기 「조용한 反問」에서)라고 두 번 째 시집 후기에서 언급했듯, 그는 어쩌면 "모든 것과의 완전한 만남을 위해" '이승'에서의 삶과 헤어져 있는지도 모르겠다. 그 헤어짐은 분명 김강태가 아닌 '시인'과 '시'와의 완전한 만남을 이루는데 도움이 되리라 본다. 그렇기에 그와

---

8) 송희복, 「학처럼 왔다간 시인의 혼이여」, 『현대시』, 2003. 7, 182면 참조.

의 이별은 안타깝지만, 이를 통해 '시인'과 '시'가 만나게 되는 계기를 마련해 준 것은 어찌보면 다행한 일일지도 모른다.

그의 삶과 시를 통해 볼 때 그는 '동행'하는 것을 참으로 좋아했던 것 같다. 백제의 혼이 담긴 충청도의 기질과도 동행했고, 부모님과 가족, 그리고 소외된 자와도 동행했으며, 그리고 작고 하찮은 것들과 뼈대(정신, 혼)와도 동행했고, 희망과도 동행했다. 이러한 '동행'은 누군가와 함께 가는 것이기에 결코 외롭지도 않고 쓸쓸하지도 않다. 이렇듯 그는 이 세상에 남은 이들에게 '홀로'가 아닌 '동행'의 소중함을 일러주고 깨우쳐준 시인이었던 것이다.

갯것들과의 합창, 함께 부르는 생명의 노래

― 안학수의 『낙지네 개흙 잔치』를 중심으로

김 화 선

1. 어린이-되기를 꿈꾸는 시인

안학수 시인은 어린이-되기를 꿈꾼다. "어린이 되고 싶다"[1]고, 아름답고 순수한 어린이의 마음을 소유하고 싶다는 욕망을 공식적으로 언표해서만은 아니다. 기실 대다수의 아동문학 작가들은 어린이의 마음을 소중하게 여기고 자신의 내면을 동심으로 채우기를 원한다. 그럴 때 전제가 되는 동심은 이미 방정환에서부터 이어져오는 동심 천사주의의 오랜 전통에 닿아있음을 부정할 수 없다. 소파 방정환이 "아동의 마음! 참으로 우리가 사는 세상에서 아동 시대의 마음처럼 자유로날개를 펴는 것도 없고, 또 순진한 것도 없다"[2]고 동심을 파악하면서 동심을 지닌 어린이를 순진무구한 존재로 규정짓고 "뻗어나가는 힘 뛰노는 생명의 힘 그것이 어린이"[3]라고 주장한 이래 어린이는 동심

---

1) 안학수, 『낙지네 개흙잔치』, 「머리말」, 창비, 2004, 4-7쪽.
2) 소파 방정환, 「새로 개척되는 '동화'에 관하여」, 『개벽』 제4권 제1호.
3) 소파 방정환, 「어린이 찬미」, 『신여성』, 제2권 제6호, 68쪽.

을 지닌 순수한 존재로 인식되어 왔다.

이렇게 인식된 어린이는 1920년대부터 이미 자연의 이미지로 대체되어 표현되었다. "새와 같이 꽃과 같이 앵두와 같은 어린 입술로 천진난만하게 부르는 노래"는 "그대로 자연의 노래이며", 어린이들이 뛰노는 모양은 "그대로가 자연의 자태"로 인식되었다. 어린이들에게는 "어른과 같은 욕심도 있지 아니하고 욕심스런 계획도 있지 아니"하므로 그들의 내면은 어른과는 달리 "죄 없고 평화롭고 자유로운"[4] 나라일 수밖에 없었다. 그 나라는 안학수 시인이 『낙지네 개흙 잔치』의 「머리말」에서 밝히고 있듯 "평화롭고 아름다"운 세상이며 그가 소망하는 '좋은 세상'이며, '좋은 미래'이다. 욕심이 사라지고 더불어 살겠다는 마음으로 충만한 생명의 세계를 위해 시인은 시를 쓴다. 그가 쓰는 시는 '좋은 미래'를 염원하는 기도이며, '좋은 세상'의 도래를 축원하는 예언이며, "과한 욕심"이 지배하는 현실을 경계하는 살아있는 양심의 고백이다.

자본주의 사회를 살아가는 개인의 욕망을 버리고 자유롭고 평등한 공동체를 꿈꾸는 시인의 시는 가장 윤리적인 주체의 모습을 담고 있다. 그리하여 그의 시는 순수한 영혼의 울림을 전한다. 그리고 그 울림은 독자들의 가슴을 파고드는 잔잔한 파동이 된다. 하나의 충격적 울림 대신 잔잔한 파동의 동심원들을 만들어내면서 안학수의 동시는 어른과 어린이 독자들 모두의 귀를 열고 가슴에 온기를 전한다. 따라서 어떤 의미에서는 그의 시를 동시라고 지칭할 수 없을 듯하다. 그의 시는 말 그대로 그냥 시이다. 그의 시는 결코 유치하지 않으며,

---

4) 「처음에」, 『어린이』 제1호, 1923년 3월, 1면. 이 글의 지은이는 기록되어 있지 않으나 일반적으로 소파 방정환의 글로 받아들여지고 있다.

뻔하지 않으며 현실을 모르는 이상화된 동심을 노래하지도 않는다. — 그렇다고 모든 동시가 유치하거나 이상화된 동심을 노래한다는 것은 아니다—동심으로 보는 세계가 어떻게 새로운 세계의 가능성을 열어 젖히고 있는지 그의 시를 읽는 독자라면 알 수 있을 것이다. 그래서 그의 시는 있는 그대로 시이면서 동시(同時)에 가장 아동문학적인 텍스트이다.

첫 번째 시집 『박하사탕 한 봉지』(계몽사, 1997) 이후 오랜 기다림 끝에 만나본 안학수의 두 번째 시집 『낙지네 개흙 잔치』(창비, 2004)는 어린이의 시선으로 세상을 바라보며 스스로 어린이—되기5)를 시도한 시인의 구체적 실천의 기록이다. 또한 어린이의 마음을 지니고 싶어 그 주위를 맴돌던 시인이 결국 자기 안에 남아있던 동심을 확인하면서 어린이가 되는 과정의 고백이기도 하다. 시인이 지니고 있는 어린이다운 내면은 어른들의 눈으로는 볼 수 없는 세계를 보고, 모든 생명이 존중받는 "평화롭고 아름다"운 세상을 노래한다. 이때 갯벌은 그의 내부에 잠재해있던 창작의 욕망을 노래로 틔워 올리는 힘의 공간으로 기능한다. 그 공간에서부터 '생명'과 '동심'이 존중받는 "좋은 세상"이 도래하기를 소망하면서 시인은 온몸에 갯벌의 농밀한 진흙을 묻히고 "갈그락 샬그락" 지도를 그려놓았다.

---

5) 모든 되기들은 이미 분자적이다. 되기는 어떤 것이나 어떤 사람을 모방하거나 그에 동일시하는 것이 아니다. 그것은 또한 형식적인 관계들을 비례화하는 것도 아니다. 주체의 모방이나 형식의 비례성, 그 어느 것도 아니다. 되기란, 우리가 가지고 있는 형식, 우리의 존재인 주체, 우리가 소유하고 있는 기관이나 우리가 수행하는 기능들로부터 출발하여 입자들을 추출하는 것이다. 이 입자들 사이에서 우리는 우리가 현재 되고 있는 중인 것과 가장 가까운 운동과 휴지, 빠름과 느림의 관계를 확립하는데, 그것에 의해서 우리는 ~이 되어 간다. 이러한 의미에서 되기는 욕망의 과정이다. 들뢰즈·가타리, 이진경·권혜원 외 역, 『천의 고원: 자본주의와 정신분열증』 제 2권, 연구공간 '너머' 자료실 제작, 2000, 47-48쪽.

이 글은 시인의 두 번째 시집 『낙지네 개흙 잔치』와 그 이후에 발표된 몇 편의 작품들에 그려진 지도의 울퉁불퉁한 선들을 따라가면서 시인이 시도하고 있는 어린이-되기가 어떤 방식으로 평화롭고 자유로운 '좋은 세상'을 만들고 있는지, 그 구체적 걸음들이 어떤 형상의 지도를 형성해가고 있는지 살펴보고자 한다. 그 과정에서 동심이라는 어린이의 내면을 통해 세상과 만나는 아동문학이 진정 지향해야 하는 세계의 지향점이 밝혀질 것이며, 안학수의 시세계가 지역문학장(場)에서 갖는 의의 역시 드러날 것으로 생각한다.

2. 생명의 마당, 갯것들의 세상

질퍽한 진흙 사이를 헤집고 작은 생명의 물방울을 토해내는 갯것들은 이미 그 자체로 시인의 삶이 되었다. 마치 시인은 "조개, 고둥, 게, 갯지렁이, 낙지, 갯가재, 갯강구, 나문재, 칠면초, 퉁퉁마디 등 무수한 생명들이 살아가는 갯벌"[6]에 맨발로 서서 그대로 갯벌의 갯것이 된 듯하다. 갯벌의 까만 진흙은 시인의 발가락 사이를 파고들어 까만 흙을 묻히고 이어 발가락들을 점령하고 하얀 피부를 온통 꺼멓게 칠해놓는다. 이제 까맣게 개흙이 묻은 시인의 발은 옆으로, 앞으로, 뒤로 갯것의 발자국을 남겨 놓는다. 생명의 자욱으로 가득한 갯벌의 진흙은 시인과 갯것들의 차이를 지워버리고, 갯바닥과 갯것의 구별마저 허물어버린다. 부피감의 차이만 있을 뿐 도대체 원래의 형상은 찾아보기 어렵다. 슬쩍 스치는 시선은 그 차이를 놓쳐 버리기 십상이다. 하지만 한참을 들여다보던 시인의 시선은 갯것들이 남긴 발

---

6) 안학수, 위의 책, 4쪽. 앞으로 이 책에서의 인용은 쪽수만 밝힘.

자국이 어떻게 다른지, 어떤 모양으로 각기 자신의 사연을 풀어내고 있는지 알아차린다. 갯벌의 진흙은 농밀한 삶의 일기장인 셈이다. 맨발이었던 시인은 처음부터 이미, 그렇게 갯벌을 바라보고 있었던 것이다.

밀릉슬릉 주름진 건
파도가 쓸고 간 발자국,
고물꼬물 줄을 푼 건
고둥이 놀다 간 발자국.

스랑그랑 일궈 논 건
농게가 일한 발자국,
오공조공 꾸준한 건
물새가 살핀 발자국.

온갖 발자국들이 모여
지나온
저마다의 길을 펼쳐 보인 개펄 마당

그 중에 으뜸인 건
쩔부럭 절푸럭
뻘배 밀고 간 할머니의 발자국,

그걸 보고 흉내낸 건
폴라락 쫄라락
몸을 밀고 간 짱뚱어의 발자국.

― 「개펄 마당」(16-17쪽)

개펄 마당에 가득한 발자국들을 지켜보면서 시인은 파도와 고둥, 농게, 물새 등이 펼쳐 보인 삶의 길을 헤아린다. 이 갯것들이 남긴 삶의 길은 "밀룽슬룽" "고물꼬물" "스랑그랑" "오공조공" "폴라락 쫄라락" 등의 의태어들로 인해 생동감있게 제시된다. 언어 하나하나가 살아서 갯벌을 기어나가고 있는 작은 생명체들에게 생명의 기운을 불어넣어 주는 듯 하다. 이미 말한 바와 같이 슬쩍 스치는 시선으로는 온통 꺼먼 진흙투성이의 갯벌에 이렇게 다른 발자국들을 남기고 있는 생명들이 있다는 것을 감각하지 못했을 것이다. 그러나 갯벌에 살고 있는 작은 갯것들의 개별성은 시인의 언어로 다시 주목을 받고, 각자가 지닌 생명의 힘을 독자에게 전해준다.

그렇지만 그 중에서 시인의 마음을 잡는 길은 "뻘배 밀고 간 할머니의 발자국"이다. 온갖 갯것들의 발자국 중에서도 할머니의 그것이 으뜸일 수 있는 것은 할머니의 발자국이야말로 갯벌을 삶의 터전으로 삼아 그 오랜 시간 바닷바람 견디며 살아온 고단한 삶의 생생한 증거이기 때문이다. 할머니의 발자국은 밑으로 쑥쑥 빠져서 한 발짝, 한 발짝 내딛기 어려운 갯펄의 진한 밀도를 청각적 심상에 의지하여 형상화시키고 있다. 눈을 감아도 할머니의 발자국은 "쩔부럭 절푸럭" 소리를 내며 계속 들려오는 것만 같다. 갯벌을 바라보는 시인의 시선에는 작지만 소중한 생명을 지닌 갯것들만 보였던 게 아니었다. 시인의 눈동자엔 갯것들의 세상에 처음부터 함께 있었던 할머니를 비롯한 인간의 그림자가 자리하고 있었다. 그들은 자연의 일부가 되어 갯것들과 어울린 채 담담한 삶의 발자국을 찍어 나갔고 시인은 그 길을 주시하였던 것이다.

개펄 마당에서 시인이 만난 할머니의 발자국은 "섬마을로/ 열다섯에 시집 온/ 갯벌할머니"7)의 것일 수도 있고, "젊을 때부터 만진 갯물이 바다를 채울 거라고/ 붉게 부푼 손에서 끈적끈적 꿀물처럼 흘"리고 "이날까지 까낸 바지락만도 큰 산을 이룰"(「조개 까는 할머니」, 66쪽) 조개 까는 할머니의 것일 수 있으며 "아들 딸 손자손녀/ 도시로 나가고/ 영감님도 강아지도/ 멀리 멀리 보내고" "별처럼 등불 하나 켜놓고" 적적히 지내는 '별집 할머니'8)의 것이거나 "단칸방에 사는 귀 어둔 할머니"9)의 발자국일 수도 있다. 할머니의 발자국을 으뜸으로 꼽는 안학수 시인에게 갯벌은 풍경으로서의 자연이 아니다. 그에게 갯벌은 작지만 무수한 생명들이 살아 숨쉬는 공간이며, 차가운 바닷바람 맞으며 묵묵히 살아오신 할머니며 어머니들의 삶을 증언하는 공간이다. 즉, 안학수 시인의 갯벌은 발견된 풍경이 아니라 처음부터 자신이 맨발로 서서 살아가는 현실 그 자체인 셈이다.

이렇듯 자연의 소중함을 인식하고 살아있는 생명의 고귀함을 노래하면서도 구체적 삶의 현실에서 진정성을 담보하고 있는 안학수 시인의 시세계는 이미 철저하게 생태지향적이다. 흔히 아동문학 작품이 지니는 한계 중의 하나가 자연의 아름다움을 어린이에게 들려주고 어린이의 눈높이에 맞춰 세상을 바라보면서 지나치게 낭만화된 관점을 재생산하는 것이 아닐까 한다. 그것이야말로 발견된 풍경이다.10) 안학수 시인은 이런 입장에서 비켜나 구체적 삶의 현실로서 자연에, 갯벌에 함께 있다. 여기서 안학수 시인의 독특함은 현실성을 획득한다.

---

7) 안학수, 「퉁퉁마디」, 『시작』, 2005년 여름호.

8) 안학수, 「별집 할머니」, 『시작』, 2005년 가을호.

9) 안학수, 「외딴집 할머니」, 『창비 어린이』, 2006년 여름호.

10) 가라타니 고진, 박유하 옮김, 『일본 근대문학의 기원』, 민음사, 1999, 28-43쪽 참고.

3. 현실을 위협하는 또 다른 현실과 시인의 좋은 세상

갯것들이 나름대로 주어진 삶을 살아가는 생태적 공간이라면 그 대척점에 파괴적 공간인 또 다른 현실이 존재한다. 두 세계의 차이는 「황발이랑 굴삭기」에서 대조적으로 제시되고 있다. "흙을 빚는 황발이랑/ 둑을 쌓는 굴삭기랑/ 힘세고 붉은 왕발 하나씩 가진 점이 닮았고,/ 열심히 흙을 파내는 점이 서로 닮았"다면, "욕심이 하도 없어/ 개펄 진흙 한 가지만 조금씩 찍어 먹고 사는 황발이랑/ 욕심이 너무 많아/ 산 파 먹고 강 퍼 먹고 바다까지 잘라 먹는 굴삭기는/ 달라도 아주 많이 다르"다. 시인에게 갯벌이 "생김새가 안 닮고 사는 법도 다르지만" "서로/ 깔보거나 욕하지 않고/ 따지거나 다투지 않고/ 네 편 내 편 없이 잘 지내"(「강이나 바다나」, 40-41쪽)는 세상인데 반해 그 세계를 "술에 취한 사람들 신났던 자리", "심술스런 도깨비들 장난친 자리"(「해수욕장의 아침」, 46쪽)로 만들어버리며 생명을 위협하는 현실이 엄연히 존재한다. 그 현실은 생태적 공간인 갯벌을 파괴하는 폭력적 공간이다. "꼬막의 방도 개불의 방도" "낙지네 집도 소라네 집도/ 몽땅 무너"뜨리는 힘의 논리 앞에 갯벌은 망가지고 무너지고 만다.

크고 힘센 굴삭기가
으르렁거리며
마구잡이로 모두 부순다.

힘없는 흙집이라고
가난한 마을이라고

함부로 허물어뜨린다.

집게발 치켜들고 막아서며
발버둥치는 꼬마 게마저
흙더미 속에 깔려버린다.

-「슬픈 새만금」 중에서[11]

힘없고 가난한 갯벌 마을은 굴삭기의 힘 앞에 허물어지고 "소문난
바닷가"는 "깨어진 유리 조각들"과 "속 빈 폭죽 껍질들", "찢어진 고
무 조각들"과 같은 "쓸모없는 껍데기"로 가득하다.(「소문난 바닷가」,
48-49쪽) 이런 위협 앞에서 시인은 작고 소중한 것의 가치를 읽어내
는 통찰력으로 새로운 세계를 꿈꾼다. 그가 말한 '좋은 세상'이란 힘
의 논리로 생명의 공간이 훼손되지 않으면서 작고 보잘 것 없는 존재
도 삶의 존재 가치를 인정받는 세상이 아닐까. 안학수 시인이 지향하
는 세계는 모두가 함께 어우러지는 편견 없는 세상이다.

훑아먹고 키가 크는 고둥 조개들
찍어먹고 모래 빚는 칠게 방게들
갯지렁이 개불 쏙 짱뚱어까지
개흙을 좋아하면 아무나 오라.

솜씨 좋고 너그러운 낙지 아줌마
손톱 없고 뼈도 없는 빨판 손으로
즐먹즐먹 개고 이겨 부풀린 반죽
부드러운 진흙 요리 차진 버무리.

---

11) 안학수, 「슬픈 새만금」, 『창비 어린이』, 2006년 여름호.

바특하고 태깔 나니 보기도 좋아
맛도 있고 몸에 좋은 자연산 개흙
오늘도 개펄 마을 푸짐한 잔치
목마르고 배고프면 누구나 오라.

값도 없이 베푼다는 소문을 듣고
멀리서도 몰려온 청둥오리 떼
눈치 보며 서성이는 하얀 두루미
가족들을 불러오는 괭이갈매기
　　　　　　　　　　　- 「낙지네 개흙 잔치」(20-21쪽)

　시인의 두 번째 시집의 표제작이기도 한 「낙지네 개흙 잔치」는 생
태 공간에서의 공동체적 삶의 일면을 노래하고 있다. 특별한 날이어
서가 아니라 "오늘도" 벌이는 "푸짐한 잔치"는 "맛도 있고 몸에 좋은
자연산 개흙"으로 반죽한 "부드러운 진흙 요리"이다. 낙지네의 잔치
는 문턱이 없다. 그저 "개흙을 좋아하면 아무나", "목마르고 배고프면
누구나" 돈 없이도 갈 수 있는 잔치 마당이다. 갯벌은 멀리서 온 "청
둥오리 떼"도 "하얀 두루미", "괭이갈매기"떼도 환영한다. "개펄 마
을"에서 벌이는 푸짐한 잔치는 갯벌이 우리에게 주려는 생명의 에너
지이며 가난한 사람이나 힘없는 사람마저 똑같이 대접받을 수 있는
공평한 이상적 공간으로의 초대이다.
　시인에게 갯벌은 낙지네의 개흙 잔치가 푸짐하게 벌어지는 그런 공
간일 것이다. 시인은 서해안 갯벌에 서서 소유보다 나눔이 덕이 되는
그런 세상을 꿈꾸고 있는 것이다. 그러한 세상이야말로 시인이 살고
싶은 좋은 세상이기 때문이다. 타자와 함께 공유하는 삶, 그것이 그에
게는 좋은 세상이기 때문이다.

4. 좋은 세상으로 가는 지도 그리기

좋은 세상의 지도를 그리려는 시인은 내면을 꿰뚫어보는 통찰력을 지녔다. 내면의 아름다움을 보는 능력, 시인의 눈은 딱딱하고 거친 껍질 안에 자리한 진실을 마주하는 용기를 지녔다. 그래서 시인은 시선을 낮추고 보잘것없어 보이는 존재의 내면을 응시한다. 그리하여 "조개 중에도 가장/ 험궂은 조개지만,/ 껍질 안쪽 남몰래 짠/ 아롱다롱 고운 옷감(「홍합 조개」, 18쪽)"을 지닌 홍합 조개를 알아보고, "새까맣고 얼룩진/ 울퉁불퉁 못난이// 그래도 그 품에/ 아기 달랑게를 품었다.// 그래도 그 등에/ 꼬마 갯강구를 업었다."며(「갯돌」, 26쪽) 갯돌의 가치도 깨닫는다.

좋은 세상을 위협하는 근대적 폭력의 논리에 맞서는 시인의 힘은 작고 허름한 것들 안에 깃들어있는 생명의 힘을 보는 시인의 시선에서 찾을 수 있다. 갯것들의 세상에서 좋은 세상은 생명의 힘으로 예기될 수 있을 것인 바, 시인이 지금 옮기는 걸음은 위를 향하기보다는 아래를 향하고, 가진 자보다는 많이 가지지 못했으나 행복을 아는 사람을 좇는다. 그렇기에 그는 남들이 보지 못하는 구석에서 소중한 삶의 가치를 발견할 수 있는 것이다. 가령, 장터에서 노래를 부르며 구걸하는 여인을 보고, "목소리 예쁜 저 아줌마/ 인어가 잘못 태어났나 보다.// 다리 없는 아랫도리엔/ 지느러미 옷을 못 입고/ 검은 고무자루를 입었다."고 묘사하면서 "바다로 가야 하는데/ 언제나 갈까?"하는 걱정을 한다. 시인의 따뜻한 마음은 뭉툭한 그녀의 하체 대신 그 목소리에 귀 기울이고, 고무자루가 그리는 자욱을 "갯바위를 밀어 대던 밀물"과 "모래톱을 쓸어 주던 썰물"(「장터의 노래」, 68-69쪽)에 비유한다. 시인의 순수한 영혼은 타자의 고통을 목격하고 그 고통을 공유하고자 한다. 모두가 함께 행복한 미래를 위해 시인은 동심의 눈으로 세상을 보고 타자에게 따뜻한 손을 내민다. 이러한 자세는 순수한 동심의 세계를 그리는 아동문학이 행복한 미래와 만나는 한 가지 방식이 될 것으로 생각한다.

"입을 우그러뜨리며/ 울먹이는 종이컵"(「발밑에서 들리는 말」)의 하소연도 들어주고 갯가 모래밭에 버려진 '인라인스케이트 한 짝'의 사연도 헤아리면서(「인라인스케이트 한 짝」) 시인은 동심의 눈으로 세상과 만난다. 시인은 "날마다/ 이마에 물결이"(「아버지의 주름살」) 이는 아버지의 마음도 알아채며, "빈 소주병에/ 담배공초 가득 차도록/ 밤을 꼬박 새운 아버지"(「아버지와 낮달」)의 가슴속도 들여다볼 줄 안다. "장사치는 비위가 좋아야 한다고/ 비린내를 쉽게 만"지고 배알도 없이 "모든 걸 견뎌"내는 "소금에 절여/ 좌판에 가지런히 눕"혀있는 어머니의 삶도 이해할 줄 안다. "놀아 주는 동무가 없어/ 매일 혼자 노는 아이"(「혼자 노는 아이」)의 외로움도 안다.

세상과 만나는 과정은 역설적으로 좋은 세상과는 멀어지는 것이다. 시인은 좋은 세상을 그리기가 힘겹고 어렵다는 것을 알고 있지만, 그럼에도 불구하고 「비단고둥」에서처럼 좋은 세상을 찾아 떠나려는 욕망을 결코 저버리지 않는다.

짠 바람 맞으며
거친 모랫길을
헤쳐 나가는 걸음이 있다.

개펄에서 캐낸 비단 자개

등딱지에 담아 지고
지금은 잊혀진
무지개 마을을 찾아간다.

비단 무지개를 띄우겠다고
길 없는 길로 구불꼬불
마냥 가는 꼬마 고둥이다.

―「비단고둥」(14쪽)

비록 갯가에서의 삶이 짠 바람을 견디고 거친 모랫길도 헤쳐 나가야
하지만 꼬마 고둥의 꿈은 비단 무지개를 띄우는 것이다. 길 없는 길로
언제까지 가야할지 알 수는 없지만, 무지개 마을이 어디에 있는지 지
금은 잊혀졌지만 꼬마 고둥에게는 꿈이 있어 "구불꼬불" 길을 만들며
걷는 걸음이 힘들지 않다. 그러나 "바삐 가도 더딘 걸음, 종일 힘든
길"로 온몸이 늘어져 지친다해도 "가던 걸음 되돌아와" "가만가만 그
늘까지 옮겨 주"(「민달팽이」)는 손길이 있어 힘들지 않을 것이다.

"개펄에서 캐낸 비단 자개"를 "등딱지에 담아 지고" 걸음을 옮기는
"꼬마 고둥"은 시인의 분신이기도 하다. 그가 옮기는 걸음이 무지개
마을로 이어질지 거친 모랫길에서 길을 잃고 헤맬지 모르지만, 지금
시인에게는 좋은 세상으로 가는 지도를 한 걸음 한 걸음씩 그려서 완
성해가는 과정이 더 소중하다. 그 길은 갯벌을 너머 세상으로 나가는
길이며 세상에서 갯벌을 찾는 길이다. 그 이행의 과정에서 시인은 좋
은 세상이 도래하기를 소망한다. 지금 시인은 꼬마 고둥의 몸을 행동
학(ethology)[12]적인 관점으로 사유하면서 새로운 아동문학의 지도를

---

12) 생물학(biology)이 행위와 행동이라는 규범과 규칙에 근거하고 있다면, 행동학은
    미리, 신체가 행위하거나 될 수 있는 무엇에 대해 알 것을 주장하지 않는다.

그려나가고 있는 중이다.

5. 마치며

안학수 시인은 어린이의 마음으로 세상과 만나고 갯벌에 서서 갯바람을 맞으며 바다의 품에 안긴다. 시인이 소망하는 좋은 세상은 모든 생명체가 나누고 공유하는 생태적 연대의 공간이다. 생태적 공간을 형성하기 위한 시인의 전략은 어휘를 창조하는 차원에서 실천적으로 나타난다. 물론 새로운 어휘를 창조해내는 활동이 모두 언어 생태주의적 전략으로 환원되지는 않으나 근대화의 폭력에 맞서 작가가 언어의 생태환경을 강화하고자 노력하고 있다는 점에서 어휘 창조의 측면을 적극적인 실천의 한 전략으로 읽을 수 있을 것이다. 갯것들의 삶을 표현하기 위해 작가가 창조해 낸 어휘들은 갯벌에 사는 생명들의 살아 움틀거리는 역동성을 담아내며 서해안 갯벌의 생태지도를 재현한다.

예컨대 시인은 「개펄 마당」에서 온갖 갯것들의 발자국을 조금씩 어감을 달리하여 의태어와 의성어로 표현한 것을 필두로 여러 작품에

행동학은 변용하거나 변용되는 신체의 힘이라는 관점에서 유사점과 차이점만을 골라낸다. 행동학은 기관의 국면을 강요하기보다는 실험의 국면을, 동적이고 역동적인 내재적인 능력과 외재적 연관의 지도그리기를 상정한다. Moria Gatens, 「Through a Spinozist Lense: Ethology, Difference」, Deleuze : A Critical Reader(Blackwell Publishers Ltd., 1996), pp.178-171 참조. 부연하자면 Moria Gatens 는 여성(성)의 개념을 예로 들면서 생물학적 기능에 근거하여 남성(성)과 여성(성)을 이해하는 차원에서 벗어나서 사고할 수 있는 틀을 제공하고 있다. 어린이도 이러한 관점에 근거하여 생각해 볼 수 있을 것이다. 어린이와 어른을 생물학적 기능에 따라 대립적으로 파악하지 않고 행동학적으로 사유한다면 각 신체가 갖는 힘들이 현실과 관련을 맺으면서 그려나가는 아동문학의 지도를 고려해 볼 수 있을 것이다. 그리고 그 지도는 미리 결정되어 있지 않기에 더 큰 힘을 발휘할 수 있을 것이다.

서 동일한 듯 보이나 약간씩 달라지는 차이있는 반복의 효과를 노린 의성어나 의태어를 적절하게 사용하였다. 그리고 '황발이' '능쟁이'와 같이 충청도 서산, 태안 지역의 사투리를 적극적으로 사용하고 '개', '말짱'과 같이 갯벌 생물들을 지칭하는 이름 등을 생생한 표현과 더불어 효율적으로 언급함으로써 서해안의 생태환경을 언어적 차원에서 재현하고 있다. 시어가 놓인 맥락에서 있는 그대로 재미있게 달싹거리며 입말로 살아나는 어휘들은 시어 하나하나에 애정과 관심을 기울여 온 시인의 창작 과정을 엿보게 한다.

우리는 안학수의 시세계를 통해 지역 아동문학이 지향해야할 가장 긍정적인 차원을 목격한다. 시인은 자신이 살고 있는 지역성을 살리되, 철저하게 정치적인 시를 쓴다. 그의 시가 정치적인 이유는 그에게 있어 (동)시야말로 세상과 만나고 타인과 소통하고 미래를 꿈꾸는 진지한 실천이기 때문이다. 생태적 세계를 지향하는 시인의 노래는 갯벌에서 부르기 시작했으나 갯바람을 타고 경계를 넘는다. 바다의 품을 기억하고 있는 시인은 낮은 자세로, 자기만의 방식으로 노래를 한다. 그가 부르는 노래는 아동문학장(場)에서 독특한 영토를 형성하고 있다. 생명의 소중함을 알고 어린이의 동심을 내면으로 받아들이며 가장 자기다운 방식으로 노래하는 법. 그것은 자신만의 목소리로 노래를 부르는 것이다. 그가 부르는 노래는 충청도 서해안의 갯벌에서 올망졸망 모여있는 갯것들의 작은 몸을 휘감고, 갯가에서 살아가는 할머니, 할아버지, 아버지, 어머니, 그리고 외롭고 쓸쓸한 아이들에게 흘러가고 다시 먼 고개를 넘어 바람을 타고 도시로, 삭막한 현실, 살아있는 지역의 현장으로 찾아든다.

그 노래는 미래의 타자들인 어린이를 위해 살아있는 어른이자 어린이인 시인이 부르는 가장 윤리적인 노래이다. 시인은 자유롭고 평화로운 세상의 지도를 그려나가면서 태어나지 않은 타자에 대한 윤리적 의무를 이행하고 있다. 지금, 시인은 서해안 갯벌에서 시작하여 모든 생태계적 의미망을 형성하는 지도를 완성하기 위해 그만의 방식으로 낮게, 낮게 세상을 바라보며 따뜻하고 긍정적인 내면의 세계를 불러들이고 있다. 그 지도에 그려진 '좋은 세상'에서 함께 살아갈 수많은 생명들을 위해 작고 힘없는 존재들을 부둥켜안고 체온을 건네주면서.

안학수 시인이 지향하는 생태적 세계는 철두철미 현실에 의거하여 구체적 삶과 더불어 형성되고 있다. 이제 한참 쌓아올린 진흙의 성이 "흉한 사람들"에게 위협받고 쓰레기에 둘러싸여도 "참 아름다움이란 무엇인지 잘 알게"[13]된 시인에게는 회피하지 않고 견뎌야할 현실이 두렵지 않다. 그러므로 우리는 두 번째 시집에 이어 다음 세 번째 시집이 나올 때까지, 그가 그리는 지도가 아동문학장에서 어떤 영토를 만들어가고 있는지 지켜봐야 한다. 갯벌의 진득한 움직임이 만들어낸 주름의 굴곡 속에서 미래의 타자를 위해 힘겨운 발걸음을 옮기고 있는 시인의 순수한 영혼은 작지만 투명한 생명의 물방울을 계속해서 토해내고 있다. 그런 그에게서 우리는 여전히 현재진행형인 문학의 힘을 본다. 아니, 동심의 힘을 본다. 그리고 그 동심의 힘은 지역의 한계를 넘어 가장 지역적이면서 동시에 지역의 경계를 지우는 하나의 힘으로 작용할 것이다.

---

13) 안학수, 「오래된 유리조각」, 『시작』, 2005년 겨울호.

상상력과의 경주

─ 윤형근론

남 기 택

1. 윤형근의 시선(詩線)

윤형근의 시[1]에는 '따뜻함'이 있다. '인정(人情)'이라고 해도 좋을
그 자상한 시선(視線) 또는 사물을 대하는 애정어린 자세로 인해 그
의 시세계는 읽는이로 하여금 순화되는 정서를 느끼게 해주는 힘을
지니게 된다. 이 글은 윤형근의 시세계를 거시적으로 관망해 보려는
데 그 목적이 있는바, 위와 같은 따뜻함의 시선(詩線)을 축으로 하여
상상의 날개를 타고 창조되고 있는 시편들의 몇 영역을 차례로 살펴
나갈 것이다.

그의 시세계를 이해할 수 있는 보다 구체적인 방법론적 범주로써
몇 가지 정형적인 상징성에 대한 구조 분석을 들 수 있겠다. 일례로,

---

1) 1984년 『문예중앙』 신인상 시 당선으로 작품 활동을 시작한 윤형근은 지금까지
두 권의 시집(① 『사냥꾼의 노래』, 열음사, 1989; ② 『나는 신대륙을 발견했다』,
중앙일보사, 1990)을 발간했다. 본문에서 괄호 안의 숫자는 이들 시집 번호와 면
수를 가리킨다.

평범한 사람들의 삶의 애환과 생생한 움직임이 그대로 노출되는 공간
인 '역(驛)'(「역전 광장에서」, 1:45-46; 「한 여름밤의 꿈」, 2:69; 「비둘
기가 머무는 역」, 2:70-71 등), 역이 확장된 공간이요 그에 대한 비판
적 성찰의 의미를 지니고 아이러니컬하게 제시되는 '신대륙'(또는 '먼
나라'. 「먼 나라를 아시나요」, 1:63; 「그 나라」, 2:9; 「나는 신대륙을
발견했다」, 2:78-81 등), 마찬가지로 인간 및 자연 공동체를 상징하고
있는 '숲'(「나무」, 1:18-20; 「불가에서」, 1:50; 「숲의 내력」, 2:26-29
등), 등등의 시어가 지니고 있는 상징성 혹은 이미지들의 연관은 윤형
근 시세계에서 의미심장한 시적 장치로 구조화되어 있다. 달리 말해
시세계의 골격이 되는一시인이 목적 의식한一정형적인 시적 장치와
그들 사이의 긴밀한 연관을 밝히는 작업이 시세계의 전모를 이해하는
시의적절한 방법이 될 수 있겠다.

　　실로 윤형근의 시편들은 삶과 시를 대하는 시인의 집착과도 같은
애정, 그것을 바탕으로 끊임없이 상상하고 또 상상하여 이루어놓은
상징의 숲으로 무성져 있다. 그런데 그 숲은 아직 진행태로서 느리게
진화하고 있다. 두 번째 시집이 나왔던 1990년 이래 우리는 그의 시
를 시집을 통해서는 만나지 못하고 있는 것이다. 그런 까닭에 이 글
에서는 그의 시집 두 권을 중심으로 아직 거듭나기에 있는 그의 시세
계의 일면만을 섭렵하려 한다. 그 작업은 윤형근 시라는 '숲'의 한
'내력'(「숲의 내력」, 2:26)을 밝히는 과정일 것이다. 우리는 전사(前
史)를 통해서 현실의 본질을 이해할 수 있고 나아가 미래를 건설적으
로 계획할 수 있다. 이런 관점에서 이 글은 윤형근 시세계의 진일보
를 바라는 독촉장이 될 수도 있겠다.

2. 얇은 사(紗), 상상의 그물

시집 『사냥꾼의 노래』는 "1980년에서 1987년까지 쓴 작품들을 골라 묶었"(1:9)던 것임을 작가의 '자서'를 통해 알 수 있다. 이는 이 시집의 작품들이 윤형근의 습작시와 처녀작을 포함하는 초기 시세계의 전모라는 말과 크게 다르지 않다. 이 장에서는 그 첫 시집을 중심으로 거기 관류되고 있는 상상의 구조가 어떻게 형성되어 있는가를 구명해 보고자 한다.

우선 시집의 표제어 "사냥꾼의 노래"에 대한 발원지가 되는 작품 「사냥」(1:39)을 보면,

> 그 해에 우리가 아버지로부터 배운 건
> 말을 타고 험준한 산령을 치달으며
> 타이탄 같은 짐승들과 대결하는 것이었지만
> 그보다 더 큰 사냥이 있다는 걸 알지 못했다.
>
> 그 사냥은 누구에게서 배우는 것도 아니고
> 우리 스스로 깨달아야 하는 것이었지
> 우리는 항상 날솟는 매의 꿈을 꾸는 사냥꾼이었지만
> 그 큰 사냥에서는 오히려 표적이 되었어.
>
> (「사냥」 부분, 같은 면)

라고 노래하고 있다. 여기서 '우리'가 놓인 상황은 사냥을 하는 주체이면서 동시에 "더 큰 사냥"의 대상이 되는 아이러니컬한 상황으로서 얼핏 자연계의 먹이 사슬 구조를 연상하게도 된다. 그러나 "더 큰 사냥"에서의 사냥 주체와 대상은 서로 다른 종(種)이나 류(類)가 아니다.

그것은 각각 인간 대 인간의 관계이거나 인간의 운명 또는 인간이 만든 보편적 법·제도 대 구체적 인간의 관계이다. 유사 이래로 인간의 실존은 구체적 인간의 힘으로 해결할 수 없는 불가항력에 의해 위협받아 왔다. 고금(古今)을 불문한 절대자로의 귀의 속성, 권력을 둘러싼 암투 등은 이 사실을 예증한다. 위 시에서의 "더 큰 사냥"은 이러한 인간의 실존적 한계 혹은 인간 사회의 구조적 모순을 비유한 것이라고 파악할 수 있겠다.

이처럼 냉정한, 객관적 현실 파악의 시편일 지라도 그 배후에는 '따뜻함'이 깔려 있다. 시인은 위의 시에서 보다 큰 사냥의 사냥감이 된다고 해서 좌절하거나 절망하지 말자고 격려한다. "우리의 사냥은 / 우리의 탄생과 피의 순환이 점거한 깃발"이기 때문이다. "우리의 사냥", 즉 우리가 우리의 야성을 발산하며("양양한 奇聲을 뿜어내었지", "말을 타고 험준한 산령을 치달으며") 우리의 본능적 욕구를 실현하고자 하는 행위는 투쟁('피', '점거')의 역사("우리의 탄생과", '순환')가 거둔 개가이다. 지상의 모든 자유와 예술, 나아가 실존조차도 그러한 투쟁으로써 담보된 것이다. 곧 시인은 우리의 삶 또는 실존 그 자체에 대한 지극한 애정을 지니고 있다. 그것이 생래적으로 절망을 타고 났다고 하더라도 말이다.

삶에 대한 지극한 애정은 따뜻한 시상(詩想)을 낳고, 그러한 시상은 스쳐 지나기 쉬운 일상의 단편들에 대한 시화(詩化)로써 실체화된다. 그 시편들의 이미지들이 모여 하나의 숲을 이룬다. 시인이 말달리고 사냥하는 시인의 숲, 거기 나무들이 무성하다. 한편 시인이 "숲 속에는 수많은 나무가 자라고 있"(「나무」, 1:18)지만 "결코 그들의 가족이 되지 못"하는 일정한 거리감을 수반한다. "내가 나무라고 불렀을 때 / 그는 이미 어디론가 사라졌다"는 시적 화자의 독백은 김춘수식 소유론에 대한 풍자적 패러디로서 시인이 사물을 대하는 태도일 터, 우리는 시인이 있는 그대로의 질서와 그 질서의 미학을 존중하려는 자세를 취하고 있음을 알 수 있다. 시인을 둘러싼 현실, 자연, 운동 등 있는 그대로의 의미로써 시인의 혜안(慧眼)을 갈구하는 대상들은 이제 그의 애정이 실린 상상의 가지와 잎사귀들을 달게 된다.

① 피리소리 들리지 않는가
   하늘의 입김이 새어나오는 구멍
   분분한 흰나비떼 나래를 치고
   땅에 내리면 꽃송이로 누워라
   향기를 따라 굴 속에서 나오는 첫 인간
   아무도 보이지 않는 들판에
   안간힘으로 버텨서는구나
   인사하듯 고개를 끄덕이고 기지개켜며
   맨발로 내딛는 조심스러운 걸음
   비로서 순례의 장도에 오르다

                          (「첫 눈」 전문, 1:47)

② 식민지의 아버지들은
   술에 취해
   외도를 하고
   어림없는 아이를 낳았다

   (중 략)

   빈대가 많은 초가삼간
   굶주린 자들은

고향을 떠나도
입적되지 않은 아이들은
무럭무럭 자란다

　　　　　　　　　　　　　　（「십이월의 아이들」 부분, 1:88)

　③ 안개 속으로 기차가 지나갔다 들개들이 떼를 지어 그 뒤를
　따랐다 사람들은 떠나간 자취 위에 서성거리며 저마다 헤어
　진 연인과 가족을 생각했다 그 기차는 다시 오지 않을 것이
　다 무엇을 짖기 위해서 개들은 따라간 것일까 사람들은 오랫
　동안 이야기했다 떠나간 자와 떠나갈 자들을 또 그 뒤를 따
　를 개들은 어디에서 오는 것일까

　　　　　　　　　　　　　　（「역전 광장에서」 부분, 1:45）

　이를 테면 ①의 경우, '첫눈'을 바라보는 시적 화자의 감정은 순수
하고 경건하다. '눈'이라는 자연물은 '흰나비떼'가 되기도 하고 '꽃송
이'가 되기도 하면서 '인간'(시적 화자 또는 시인)을 유혹하는 '향기'
를 발산한다. 첫눈이 환기하는 일반적 정서인 순수함과 신비로움 너
머, 시적 화자는 첫눈의 체험을 "순례의 장도"라는 경건한 체험으로
까지 승화시켰다. 그러한 승화의 계기, 성스런 미화의 배경은 앞서 지
적했던 시인의 만물 자체에 대한 애정이라고밖에는 설명되지 않는다.
이같은 즉물에 대한 관심은 의인화되어 생자필멸식의 권력구조를 상
징하기도 하고(「내 친구 당랑(螳螂)」, 1:30), 시적 화자의 서정을 토로
하는 노래로 불려지기도 하며(「매미와 함께」, 1:105), 암울한 현실과
유년의 기억을 연관시키는 매개구조의 형성으로 확장되기도 한다(「토
끼풀」, 1:110).
　②는 시인의 관심이 구체적인 인간의 역사로부터 출발한 대표적

작품이다. 시인의 현실 직시는 "식민지의 아버지"라는 직설적 시어를 낳고 있다. 정신분석학적 견지에서 '아버지'는 절대적 큰타자요 상징계의 질서를 형성하는 주체이다. 오이디푸스 단계를 거친 인식 주체는 아버지와의 동일시를 통해 스스로 상징계의 질서에 편입된다. 이제 '아이'는 '아버지'의 권위가 형성해 놓은 질서 속에 자신을 포함시켜 그 질서가 부여한 욕망을 의식적으로 모방한다. 아버지의 질서에 대한 부정은 무의식 속에나 있다. 그런데 ②에서의 '아버지들'은 권력과 질서의 형성자로서는 부적절하게도 일그러진 모습으로 묘사된다. 예컨대 '식민지'에 존재하는 그들의 자리, '외도'와 사생아 출산("입적되지 않은 아이들")으로 이어지는 비정상적인 인식 주체의 생산 등은 상징적 질서의 자연스런 전이과정과는 거리가 먼 환경이다. 또 한편 이와 같은 형상화는 시적 화자의 무의식에 내재되어 있는 절대적 큰타자에 대한 부정성 혹은 자유로운 상상계로의 회귀 욕망이 빚어낸 결과라는 관점으로도 읽혀진다. 일괄하여, 시 ②는 표면적인 '따뜻함'이 거세되어 있는 작품이다. 그 이유는 이 작품의 주된 메시지로 우리 나라와 민족이 떠안고 있는 현실의 본질적 모순을 상징하려 했다는 데 있을 것이다. 이들 작업 역시 시인의 애정어린 관심으로 추동된 것임은 부연할 필요가 없으며, 우리는 시인의 상상의 숲 속에 자리한 이들 부정성의 한 자리를 놓쳐서는 안 된다.

③은 시인의 일상에 대한 관심이 농축되어 있는 작품이라 생각된다. 이 글의 처음 부분에서 '역'은 윤형근 시 속 평범한 사람들의 애환과 움직임이 노출되는 공간을 상징한다고 언급한 바 있다. 대중이 공유하는 그 장(場) 속에서 이루어지는 그야말로 평범한 일상은 ③에서는 진지한 성찰의 대상이 되고 있다. 그런데 '역전 광장'에서의 밤

새웠던 집회 기억을 지니고 있는 이들에게 그때의 경험은 특수한 것이 될 수 있다. ③에서도 "헤어진 연인과 가족"에 대한 그 헤어짐의 순간은 "왕복차표를 가지고 있지 않"는 '기차'를 타고 "돌아오지 못"할 여행을 떠나는 특별한 순간이기도 하다. 그러나 조금만 상대적인 시각으로써 '역전 광장'의 풍물을 바라본다면, 그것을 '사람들'이라는 불특정 다수의 사유로써 이해하자면, '객지'의 경계는 사라지고("어디까지가 경계인가", 1:46) "모오든 눈은 수평선 모오든 귀는 산호초"가 되어 '그리움' 또는 추억의 이름으로 일반화된 전날의 이별을 떠올리게 된다. 이렇듯 그리움은 보편과 특수의 경계를 허물고, 시인에게는 일상에 대한 애착의 동력이 된다. 이 일상의 그리움은 상상력이라는 프리즘을 통과하여, 그대를 기다리며 오색실을 떴던 '실뜨기'의 기억 속에(「실뜨기」, 1:33-34), 오래된 편지 속에 숨어 있던 '종이웃' 속에(「종이웃」, 1:101), 밤늦게 건너던 다리 위에(「어둠 속의 다리」1・2, 1:16-17), 볕 좋은 어느 날 활강을 꿈꾸던 옥상 위에(「옥상에서」, 1:57) 등등으로 다양하게 분광(分光)되고 있다.

상상력의 날개를 단 시인의 일상은 보다 확장된 영역을 찾아 나선다. "너의 손이 까막잡기하는 나의 섬에 / 단 하나라도 원주민을 그린다면"(「잠을 부른다」, 1:36)에서처럼 백일몽으로 전조(前兆)됐던 그 공간은 "소죽을 끓이"(「먼 나라를 아시나요」, 같은 면)던 아버지에게서 들었던 '먼 나라'이기도 할 터, 시인의 상상의 숲은 새로운 대륙에까지 확대된다. 이는 무성한 번식력 혹은 새로운 불모지에 대한 직조의 시도이다. 시인의 상상의 바퀴는 멈추지 않고 "계절 없는 곳에서 계절까지 / 다시 계절을 넘어 / 스스로의 축을 꿰뚫는 대동맥으로 파열"(「축(軸)」, 1:15)하기에 이른다. 그에게 있어 안과 밖, 경계선 등은 무의미하였다.

3. 또 하나의 노래를 찾아서

그러나 그가 발견한 '신대륙'이 이미 우리가 살고 있는 현실에 대한 풍자라는 사실은 앞의 시편들에서 예고되어 있었다("아이들은 약육강식의 경쟁 속에서 / 세 살부터 공부벌레가 되는 교육 / (중 략) / 힘은 권세요 권세는 돈이라는 걸 / 뼈시리게 깨달으며 질주하는 아이들", 「먼 나라를 아시나요」, 같은 면). 시 「나는 신대륙을 발견했다」 (같은 면)에서 다소 지루하게 재현되고 있는 '신대륙'의 이미지는 콜롬부스 모티프의 역설적 적용을 통한 자기 비판이자 모순 지양을 희구하는 또 하나의 주문이라고 할 수 있다.

보인다 저기 파도를 타고
더러운 기름덩어리가 밀려온다 드디어
인간의 땅이 가까워진 모양이다

(중 략)

나는 내가 지나온 바다와
새로 발견한 땅에 내 이름을 붙이고
눈물로 세례하였다

(중 략)

날개를 꺾는 힘으로 사랑을 다스리고
조개껍질로 풀벌레와 들꽃의 무덤을 이룬 이들은

죽어서도 숨조이는 악취를 남기었다

물 위로 지나온 나의 길은 지워져도
지금 여기에 계속 길이 생겨나고 있으니
어떤 미신이 나아길 앞길을 허무는가

낭떠러지로 열린 입구마다 못질하며 나는
순간과 영원이 만나는 암구호는 무엇일까
깃발과 비석을 나란히 파수 세웠다
(「나는 신대륙을 발견했다」 부분, 2:79-81)

　여기서 작중 화자는 "설교의 밑천이 다 떨어"(2:78)진 교주요 신대
류을 희구하는 콜롬부스이자 보다 풍성한 상상의 숲을 가지쳐 나가는
윤형근 시의 서정적 자아이다. 그가 "눈물로 세례하"는 행위야말로
시인이 처한 역사와 현실에 대한 지극한 애정에서 비롯되는 것임은
신대류이 시인의 현실에 대한 환유라는 사실을 통해 쉽게 얻어지는
결론이다. 즉 시인의 현실은 거듭되는 절망 속에 있지만('신대류'을
발견하기 전과 후는 동질의 절망 상태이다), 그런 점에서 '신대류'은
현실의 또 다른 환치이지만, 그 현실 또는 '신대류'을 복원코자 하는
시인의 사랑이 있기에 그곳에 대한 성화(聖化)의 문맥이 형성되고 있
는 것이다. 이 사랑은, 여전히 "생겨나고 있"는 '길'로 향하는 투신의
고삐를 늦추지 않는다는 결의로써 재삼 확인된다. 시인의 사물에 대
한 애정은 이처럼 새로운 역사 만들기-복원 의지가 담긴 현실의 치
환-의 영역에까지 확대, 자신 상상의 숲에 편입시키기를 주저하지
않는다. 사뭇 상기된 어조로 민족의 역사를 형상화하고 통일을 갈구
하는 「숲의 내력」(같은 면)의 경우, 위와 같은 시인의 자세가 직설적

으로 선언된 작품이라 할 수 있겠다.

이들 경향을, 시집 『사냥꾼의 노래』에서도 나타났던 부정성의 시편들이 지닌 제경향들과 묶어, 윤형근의 시세계에 자리한 '부정의 시학'이라 일컬을 수 있을 법하다. 위 작품의 성과는 물질만능의 문명에 대한 부정("인간이 버린 쓰레기가 온 땅을 뒤덮고", "분뇨와 세제거품으로 가득한 하수에"), 백인우월주의에 대한 부정("눈이 퍼렇고 창백한 야만인들"), 인간의 상상력과 감정을 억제하는 제도에 대한 부정("날개를 꺾는 힘으로 사랑을 다스리고") 등을 적절하게 시적으로 형상화했다는 데 있다고 볼 수 있다. 부정의 주체가 지향하는 것은 이들 어긋나 있는 대상들이 "자연의 본성을 되찾"도록 하는 것이다. 이 지점에서 우리는 윤형근의 부정의 시학이 펼쳐지는 곳에서도 숲 전체에 관류하는 '질서의 미학'이 적용되고 있음을 발견하게 된다. 자연 본래의 질서를 존중하고 그 운동에 따뜻한 시선으로 동참하여 온 시인은 자연의 질서에 역행하는 제도와 관습에까지 애정의 손길을 미치고 있다. 따라서 시적 화자가 희구하는 "순간과 영원이 만나는 암구호"는 자연 또는 질서라고 할 수 있겠다.

「나는 신대륙을 발견했다」에서의 '암구호'가 지니는 신비함과 달리 이 시집에는 보다 직설적으로 역사와 현실에 천착한 시편들이 발견된다. 앞서 언급했던 「숲의 내력」 외에도 「그 나라」(2:9), 「달 달 무슨 달」(2:10), 「삼짇날」(2:21), 「나물 뜯는 날」(2:22), 「바닷가」(2:34-35), 「여기 젊은 첨탑들이」(2:37-39) 등이 여기 해당되는 대표작들이다. 이 시편들은 "축복의 눈이 쏟아"(「겨울날」, 2:60)지건만 "어디에도 쌓이지" 못하는 암울한 현실 인식에서 비롯된다. 결국 '신대륙'의 형상과 일맥상통한 현실의 모순은 지양되어야 할 질서 파괴

의 한 요소로서 『나는 신대륙을 발견했다』에서 중점적 형상화 대상
으로 자리잡고 있다. 그것은 시인의 상상의 숲이 찾아 낸 또 하나의
질서요 "또 하나의 노래"(「또 하나의 노래」, 2:90)이다.

> 하늘과 땅의 완충지대
> 그곳에 아무것도 모른다며
> 믿음만으로 꽃을 피우는
> 새의 노래가 있다
> 휘도는 바람과 중력의 눈비 사이 둥긋한
> 탄력의 天弓,
> 진공과 허공을 넘나들며
> 구름들 속에 꽃씨를 심는
> 또 하나의 노래가 있다.
>
> (「또 하나의 노래」 부분, 2:91)

"하늘과 땅의 완충지대"에는 인간의 삶이 있다. 시인의 질서는 "하
늘만을 아는 / 새의 노래"인 하늘의 질서, "땅만을 아는 / 새의 노래"
인 땅의 질서, 거기에 인간의 질서가 결합하여 완성된다. 그가 두 번
째 시집을 통해 끊임없이 천착해 들어가는 역사와 현실의 문제는 이
와 같은 질서의 합위(合位)를 향한 노력의 산물이라고 볼 수 있다.
그것은 전혀 새로운 것이 아니다. 『사냥꾼의 노래』에서 "더 큰 사
냥"(「사냥」, 같은 면)으로 암시된 제도와 관습에 대한 관심의 연장선
상에 '신대륙'을 빈 '더 큰 사냥에 대한 사냥'의 시도가 자리하며 위
의 시에서처럼 "믿음만으로 꽃을 피우는" 우직한, "구름들 속에 꽃씨
를 심는" 신비로운 "또 하나의 노래"가 있다. 그들은 철저한 서정의
정신 아래 노래된다. 시적 대상의 결핍—질서 이탈—을 시는 외형상

이나마 충족한 서정성으로 채우고 감싸안는다. 그런 식으로, 자연과 인간이 각각 스스로의 질서에 순응하여 이루는 신비롭고 경건한 세계, 이것이 윤형근 시의 '숲'이다.

이제까지 우리가 거닐어 온 윤형근의 시세계는 다소 신비하고 곳곳에서 날카롭다. 시인의 상상력은 어느 한 자리에 안주하길 거부한다. 그의 시세계는 그토록 치열한 "생각과의 경주"(「생각과의 경주」, 2:56)가 일구어 놓은 상상의 녹지대인 것이다. 우리를 둘러싼 수많은 '생각들'은 대부분 허위와 위선, 본연의 질서에 위배되는 것들이요 실천에 우선한다.

> 지상에는 떼를 지어 날뛰는 생각들
> 중구난방 제멋대로 놀다가
> 심심하면 달음질로 시비를 거나니
> 줄줄이 도마 위의 트랙으로
> 끌려나오는 사람들
> 로마의 검투사를 방불케 한다
> 성장과 도약의 결의를 다지고
> 근사한 명분의 채찍을 견디며
> 악착같이 달려야 하나니
> 밤을 낮 삼아 쉴 새 없이 몸을 놀리고
> 졸음을 물리치려 타이밍을 먹어 가며
> 아무리 뛰어도 머나먼 길
> 앞서 나간 생각은 저만치 더욱 떨어져
> 언제나 아득한 선진이었더라
> > (「생각과의 경주」 부분, 같은 면)

그러한 생각의 '시비'(是非)에 맞서, '약산'의 '진달래꽃'을 그리던 시인을 추모하기란(「영변 기행」, 2:19), 개팔자로 전락한 '개호주'의 알레고리를 노래하기란(「개호주」, 2:46) 얼마나 고단한 일이던가. 위의 시에서 묘사되고 있듯이, 숱한 허위가 종용하는 피동적인 전투성("로마의 검투사를 방불케 한다")은 인간의 자유를 제한한다. 몇몇 지배적 이데올로기 앞에("성장과 도약의 결의를 다지고 / 근사한 명분의 채찍을 건디며") 인간은 무력할 수밖에 없다. 여기서 의미있는 것이 개별적 자아의 무력함에 대한 한탄이 아님은 분명할 것이다. 늘 앞서가는 생각의 '선진성'을 안타까워하는 것도 회의에 지나지 않는다. 요는 마치 경주하는 것과도 같은 우리들 사유의 배경을 바르게 이해하고, 그리하여 종속을 거부하고, 뒤쳐진 실천을 끌어올려 자유로운 인간의 본능을 추구하고 억눌린 질서를 바로잡으려는 노력, 그것이다. 그리하여 시인은 "밤을 낮 삼아 쉴 새 없이 몸을 놀리고 / 졸음을 물리치려 타이밍을 먹어 가며" 새로운 노래, 또 하나의 상상의 나무를 찾아내려고 정진하고 있다.

4. 다시, 트랙에 올라

윤형근의 상상력과의 경주는, 『나는 신대륙을 발견했다』 이후, '풍향계' 동인지 속에서 간헐적으로나마 계속되고 있다. 시인 스스로 고백하듯이 글쓰기와 직장생활이라는 이중고는 갈수록 시작(詩作)의 어려움을 배가시킨다. 한국 시단에서 행복한 전업 시인이 얼마나 될 것인가. 시인이라는 자리의 난항을 논의하자면 논지에서 벗어날 글감이 너무나 많다. 다만 우리는 시인의 경주에 외롭지 않을 갈채를 보내며 새롭게 맺힐 숲의 열매를 기다린다. 숲 속 어디선가 "저수지를 둘러싸고 공허하게 짖어대는 / 집을 잃고 길도 잃은 / 주인 없는 개들"(「저수지의 개들」, 『푸른잉크의 꿈』·풍향계3집, 20면)이 서성거려도, 늘 길따라 "새로운 문을 그"(「길의 노래」, 『흑백사진 속으로』·풍향계4집, 62면)려나갈 것을 다짐하는 시인이 있다.

여전히 길은 열려 있고 숲은 녹음이 진행중이다. 숲 속 어디라도 시인의 따뜻한 서정성이 배어있는 나무들, 이는 윤형근 시세계의 자랑이다.

> 나는 걸어가리
> 노래하는 숲의 그늘로
> 깃털 같은 작은 잎새 흔드는
> 여름날의 나무가 되어
> 여윈 팔을 휘저으리
>
> 갑갑한 피가 응어리져도
> 가슴은 돛배처럼 흐르고
> 늘 수평선에 반짝이는
> 한 마리의 사슴벌레
> 생각의 집게는 꼬집어라
>
> 번뇌의 구름에 가리워진
> 정상으로 발끝을 향하고
> 안개와 바람의 날들이 가느니
> 목마른 더듬이는 춤추어라
> 깊어가는 골짜기에 거리를 두고
> 신의 수액도 빨아라
>
> (「사슴벌레를 찾아서」 전문, 2:86)

이 시는 윤형근 시의 미덕을 잘 보여주는 동시에 그의 시세계의 구조를 응축시켜 나타낸다. 시인의 상상력과의 부단한 줄다리기는 여기서 '나무'가 되어 '사슴벌레'를 찾는 행위로 외화된다. 시인은 틈나는 대로 숲 속 조형물과 동일시된다. 이 시에서 '사슴벌레'는 모든 부정("갑갑한 피", "번뇌의 구름", "안개와 바람의 날들")을 지양하는 시인의 희망이며, 그것은 윤형근 시의 숲 속 "사시나무 가지 틈에도 / 산수국 꽃무더기 속에도"(「보물찾기」, 2:99) 있고, "바위 밑에도 풀숲에도" 있는 '보물'이다. '사슴벌레'가 지닌 희망의 이미지 중에는 "신의 수액도 빨"아 흡수하는 신비함이 깃들어 그 환상의 상상력에 의해 '신대륙'은 유유자적한 '돛배'와 빛나는 '수평선'의 이미지로 동화된 채 흐르고 있다.

　지극한 애정의 시선으로 형성된 윤형근의 상상의 숲은 언제 어디라도 그곳이 하나의 경주선상이다. 시인의 따사함 속 번뜩이는 "생각의 집게"와 "목마른 더듬이"는 오늘도 무료한 일상이나 어긋난 현실의 가려진 질서를 찾아나설 것이다. 그 여정 중에는 때로 시인의 체험을 넘어선 관념의 향유나 신비한 이미지의 흘러넘침이 도사리기도 한다. 일컬어 지나친 애정이라고도 표할 수 있을 빗나감, 이는 분명 경계의 대상이다. 바라건대 그것은 독자의 기우로 그쳐야 한다.

'관물(觀物)'의 정신에서 생성되는 여백의 시학

— 임강빈의 시

오 홍 진

1. 여백(餘白)으로서의 시

임강빈의 시는 여백을 중시한다. 여백은 무엇보다도 시인과 대상 '사이'에 스며든 시적 거리감에서 파생될 것인데, 임강빈 시에 표현되는 여백의 미학은 그러나 단순한 '거리'의 시학에 그치지 않고, 시인과 대상의 관계를 재구성하는 바탕으로 기능한다. 여백은 그 '거리'의 시학에서 펼쳐지는 다양한 의미의 생성-공간이다. 그것은 사물을 의미화하는 시적 공간을 형성하면서, 근원적으로는 사물의 탈의미화를 조장한다. 그러니까 여백을 중시하는 시에서 의미는 여백을 통해 채워지고, 여백을 통해 비워진다. 시인은 다만 여백의 공간에서 생성되는 사물의 빛에 관심을 기울이고, 그것을 시로 표현할 따름이다. 임강빈의 시를 관류하는 정결함의 시학은 실상 이러한 여백의 미학과 연관된다. 여백을 남겨둠으로써 그의 시는 다양한 의미의 공간을 만들어낸다. 의미의 틈은 또 다른 의미로 채워지고, 그렇게 채워진 의미의 공간은 다시 새로운 '틈'으로 갈라진다. 채워지고 비워지는(갈라지는) 의미의 사슬은 '틈'을 '틈'으로써 인식하려는, 그리하여 그러한 틈 너머에서 생성되는 새로운 시의 세계를 창출하려는 시인의 정신을 반영한다.

> 한 뿌리에서 자란
> 나뭇가지
> 그 가지와
> 가지 사이에 생긴 간격(間隔)
> 겨울엔 너무 빤히
> 그것이 보인다.
> 바람 끝에
> 멈추는 적막(寂寞)이
> 내 뼈마디를 흔들어주곤 한다.
> 줄곧 나는
> 왜 한 나무만을 보아왔을까.
> 한 뿌리에서 자라
> 그 가지와
> 가지 사이에 생긴 간격.
> 그 사이로
> 하루를 오르내리는
> 비탈길이 보인다.
> 밤을 한층 춥게 하는 별이 보인다.
>
> ―「冬木」 전문

이 시에서 '적막함'은 사물들의 간격, 그러니까 '겨울나무-비탈길-별'이라는 시어들 사이의 '틈새'에서 발현된다. 틈을 보는 주체는 시인(화자)이지만, 시인이 사물들의 틈을 자의적으로 '동일화'할 수는 없다. 시인은 사물들의 틈을 바라볼 뿐이다. "바람 끝에 / 멈추는 적막이 / 내 뼈마디를 흔들어주곤 한다"는 시인의 진술처럼, 이 시를 통어하는 주체는 시인이 아니라 '적막'한 풍경이다. 시인은 그 '적막'한 풍경의 세계에 거주하는 한 존재로서 나타난다. '겨울나무-비탈길-별'로 전개되는 이미지의 흐름은 그러므로 시인의 정신에 의해 하나로 묶여지지 않는다. 차라리 시인은 시의 공간 속에서 사물들의 여러 이미지와 공존하는 존재로 인식된다. 시적 대상(이미지)들의 흐름이 이 시의 세계를 형성하고, 그렇게 형성된 세계의 흐름 속에서 시의 주체가 탄생한다. 이렇게 보자면, 이 시에서 시인(화자)은 의미의 발신자, 다시 말해 대상을 분류하고 의미화하는 주체가 될 수 없다. 시인과 시적 대상은 차이화된 존재들로 인식되는 바, 이것이 임강빈 시의 정갈한 여백미를 창출하는 근본적인 토대라 하겠다.

대상의 차이를 인정하는 정신은 대상의 타자성을 인식하는 정신과 다를 수 없다. 임강빈의 시 속에 드러나는 수많은 시적 대상들은 저마다의 '차이성'을 지니고 시적인 공간을 채운다. 그것은 「산행」에 나타나거니와, "서로를 경계하지 않"는 "침묵의 교감"이 시인과 대상 '사이'에 펼쳐짐으로써 이룩된다. '사이'는 있되, 그 사이를 강제적으로 메우는 주체는 없다. 따라서 '사이'는 흐름으로서의 공간으로 시화되며, 주체(대상) 역시 그 흐름으로서의 공간에서 새롭게 구성된다. 이를테면,

이 꽃보다
우리는 얼마나 작아 보이나

아직은 따가운 햇볕
공터 언저리
하얀 들깨꽃
잔잔한 외로움.

―「들깨꽃」 부분

이라는 구절에 주목해 보자. "잔잔한 외로움"의 주체는 시인인가, 들깨 꽃인가? 따가운 햇볕 아래에서 생명력을 발산하는 들깨꽃의 형상이 과 연 동일한 상황에서 "들깨 모종"을 하는 시인의 행위와 다르게 인식될 수 있을 것인가. 그것은 개별적으로 이루어지는 행위이지만, 궁극적으 로 대상들―타자들의 생명 탄생과 맞물린다. 개별적인 행위 속에 내포 된 타자성의 맥락은 "잔잔한 외로움"의 상태로 존재하는 '생명'의 의 미망을 보다 강렬하게 부각시킨다. 생명은 생명이 있기 때문에 외로울 수밖에 없고, 역설적으로 생명은 생명이 있기 때문에 그 외로움을 극 복할 수 있다. 그래서 "인간도 / 자연도 / 푸르름 속에서 동격(同格)이 다."(「오월」)라고 시인은 노래한다. 인간과 자연의 동격이 '침묵의 교 감'(「산행」)을 불러내고, 그들이 모여 "서로 만나 외로움을 달"(같은 시)래는 상황을 일구어낸다. 자연이라는 관계로서의 세계가 있고, 그 속에서 인간(시인)과 (시적) 대상의 만남이 이루어지는 셈이다.

그러므로 시인의 시선은 단일한 주체의 시선에서 벗어나, 관계를 맺으려는 주체의 시선, 정확히 말해 타자의 시선으로 나타난다. 그리 하여 바람이 "풀잎의 등을 민다 / 나무의 등을 민다 / 사람의 등을 민다"는 개별적인 상황은, "각기 미는 모양은 달라도 / 모여서 한 가 지가 된다."(「등을 민다」)는 타자와 공명하는 상황으로 변주된다. "바 람은 풀잎을 눕히고 / 바람은 나뭇잎을 흔들고 / 사람의 등에 힘을 준다."(같은 시)라는 시구처럼, 바람의 행위는 이미 타자성의 문제와 깊숙하게 연관되고 있는 것이다. 뒤집어 말한다면, 바람이 바람으로 존재하기 위해 풀잎은 누워야 하고, 나뭇잎은 흔들려야 하고, 사람은 힘을 얻어야 한다. 그것이 관계의 긍정성이다. '민다-눕는다-흔든다-준다'는 동사 계열의 시어들은 시의 행간 사이에 내재된 시적 여백을 역동적으로 의미화한다. 여백은 움직임으로써 새로운 여백을 만들고, 새로운 의미를 생산한다. 시인은 이렇게 '움직이는 여백들'의 사이에서 사물을 바라보고 사물과 하나가 된다. '관물(觀物)의 정신[2]'이라 이름할 수 있는, 임강빈의 이러한 고전적 시 정신은 죽음의 포즈나, 달관의 포즈가 시 정신으로 회자되는 <지금 이곳>의 시적 상황에서 그 나름의 독특한 시적 맥락을 지닌다 하겠다.

2. 감흥(感興)으로서의 시

그렇다면 문제는 임강빈의 시를 통어하는 '관물의 정신'이 <지금 이곳>의 현실과 맞물리는 미학적 지점을 밝혀내는 작업으로 수렴될 터이다. 관물의 정신이 지향하는 지점과 이곳의 현실 상황이 이질적이라는 점을 감안한다면, 그것은 그의 시에 내재된 현실적 긴장감을 살펴보는 일에 다름 아닐 것이다. 자연과 더불어 존재하려는 시인의 정신은 어떻게 보면 자연의 파괴를 토대로 이루어진 <지금 이곳>의 현실을 관념적으로 통합하는 것으로 비쳐질 수 있다. 관념이 시를 지

---

2) 관물의 정신은 유가(儒家)의 세계인식을 이해하는 준거가 되어 왔다. 주변의 하찮은 사물에서도 마음을 놓지 않고 의미를 읽으려 한 선인들의 삶의 정신은 관물의 정신과 다르지 않다. 관물의 정신에서 바라보는 사물은 사물로만 존재하지 않고 현실 삶의 제반 영역과 상호 침투하여 상관한다. (정민, 「관물 정신의 미학 의의」, 『21세기 문학의 동양시학적 모색』, 새미, 2001 참조)

배할 때, 시는 주체의 동일화 전략에서 벗어날 수 없다. 대상은 '대상으로서의' 존재성을 상실하고, 주체의 시선에 제약되는 '동일화된' 대상으로 치부된다. 그것은 주체와 타자(대상)의 거리(틈)를 폭력적으로 해소한다. 시인에게 이곳의 현실은 바로 '틈'이 사라진 공간으로 인식된다. "슬픔이 메말라가는"(「지등(紙燈)」) 이곳의 세상은 시인에게 여백의 공간이 배제된, 그리하여 비극적으로 시화될 수밖에 없는 세계로 비쳐지는 것이다.

> 이제는 별로 볼 수 없는
> 그 많던 까마귀떼 어디로 갔나
> 팔매질 해도
> 좀체로 뜨지 않던 까만 까마귀.
> 좌우간
> 유성온천 건물은 자꾸 늘고
> 도시 기분도 제법 나는데
> 그 까만 울음 들을 수 없어
> 그것도 그리움의 하나가 되었다.
>
> — 「까마귀」 부분

도시라는 공간은 '까마귀'가 들어설 수 있는 '사이'의 공간을 배제함으로써 탄생한다. 여백-사이의 공간이 없으므로 도시와 까마귀는 공존하지 못한다. 힘의 논리로 건설되는 도시의 공간은 스산한 도시의 풍경을 다룬 「무지개」나 「도시의 바람」 등에서도 반복되는데, 이들 시에서 도시는 "황홀했던 무지개는 없고 / 자라지 못한 꿈이 / 아스팔트 위에서 / 탁탁 물방울을 튕기"(「무지개」)는 희망 없는 세계로 표현되거나, "누더기가 된 광고판"(「도시의 바람」)의 황폐한 이미지로 묘사된다. 시인이 서 있는 현실과 그가 추구하는 시적 세계의 극명한 차이는 실로 현실과 불화할 수밖에 없는 시인의 존재론적 상황을 드러낸다. 고향에 대한 그리움이 임강빈 시의 근본적인 정서를 형성하는 이유는 이러한 측면에서 찾을 수 있다. 그에게 고향은 불화의 현실세계를 벗어나게 하는 시적 매개항으로 작용한다. 그렇지만 고향을 그리워할수록 고향으로 되돌아갈 수 있는 가능성은 그만큼 희박해지는 역설적인 상황에 시인은 직면한다. 고향은 다시는 되돌아갈 수 없는, 그럼에도 시인이 끊임없이 되새겨야 할 '실재계'(자크 라캉)의 공간이기 때문이다. 시인은 이처럼 도시라는 공간에서 배제되는 실재의 사물들에 주목한다. '실재'는 현실화될 수 없으므로, 그것은 현실의 사물을 '바라보는' 시인의 정신적 이미지로 구체화된다. 이미지로 펼쳐지는 실재의 세계는 '현실'과 차이화되는 과정을 거침으로써 <지금 이곳>에서는 부재한 사물의 본질을 '현실 속으로' 되불러내는 셈이다.

「우시장(牛市場)에서」라는 시에 표현되는 바, 소에 대한 흥정이 이루어지는 인간 세계의 이면에서, 시인은 "황소의 눈 언저리"에 스쳐 지나가는 외로움을 발견한다.("한쪽 구석에서는 흥정이 끝났다 / 돈 세기에 바쁘다 / 황소의 눈 언저리엔 / 외로움이 잠시 스친다") 두 개의 이질적인 세계가 한 편의 시 속에 공존함에 따라, 현실에서 배제된 대상의 현재적 위상은 상대적으로 제고된다. 인간 중심의 시선이 배제하는 사물들의 세계에 시선을 집중함으로써 시인은 우리가 궁극적으로 추구해야 할 세계의 형상을 환기하는 것이다. 임강빈의 시에 나타나는 그리움의 정조는 이처럼 이곳의 현실에서 배제되는 사물과의 만남을 그 밑바탕에 깔고 있다. 「추억」이란 시에 표현되는 "외할머니 댁 / 마당 한 가운데 있는 우물"이나 "뒤꼍 바람벽"의 존재는,

그것을 기억하는 존재의 의식과 맞물려 <지금 이곳>에 부재하는 사물의 존재성을 상징적으로 드러낸다. 사라지지 말아야 할 것들이 사라지는 현상은 「편지」에서도 이야기되는 바인데, "빠른 전화"로는 표현될 수 없는 편지만의 독특한 "향기"는 끊임없이 변화하는 속도의 사회에서도 여전히 남아 있는 추억의 힘을 암시한다 하겠다.

임강빈 시에서, 과거(고향)에 대한 그리움이 현실적 삶에 대한 '인고'의 정신으로 전환되는 시적 지점은 바로 여기에 있다. "고리로 연결되는 / 무수한 이미지"를 "절단하는 작업"(「시가 되기까지는」)으로서의 시작(詩作)은 "그것들을 끼워 맞추기에는 / 한참을 기다려야 한다"는 시구에 명시되는 대로, "인고의 아픔"을 기꺼이 겪는 존재들에게만 가능할 수 있다. 시인에게 주어진 '현상'은 단순히 '보여지는' 현상을 넘어, 현실의 '흐름' 속에서 새로운 이미지들로 끊임없이 변주된다. 과거의 이미지(대상)가 현실을 거쳐 재해석되듯, 현실의 이미지는 시인이 추구하는 미래의 현실 속에서 새롭게 재구성된다. 그것은 기다릴 줄 아는 존재에게만 다가오는 세상의 선물이다. "들녘을 걸으며 / 연습을 한다 // 하나 둘 욕심을 / 버리는 연습을 한다"(「들녘에서」)는 시인의 고백은 인고의 삶에 내포된 기다림의 정조를 분명히 표현한다. 사월의 물오른 나뭇가지에서 생명을 채찍질하는 존재의 아픔을 발견(「사월」)하는 시인의 정신은 이런 점에서, 반생명적 현실을 인고하며 살아가는 시인의 현실과 자연스럽게 겹쳐진다.

　　가파른 천둥지기에도
　　누렇게 벼는 익어가리
　　외롭다 말라

산골 햇볕은
얼마나 찬찬한가.
작은 창자 채우려 몰려 온 참새떼
오히려 무료를 달래주고 있지 않느냐.
하늘만 쳐다보다가
지금은 벼가 익고 있다.
남루함이여
시름은 털어버려라.
황금빛 익어가는 것
그것 바라보는 것만으로도
넉넉한 일 아닌가.

　　　　　　　　　　　　　　　　　　　　－「허수아비」 전문

　허수아비에게 들판은 "작은 창자 채우려 몰려온 참새떼"에게 위안
을 받는 공간이다. 허수아비와 참새의 관계는 인간이 허수아비에게
부여한 의미망을 넘어서는 지점에서 설정된다. 들판은 허수아비와 참
새의 싸움이 일어나는 닫힌 공간이 아니라, 서로가 서로를 향하여 열
리는 공간으로 펼쳐진다. 그러한 공간(들판)을 '바라보는' 시인도 이미
허수아비와 참새가 공존하는 '세계' 속에 '존재한다'. 바라보는 것은
'더불어' 바라보는 것이고, 그러므로 '더불어' 존재하는 것이다. 바라
봄과 존재함이 일치하는 이러한 세계는 실로 임강빈의 시에 구현된
'여백의 공간'을 다시금 되돌아보게 한다. 시인이 여백의 공간을 직관
할 때, 대상과의 감흥의 순간이 뒤따르고, 그러한 감흥이 고조되는 순
간 한편의 시가 생산된다. 그렇지만 시인이 추구하는 시적 감흥의 순
간이, 근대(현대)의 부정적 힘을 넘어서는 근본적인 대안이 될 수 없
다는 것을 시인은 알고 있다. 그래서 시인은 '외로움'을 말하고, 인고

의 정신을 이야기한다. 부정적인 현실과 끊임없이 부딪혀야만 — 만나야만, 감흥(깨달음)의 순간은 계속될 수 있다는 것, 그것은 근대(현대)를 살아가는 시인의 피치 못할 운명이라 하겠다. 임강빈의 시에 두드러지게 드러나는 '표정의 미학'은 바로 이러한 근대적 개인의 운명을 감내하는 존재의 시적 표정을 보여준다는 점에서, 우리가 주목해야할 부분이라 할 것이다.

3. '표정(表情)'으로서의 시

표정은 '얼굴'에서 나온다. 임강빈 시에서 '얼굴'은 타자(대상)의 얼굴이고, 그것을 '바라보는' 시인(화자)의 얼굴이다. 그러니까 시인이 이야기하는 표정으로서의 시는 타자의 얼굴을 '바라보는' 시인의 얼굴 — 표정을 경유하여 형상화된다. 이를테면 「세상의 꽃은 아름답다」에서 꽃의 아름다움은, 그 꽃을 바라보는 시인의 "마음도 아름답다"는 진술을 자연스럽게 이끌어낸다. 시인이 바라보는 대상의 '표정'에 따라 시인의 표정이 달라진다. 따라서 시인은 사물의 본질적인 소리에 귀를 기울이지 않을 수 없다. 사물은 언제나 저마다의 독특한 표정을 드러내므로, 시인이 사물의 표정에 주목하지 않는 한, 사물의 본질에 육박하는 시는 씌어질 수 없기 때문이다. "햇살에 기대어 / 먼 산 바라보는 일이 / 이제는 버릇이 되었다 / 비스듬히 기대고 / 생각하며 기대고 / 비운 채로 기대고 / 그 모양은 각기 달라도 / 먼발치에서 사랑을 느낀다"(「햇살에 기대어」)라는 구절에 표현되는 바, 시인에게 시는 사물에 대한 사랑의 표현에 다름 아니다.

그런데, 시적 대상을 향한 시인의 사랑은 "인고의 아픔"(「시가 되

기까지는」)을 겪어야만 실현될 수 있는 '과정으로서의 사랑'으로 나타
난다. 그것은 인동초처럼 "참아가는 미덕"(「인동초」)을 견지하는 존재
들의 사랑이라 할 수 있다. 사물을 '동일화'하지 않고 사물 그대로의
존재를 '바라보는' 사랑의 행위, 그것이 시인이 도달하려는 궁극적인
세계라고 한다면, 서정성을 시의 본질로 제기하는 시인의 내면을 우
리는 이해할 수 있을 것이다.

> 오십이 훨씬 지나서야
> 철이 든 당신
> 혼자 있고 싶어하고
> 안으로 세상 일 삭이는 당신
> 약해도 단단한 뼈
> 섭섭한 날 있다
> 맑은 물소리에 귀 세우는
> 당신은 아무래도 서정시인
>
> ―「서정시인」 부분

지천명(知天命)의 나이가 지나서야 사물의 소리에 귀 세울 수 있었
다고 노래하는 시인의 모습에서 우리는 '바라봄'의 행위가 가지는, 지
난(至難)한 역정을 보게 된다. 세상에 대한 섭섭함을 안으로 삭이지
못한다면, 시인과 세상의 만남은 불화의 상태로 끝날 수밖에 없다. 불
화의 정신에 내포된 부정의 정신은 우리가 귀 기울여야 할 대상의 소
리마저도 듣지 못하게 한다는 것, "당신은 아무래도 서정시인"이라고
고백하는 이 시에서, 우리는 '서정성'을 통해 사물의 본질로 다가서려
는 시인의 정신을 발견한다. 서정성은 시인이 대상을 바라보는 기준
이고, 한편으로 시인이 대상 속에서 발견하려는 타자(얼굴)의 본질이

다. 목까지 차오르는 "욕지거리"(「육두문자」)를 끝내 참아내는 시인의 모습은 '서정성'에 드리워진 시적 표정의 본질을 확연히 드러낸다 하겠다.

표정으로서의 시는 시인(화자)의 독백으로 그칠 수 없다. 그것은 "몸과 마음이 부딪치는 사이"의 공간에서 생성되고, 한편으로 간접화된 진술로서의 "은유라는 고개"(「언어」)를 넘어가는 과정에서 시화된다. '언어'로 드러나는 사물의 표정은 은유의 과정을 경유함으로써, 다시 말해 무한한 은유의 과정과 결합함으로써 시 '속'으로 들어오는 셈이다. 그것은 사물의 흐름 속으로 시인이 들어서는 것이며, 그를 통해 사물과 '더불어' 새로운 생성을 이루어내는 것이다. 생성이라는 "너무 큰 가르침"(「생성」)에 시인의 시선이 미칠 때, 임강빈 시는 사물의 표정 '속'으로 들어선다. "사람과 자연을 만나게 하고 / 자연과 시를 맺게 해 주고 / 사람과 사람 사이 / 끈끈한 끈으로 / 감동을 빚게 한다"(「감동에 대하여」)라는 감동의 시학은 여기서 탄생한다. 생성은 관계를 통해 맺어지고, 그 사물들의 관계마저도 넘어선다. '바라보는' 주체(시인)의 시선이 사물들이 존재하는 세계의 '시선'으로 포섭되는 것도, 이러한 세계에서 주체(시인)와 타자(대상)의 분별은 무의미하기 때문이다. 그것은 분별심의 해체를 의미할 터, 시인은 그것을 '부끄러움'에 대한 반성적 인식으로 이끌어간다.

    빈손으로 교외에 나갔다
    허전한 빈손을 위해서
    묵은 가지를 흔드는 이른 봄바람
    들녘의 사람들은 바쁘다.
    땅을 파는 손

이랑을 세우는 손
호미날이 반짝인다.
농부의 손
아낙네의 손
움직이는 손과 건강한 흙빛.
한 알의 씨를 위한
이 협력
허리를 펴고
땀을 쓸어내리는 손들은 크다.
한가히 흘러가는 구름.
빈손으로 다시 돌아왔다.
부끄러운 손에 힘을 주었다.

—「빈손으로」 전문

　‘허전한 빈손’이 ‘부끄러운 손’으로 변주되는 과정을 형상화한 이 시는, 시인이 지향하는 세계의 한 단면을 정갈하게 묘사한다. 농부와 아낙네의 “움직이는 손”은 생명의 탄생에 “협력”함으로써 나름의 관계론적 의미망을 형성한다. 인간의 노동은 이처럼 새로운 생명의 탄생과 연결되기 때문에 신성하다. 그것은 순환하는 자연의 이치를 표현하는 것일 수도 있고, 그렇게 순환하는 자연 ‘속’에서 살아가는 존재들의 본질적 삶을 이야기하는 것일 수도 있다. 중요한 것은 하나의 생명은 모든 생명과 이어진다는 시인의 깨달음일 터이다. “한가히 흘러가는 구름”이 자연의 변함없는 ‘흐름’을 보여주듯, 농부들의 노동 역시 이러한 자연의 ‘흐름’ 위에서 자연과 ‘더불어’ 끊임없이 펼쳐진다. 허전한 빈손에 대한 시인의 부끄러움은 그러므로 그 ‘흐름’의 외부에서 살아온 자의 부끄러움에 해당한다. 타자의 얼굴과 마주함으로써 시인의 내면에 드리워진 부끄러움이 비로소 전경화되는 셈이다.

"때묻지 않은 얼굴로 있다는 건 / 어려운 일이다 / 깡마른 정신으로 있다는 것 / 더 어려운 일이다 / 얼굴의 운반체는 발이다 / 발을 씻는 일 가끔은 잊는다"(「세수」)라는 시인의 통절한 반성은 실상 이러한 부끄러움의 정신과 다를 바 없다. 얼굴은, 다시 말해 타자의 표정은 이렇게 주체의 반성적 성찰을 이끌어내고, 주체의 표정을 바꿔놓는다. 타자의 표정을 억압하는 과정이 문명화의 과정임을 생각한다면, 임강빈의 시는 문명화의 과정에서 배제된 타자의 표정을 시로써 구현한다. 임강빈 시의 주체는 이러한 타자의 표정과 마주함으로써 새로운 시적 주체로 거듭나는 것이다.

'불후(不朽)의 문학'을 꿈꾸며

―『대전충남시선 제4집』에 부쳐

김 현 정

1. 불후의 의미

'불후'라는 말은 우리에게 익숙하다. 아니 '불후의 명작'이라는 말이 더 친숙하다고 하는 것이 더 정확하겠다. 2000년에 심광진 감독이 제작한 <불후의 명작>이 상영된 이후 이 말은 우리에게 더욱 가까워지게 된다. 그러나 우리가 수없이 듣고 써온 이 '불후의 명작'이라는 말에서 '불후'의 의미를 정확히 아는 이는 그다지 많지 않다.

대체로 많은 사람들이 '불후'를 '뒤에 오지 않는'(不後)의 의미로 인지하고 있다. 만약 이런 의미를 '불후의 명작'에 적용해 본다면, '뒤에 오지 않을 유명한 작품'이라는 뜻이 될 것이다. 이 말 속에는 그 작품이 당대에만 한정되어 그 이후에 뛰어 넘을 수 없는 우수한 작품이라는 의미가 담겨져 있다. 여기에는 자만감과 우월감, 그리고 단절감마저 내포하게 된다. 그러나 이것은 틀린 말이다. 우리가 흔히 쓰는 '불후'라는 말은 '썩지 않는'(不朽)의 의미로 쓰인 것이다. 그렇게 본다면 불후의 명작은 '(어느 시대에도) 썩지 않을 훌륭한 작품'이라는 해석이 가능해진다. 이 말 속에는 당대에도 많은 사람들에게 감동을 주었지만, 후대에도 썩지 않고 살아 남아 그들에게 마음의 울림을 전해줄 것이라는 '지속성'과 시대를 달리하여 새로운 의미를 생산해내는 '생성'의 의미가 내장되어 있다. 이렇듯 '불후'는 단절보다는 지속의 의미를, 고정보다는 생성의 의미를 함축하고 있는 언어이다.

'불후'의 의미를 이처럼 장황하게 풀어낸 데는 대전 충남 지역 문인들이 쓴 작품이 '불후의 문학'이 지닌 긍정의 의미를 담아내야 되지 않을까하는 점에서이다. 즉, 이 지역 작가들이 '대전 충남'이라는 지역성을 담아내면서도 이 지역에 국한되지 않고, '지금-이곳'의 현실에서 뿐만 아니라 다른 시대에서도 공감할 수 있는 작품을 생산해내야 된다는 의미를 담고 있는 것이다.

다행히도 이번에 네 번째로 묶은 『대전충남시선 제4집』에는 이러한 '불후'의 긍정의 의미를 담아낸 시들이 많이 포진해 있다. 자신을 성찰하고 인생을 돌아보며, 가족뿐만 아니라 민중의 삶까지 보듬어 '생'의 진실성과 '희망'의 소중함을 건져내고 있는 데서 이를 발견할 수 있다.

2. 세 개의 계열체 : 나, 가족, 이웃

『대전충남시선 제4집』에 실린 시들을 꼼꼼히 읽어보면 현실주의적 색채를 지닌 작품들이 주를 이루고 있다는 것을 알 수 있다. '지금-이곳'의 현실을 바탕으로 이곳에서 일어나는 작고 하찮은, 소소한 일에서부터 역사적 의미를 내포한 거대한 담론에 이르기까지, 자신의 삶을 면밀하게 파헤치고 성찰하는 일에서부터 아주 가까운 타자인 가족과 다른 이웃의 삶을 보듬는 일까지 다양하게 노래하고 있다. 이러한 다양한 시적 내용들을 몇 갈래로 나누어 본다면, 자신의 삶을 성찰하는 시, 가족사에 얽힌 내용을 담아낸 시, 이웃의 진솔한 삶을 노래한 시 등으로 구분할 수 있겠다.

자신의 삶을 성찰하는 일은 아주 중요하다. 이는 '속도'가 생명인 현대사회에서 잃어가는 자신의 본래의 모습을 되찾는 일이고, 자신의 존재이유에 대한 질문을 던지는 행위이기 때문이다. 그리하여 많은 시인들은 삶의 좌표와 생기를 잃어갈 때 그 잃어버린 지점에서 원래의 지점을 향해 거슬러 올라간다.

> 헐거워진 자켓 단추 하나가 정류장에서 달랑거리다 재래시장 후미진 골목 끄트머리쯤서 봤던 옷 수선집을 기억해내다 새가 모이를 쪼듯 잰 솜씨로 단추 구멍에 바늘을 넣었다 빼던 여자가 앉아서 기다리라고 자신이 앉았던 작은 의자를 가리키다 맞은편 달력에 그려진 빨간 단추 하나를 발견하다 몇 초 안 지나 이빨로 실을 끊더니 여자가 자켓을 들고 품을 벌리면서 나를 부르다 단추가 배꼽에 가 닿을 즈음 여자가 내 눈을 똑바로 보면서 긴 손가락 셋을 곧추세우다 3000 원이라고 아주 작게 속삭이다
>
> — 김열의 「악센트」 전문

자신의 나태해진 삶에 '생기'를 불어넣으려고 수선집을 방문하는 시인의 모습을 엿볼 수 있는 작품이다. 시인은 삶이 느슨해지거나 헐렁해지면 '수선집'을 찾아간다. 그것도 번듯한 곳이 아니고 "재래시장 후미진 골목 끄트머리"에 자그맣게 있는 듯 없는 듯 존재하는 수선집

을 말이다. 그곳에는 오랜 세월을 "달랑거리"는 삶을 '다독거려온' 여인이 있다. 그 여인은 능숙한 솜씨로 헐렁한 삶의 단추를 알맞게 옥죄어준다. 그곳에서 시인은 새 옷에 처음 달려온 단추를, 자신을 지탱해주던, 잃어버린 초심을 달고 온다. 이처럼 그는 자신을 반추하고 성찰하는 일에 게을리하지 않는다.

달을 통해 자신의 삶을 투시하는 시인도 있다. 김광선은 "납처럼 굳은 어둠 속에서 어느샌가 중천에 걸려 있"는 그믐달을 바라본다.(「그믐달」) 그 달을 보면서 시인은 달이 "그렇게 닳기 전까지는 무던히 가슴 저민 이의 꿈"을 지녔을 것과 "먹구름 때때로 가려도 푸른 입김 하얗게 쏟아내며 포기마다 촉촉히 적셨을" 것에 대해 생각해본다. 그믐달로 오기 전까지의 달의 여정, 즉 초승달에서 상현달을 거쳐 보름달로, 하현달을 거쳐 그믐달이 되기까지를 상상해 본다. 여기까지 오는 동안 "오욕으로 물들어 굽이치던 역사"와 "처절한 희망"도 생각한다. 시인이 이처럼 '그믐달'에 애착을 가지고 바라보는 것은 그믐달의 '오욕'의 역사와 처절한 희망을 통해 자신의 삶을 성찰하고자 하는 것이다. 이는 시인 자신이 오욕의 역사에 길들여져 사는 자신의 인생을 반추하고자 하는 것에 다름 아니다.

자아성찰을 하는 시인들의 미덕은 '희망'을 내포하고 있다는 점에 있다. 강병철은 자신을 '삭은 장작'으로 비유하여 절망을 희망으로 색칠하는 시를 보여준다.

　　어둠이 찢어지는 아픔으로 물러나던 새벽
　　날마다 깨우침으로 경악하며
　　격랑에 투신하려던 그 사내

있었다, 맨땅에 헤딩하는 절망의 힘
영원할 줄 알았으므로 기실 절망하지 않았다
이가 없으면 잇몸이다
팔 다리 잘리면 가슴으로 시를 쓴다
민주주의와 통일과 이 나라 살리는 생명의 문학
(……)
세상이 아파서 내가 울던 '70-80' 혁명기 지나
국밥과 사랑으로 후끈거리는 변혁기 지나
눈 멀고 이 빠지고 등이 굽는데
그랬다 방치했던 몸의 문제다
하여, 쏟아지는 머리카락 가뿐히 쓸어내면서
일어선다 시퍼런 욕망 감히 꿈꾸며
컴퓨터 문서함 쑤셔대는 토막잠 시달리며
새롭게 늙는 사내 분명히 있었다
　　　　　　　　　－강병철의 「삭은 장작의 다짐」에서

　위 시는 1970-80년대를 거쳐 줄곧 '삶의 문학'을 추구해 온, 중년
의 자화상이 그려져 있다. 그 사내는 '절망'의 가장 깊은 밑바닥을 경
험했기에 더 이상 절망할 줄 몰랐고, "이가 없으면 잇몸"으로, "팔 다
리"가 없으면 '가슴'으로 시를 썼다. 그리고 "야수적 침탈"과 이에
"동조하는 관료"를 힘껏 내동댕이칠 줄 알았고, 죽어있는 시가 아닌
살아있는 '생명'의 시를 토해낼 줄 알았다. 그는 이렇듯 힘있고 멋있
는 사내였다. 그러나 그 사내에게도 세월의 무게는 이길 수는 없는
법. 이 세월의 무게에 짓눌린 그는 "등뼈마다 대나무 마디로 우두둑
휘어"지는 것을 경험한다. 변혁기의 '국밥'과 '사랑'으로 후끈거리던
청년기의 '눈'도 멀어지고 '이'도 빠지기 시작한다. 그렇지만 사내는
절망하지 않는다. 이미 절망의 가장 밑바닥의 세계를 경험했고, 그 절

망 속에서 '생명'의 힘을 보았기 때문이다. 그의 몸은 비록 삭아가고 망가지고 있을지라도 혁명을 꿈꾸던, 변혁을 꿈꾸던 시기에 품었던 꿈과 욕망은 고스란히 남아 있다. 이 '시퍼런' 꿈과 욕망은 그를 '새 롭게' 만든다. 이는 '지금-이곳'의 현실 속에서 당시의 꿈과 욕망을 재창조하는 데서 가능해진다. 다시 말해 그가 꿈과 욕망은 단순히 젊 은 시절에 그치는, 뒤에 다시 오지 않는 '불후(不後)'의 의미가 아니 라 썩지 않는 '불후(不朽)'의 의미를 지닌다. 그렇기에 그의 삶은 생 성적인 것이다.

이러한 희망을 담아내고 있는 작품으로 이진수의 「절이 있다」와 윤임수의 「아픈 사람」, 그리고 이정섭의 「봄」 등이 있다. 권위를 내 세우지 않는 절과 스님에게서, 요양하러 간 환자의 긍정적인 시선에 서, 봄이 되어 개나리가 피어있는 병원에서 시인들은 희망을 엿보고 있다. 그리고 함순례의 「문조」에서는 세상의 고달픔과 힘겨움을 이겨 내려는 긍정성이 돋보인다.

이 외에도 "살구나무로 만든 목탁"은 "살구꽃이 톡톡 터"지듯 그렇 게 '나이테'를 뚫고 꽃을 피우는데, 자신의 몸은 '나이테'를 뚫어 꽃 을 피우지 못하고 그 나이테 수만 늘려가고 있다고 노래한 시(박경희 의 「살구꽃 목탁소리」)와 삶의 질곡에 의해 많이 훼손된 본래의 모습 을 되찾기 위해 무너진 절터를 찾아다니는 시(윤은경의 「시월에」), 그 리고 자신의 삶을 끊임없이 '담금질'하고 무언가를 개척하려는 시(김 순선의 「담금질」, 전홍준의 「게」)와 집착을 버리고 무소유의 삶을 지 향하는 시(김완하의 「수상가옥」)에서도 자신의 삶을 되돌아보고 있다. 또한 "온갖 욕망에 쫓겨 더럽혀지고 추해질 때"마다 "양심 비누"로 씻어내어 앞으로의 인생을 더 양심적으로 살아가려는 시(이은봉의 「

양심」)와 활활 타오르는 '연탄불'을 긍정적이고 아름답게 바라보는 시 (류지남의 「연탄꽃」)도 자아성찰을 보여주고 있는 작품들이다. 불교의 윤회사상이나 부처님의 삶, 그리고 예수님의 삶을 통해 자신을 반추하는 시들도 있다.(김백겸의 「나비 길」, 양애경의 「암벽 속의 구름」, 김명원의 「예수님」)

두 번째 계열축으로 가족에 관련된 시들이 있다. 자아성찰이 자신의 삶을 되돌아보고 훼손된 것들을 치유하는 일이라면, 가족의 삶을 돌아보는 일은 자신의 근원을 찾아가는 일이요 자신의 존재를 가능케 한 대상들을 보듬는 일이다.

먼저 아버지에 대한 그리움을 노래하고 있는 시를 보기로 한다.

글쎄 명철이 양반 방앗간에서 그 잘난 쌀 방아를 찧는데 우리는 양이 너무 적어 이쪽에서 저쪽으로 넘어가는 시간이 얼마나 짧은지…, 받아서 뛰어오면 또 어느새 비어있고…, 발동기는 기차 화통처럼 돌아가지요, 아부지는 빨리 안 받아온다고 퉁방울눈 부라리지요…, 보다 못한 명철이 양반이 아, 유세완, 어린 딸이 무슨 죄가 있다고……

조기는 찌고 고기는 양념장에 재워두고

누나만 그랬간? 누나가 품앗이로 기석이네 밭 매러 갔을 때 나는 안다랭이 대현이 할아버지 무덤 뒤 감자밭 일구는데 따라간 적이 있었거든 푸나무를 베어 불을 놓고 나무뿌리를 캐어내고 고랑을 만드는데…, 그러니까 국민학교 들어가기 전이었으니까 고작해야…, 잔돌 골라내는 정도…, 한 두어 고랑 만들고 아부지가 쉬어, 참 아부지처럼 맛나게 담배 잡숫는 분이 없었지 병아리 새끼처럼 아부지 옆에 슬그머니 앉으면 불같이 일어나서 담뱃불을 내던지는 거여 어린 것이…, 싸가지 없이, 어른 쉬면 꼭 따라 쉰다고,… 어찌나 매몰차던지…… 지금 생각하면 자기 스스로에게 화를 낸 것 같지만……

아이와 아내가 학교에서 돌아오고 멀리 수원에서 동생 내외와 조카가 내려오고 불을 밝힌다 술 그득 따라 올린다 이게 다 무슨 소용이여, 살아계실 때 따뜻한 밥이라도…, 그예 누님은 한쪽 눈두덩이를 훔치고……

그 해 쌀 몇 가마니에 나를 팔아 장계 북동 어떤 남자한테 팔았는디 그 남자 나이를 속인 거여 알고 보니 서른일곱, 스무 살이 넘게 차이가 나는 겨 밤마다 부엌칼을 이불 속에 숨겨두고 잤제 벗은 남자 몸이 얼마나 징그럽던지 밤새 오들오들 떨면서 잠도 못 자고 도망갈 궁리만 했당게 반찬 산다고 속이고 장판 밑에다 몰래 돈을 모은 겨 첫눈이 내릴려고 그랬나 하늘이 어둑어둑해 질 무렵 대전행 막차를 무조건 타 버렸지 옷 보따리 하나 달랑 들고 신발 벗어지는 줄 모르고 뛴 생각을 하면… 흐이구, 벌써 사십 년 세월이 흘러가 버렸구먼 어이, 동상, 음복 혀
                                                    —유용주의 「제삿날」에서

위 시는 아버지의 제삿날 풍경이 잘 그려져 있는 작품이다. 제사 지내러 먼저 온 '나'와 '누나'의 대화를 통해 아버지에 대한 아픈 기억이 되살아난다. 남들보다 적은 곡식을 찧는 과정에서 누나가 일을 더 빨리 하지 못한다고 아버지에게 지청구 먹던 일, 감자밭 일구는데 따라간 내가 아버지 쉴 때 같이 쉬었다가 매몰차게 혼나던 일, 너무 가난하여 쌀 몇 가마니에 누나가 스무 살이 넘는 연상에게 시집갔다가 도망 나온 일 등 아버지에 대한 기억은 이처럼 아프고 슬프다. '사십 년'이 지난 지금, 그 주체인 아버지는 부재하고 유년시절 생채

기를 입은 대상만이 존재한다. 그때의 생채기의 흔적이 아직도 남아 있지만, 그 흔적은 고통이 휘발된 상태이다. 이미 아버지(어머니)의 자리로 이동한 그들은 유년시절의 아픈 기억을 상기하여 옛 상처를 치유하려 하고 있다. 동시에 그들은 '아버지'의 심정을 이해하려 한다. 이로 인해 그들은 유년시절 아버지의 매몰찬 지청구가 자신들보다는 아버지 "스스로에게 화를 낸 것"은 아닌지 자문해 본다. 그리하여 가난을 되물림해야 되는, 죄없는 아이들을 고생시켜야만 하는 아버지 자신에 대한 '자책'이었을지도 모를 것이라는 면까지 엿보게 된다. 여기까지 생각이 번지자 그들은 아버지에게 "살아계실 때 따뜻한 밥"을 제대로 대접하지 못한 것에 대한 죄책감을 느낀다.

그리고 박미라의 「안개부족」은 백내장을 앓고 있는 어머니에 대한 따뜻한 사랑을 묘사하고 있는 작품이다. '백내장'을 하나의 질병으로 보지 않고, 안개 부족(部族)으로 바라보는 시인의 긍정성이 돋보인다. 시인은 '안개 부족'임을 보여주는 증거를 조목조목 밝힌다. 먼저 "눈동자에 찍힌 안개의 紋章"이라는 시각적 이미지부터 드러낸다. 그리고 어머니의 삶 속에 새겨진 모습에서도 증거를 찾아낸다. 이른 새벽부터 늦은 밤까지 분주히 움직이는 모습과 매일 같은 자리에 밥상을 차려놓고 가족들의 귀가를 기다리는 모습에서 말이다. 그리고 "마른 논바닥처럼 먼지 풀썩이는 상심 따위도" 다 감싸 안아주는 어머니의 모습에서도 그 증거가 확인된다. 이러한 어머니의 모습은 고향에 있는 우리 어머니의 전형적인 모습이라 할 수 있다. 그리고 어머니가 백내장에 의해 점점 사물이 흐릿해지는 것을 보고 시인은 "세상의 모든 모서리를 지우고 싶은" 욕망까지 읽어낸다. 가족을 위해 헌신적인 사랑을 보여준 그녀의 삶이 단지 가족에 머물지 않고 세상의 모서리를 없애는 데까지 나아간 것을 알 수 있다. 모든 사물을 다 감싸안는 안개와 마찬가지로 어머니도 결국 이 모든 것을 포용할 줄 아는 '안개 부족'이었던 것이다.

우진용의 「고대를 기다리며」에서도 가족에 대한 따뜻한 이미지가 포착된다. 시인은 "아득한 고대국가인 예(濊)를 찾다가 / 마음(心)을 셋씩 얹은 나무"를 만나게 된다. 이때 문득 그는 이천 년 전 훨씬 전에 "꽃술 예"(蕊)자를 만든 사내를 생각한다. 그리고 그 글자를 만든 사내의 마음을 읽는다. '꽃술'은 마음 셋이 모여야만 만들어지는 것이라는 사실을, 그리고 그 사내가 "만리보다 멀어지는 마음 장성으로 쌓다가 / 등잔 아래 눈물 꾹꾹 눌러"썼을 것이라는 것을 말이다. 이를 통해 시인은 지천명이 된 자신에게 딸려있는 '식솔들'들을 바라보고, "마음을 셋씩 얹은 나무"처럼 자식 셋을 그런 마음으로 키운 자신을 바라본다.

이 외에 '제비집'을 매개로 독일에 광부로 간 자식을 이십 오년동안 기다리는 어머니의 간절한 그리움을 노래한 시가 있는가 하면(조용숙의 「제비집」), 추운 겨울 차가운 바람을 막아주는 매개물인 문풍지를 통해 세상의 어떤 바람도 다 막아낸 어머니에 대한 그리움을 읊은 시도 있다.(최정숙의 「문풍지」)

세번 째 계열축은 이웃에 대한 작품들이다. 이 시선집에 수록된 나 아닌 타자를 바라보는 시선은 대체로 따뜻하다. 민중들이 살아가는 '지금-이곳'의 현실은 각박하고 힘들어도 시인의 눈을 통해 그려진 시 세계는 그리 슬프지 않다. 시인이 현실 이면에 존재하는, 사람과 사람 사이에 존재하는, 정이 있는 '상정(常情)'의 의미를 포착하여 시에 담아내고 있기 때문이다. 그리하여 '지금-이곳'을 살아가는 민중들의 삶

은 힘겹고 고통스럽지만, 그들에겐 '희망'이 존재하기에 그다지 비관
적이지 않다.

　　　날선 바람 속 내리막길에서
　　　폐휴지 몇 장 실은 리어카를 뒤로 잡고
　　　엉거주춤 내려가는 한 사내를 본다.

　　　헐떡이며 올라왔는데
　　　가득 싣고 내려가야 하는데
　　　그럴 수 없어
　　　가슴 헐렁한 수의를 입고
　　　또 다른 계절의 수거를 위해
　　　한줄기 달빛 흔들림으로 수레바퀴를 끈다.

　　　마디마디 저며 온 삶
　　　이제 꽃피우려는 몸부림
　　　풍화된 가슴 언저리
　　　수레바퀴 밑에 깔려서
　　　바퀴살 마다 복숭아꽃들 피어오르고
　　　무덤 즐비한 산길을 내려가고 있다.

　　　어둡고 찬 바닥 가파른 고샅길에서
　　　또 다른 삶의 궤도를 향해
　　　다리 휘청
　　　삶이 휘청
　　　그 사내 내려가고 있다.
　　　　　　　　　　　　－김우식의 「수레바퀴를 끌다」에서

고물장수의 힘겨운 삶의 풍경이 그려진 시이다. 어부가 '만선(滿船)'을 꿈꾸듯 고물장수인 시적 화자도 '만차(滿車)'를 꿈꾼다. 이 꿈을 실현하기 위해 그는 고샅길에 있는 '보물'을 찾는다. 그리고 오르막길이 끝나는 곳까지 찾아간다. 그러나 그곳에는 '폐휴지 몇 장'만이 덩그러니 남아 있다. '날선 바람'을 뚫고 올라온 보람도 없다. 꿈이 좌절된 시적 화자의 모습은 측은하기까지 하다. '가슴 헐렁한 수의'를 입고 '휘청'거리며 '엉거주춤' 내려가는 모습과 '날선 바람'과 '어둡고 찬 바닥', 그리고 '가파른 고샅길'이 그의 팍팍한 삶을 대변해 준다. 이 시의 "무덤 즐비한 산길을 내려가고 있다."라고 한 구절에는 시적 화자의 이러한 절망감이 응축되어 있다. 그렇다고 이 시에 부정적인 모습만이 그려진 것은 아니다. 2연의 "또 다른 계절의 수거를 위해 / 한 줄기 달빛 흔들림으로 수레바퀴를" 끄는 장면과 3연의 "바퀴살 마다 복숭아꽃들 피어오르"는 장면에서 긍정적인 면을 발견할 수 있다. 그는 지금까지 살아온 "마디 마디 저며 온 삶"을 꽃피우려고 오늘도 안간힘을 쓰고 있다. 그 과정이 힘겹고 고단한 일인 줄 알지만, 그는 포기하지 않는다. 희망의 끈을 놓지 않고 있다.

시장 모서리
낡은 턴테이블이 시간을 돌리고 있다
바늘 끝에 연결된 대나무의 긴 팔이
그녀를 대신해 파리를 쫓고 있다
바다를 파는 걸쭉한 그녀의 입담은
감미로운 음악이다
자신의 몸을 자식에게 내 주는 염낭거미처럼
텅 비어버린 그녀의 온 몸이

소리통이다
날마다 새로운 바다가 들어차고
그녀의 재빠른 손놀림에
바다가 얇게 썰리어 지면
비워낸 만큼
그녀의 몸에도 달이 들어찬다
돌고 도는 게 생이라면
사십년 동안 한곳에 붙박힌
그녀의 생 또한
인생유전이다

언제나 한 방향을 향하는
낡은 레코드
한 번도 바다를 보지 못한 그녀의 손등에
비늘이 돋는다
싱싱한 활어가 된다
시장 통을 헤엄치는 저 싱싱한 목소리
　　　　　　－이태관의「시간을 돌리다」에서

　시장 모퉁이에서 생선을 파는 늙은 상인의 건강한 삶을 노래하고 있는 작품이다. 그녀의 가게에는 파리를 쫓기 위해 마련된, 낡은 턴테이블이 긴 대나무를 매단 채 돌아간다. 그 턴테이블에 맞춰 '걸쭉한 그의 입담'은 '감미로운 음악'이 되고, 자식에게 모든 것을 준 그녀의 빈 몸은 소리통이 된다. 턴테이블이 하나의 구심점을 중심으로 흐트러짐 없이 돌듯, 그녀는 사십년 동안 이 한 곳에서 '인생유전'을 한 것이다. 그녀는 오랜 기간 동안 이처럼 중심축을 형성하여 부러지거나 마모됨이 없이 꿋꿋하게 지내왔다. 다른 데 눈길 주지 않고 "언제나 한 방향으로" 살아온 그녀의 삶에는 '싱싱한 목소리'가 배어 있다. 마치 '득음'의 경지에 오른, 그 어떤 소리보다 사람들의 가슴을 울리는 그런 소리 말이다. 그녀는 항상 바다에서 갓 잡아온 생선을 접한다. 때문에 바다 냄새와 소리에 누구보다도 익숙하고 바다도 많이 보았으리라 짐작할 수 있다. 그러나 사실 그녀는 "한 번도 바다를 보지 못"했다. 여기에서 그녀의 검소한 생의 단면을 읽게 된다. 마치 하루라도 중심축이 없으면 시간이 흐르지 않고, 턴테이블이 돌지 않듯, 그녀는 시장 모퉁이 그곳에서 사십년을 든든하게 지키고 있었던 것이다. 그래서 그녀의 삶이 더 아름다운지도 모른다.

이렇듯 '고물장수'와 '생선장수'의 고단한 삶 속에 내장되어 있는 '건강함'은 이정록의 「홍어」에 묘사된 '홍어집 할머니'의 애환 속에서도 확인할 수 있다. 일찍이 동사(凍死)한 남편, 14년 동안 골수암을 앓고 있는 아들, 나이든 욕쟁이 할머니 등 이 시의 풍경은 슬프고 우울하다. 홍어집할머니의 기구한 운명을 엿볼 수 있다. 그러나 할머니의 반응은 의외이다. "얼어 죽은 남편과 아픈 큰애와 / 박복한 이년을 합치면, / 그게 바로 내 인생의 삼합"이라고 하여 할머니의 비극적 운명을 하나의 삶처럼 받아들이고 있으니 말이다. 그러면서도 "우리 집 큰놈은 이제 / 쓸모도 없는 좆만 남았다고 / 두 다리보다도 그게 더 길다고 / 막걸리거품처럼 웃는" 대목에서 시적 화자의 쓸쓸함이 묻어나는 것은 어쩔 수 없는 모양이다. 할머니는 부글부글 끓어오르는 '막걸리'와 삭힌 '홍어'가 하나가 된 오묘한 맛처럼 '이십 팔년'을 부글부글 끓어오르는 것을 삭여 지금까지 살아온 것이다. 더 이상 절망의 나락으로 떨어질 수 없는 데까지 간 홍어집할머니는 가족의 불행을 '인생의 삼합'이라고 말할 수 있는 단계에까지 이른 것이다.

그리고 나이든 노인의 앓는 소리를 '절창'으로 노래한 육근상의 「절창」도 돋보인다. 삶의 모든 질곡을 견뎌낸 쇠약해진 노구의 육신에서 나오는 앓는 소리는 참으로 "처량"하기 마련인데, 시인은 노인의 "끊어질듯 이어지고 이어지다 / 끊어지는" 소리를 낯익은 중고제, 즉 "첫소리를 평평하게 시작하여 중간을 높이고 끝을 다시 낮추어 끊는 것"으로 듣고 있다. 소수자에 대한 사랑이 없이는 불가능한 일이다. 또한 장현우의 「놀래미」에서는 민중들의 소중함을 '놀래미'에 비유하여 노래하고 있다. "생선 같지 않"아서, 너무 흔해서 "고양이도 안 물어가고" "마늘밭 거름"으로나 쓰이는 '놀래미'이지만, 요즘 이 놀래미 때문에 "횟집들 불 밝"힐 수 있는 것이라고 시인은 역설한다. 이 시의 "이 세상에 젤로 흔허고 천헌 것들이 / 알고보면 젤로 귀헌 것"이라는 대목에서는 '못 생긴 나무가 산을 지킨다'는 장자의 사상이 엿보이기도 한다. 생명을 가지고 태어난 것들은 모두 소중한데, 인간이 이를 필요에 의해, 희소가치에 의해 우열을 구분해 놓은 것에 대한 비판의식이 내포되어 있기도 하다. 시인은 가장 많고 흔한 민중들의 삶이 가장 귀하고 중요한 것임을 은연중에 유포하고 있는 것으로 판단된다. 이러한 면은 하찮게 버려진 '깡통'을 쓸쓸한 아이의 심심함을 달래주는 놀이기구로, 화난 사람의 화를 풀어주는 대상으로 묘사하여 흔하고 천한 것을 긍정의 의미로 보고 있는 안학수의 「깡통」에서도 확인할 수 있다.

3. 긍정과 희망의 길로

이 시선집의 근간이 되는 세 개의 계열체를 이끌고 있는 키워드는 다름 아닌 '긍정'과 '희망'이다. 이를 떠받치고 있는 것은 '따뜻함'이다. 따뜻한 시선을 통해 긍정성이 나오고 희망이 만들어진다. 이같은 면은 앞에서 인용된 작품을 통해 여러 차례 확인한 바 있다. 같은 맥락에서 현대인의 소통 공간인 인터넷의 '블로그'에 대해 긍정적인 시선을 보내고 있는 김희정의 「블로그」는 눈여겨볼 만하다. 시인이 부정적으로 인식될 '블로그'에 대해 "견고한 성벽"처럼 높은 "마음의 담장"을 가로지르는 소통의 집인 동시에 우리들의 "안부를 묻고 정을 나"눌 수 있는 공간으로, 우리의 "이웃이 살고 있"는 곳으로 인식하고 있기 때문이다. '블로그'는 아날로그 시대처럼 서로 만나 다정한 눈빛 전하며 오래 만나기가 점점 어려워지는 현실에서 서로간의 소통을 가능하게 하는 기능을 하고 있는 것이다.

그리고 시골의 할머니와 도시의 할머니와의 친밀감이 돋보이는 황재학의 「학봉리」에서도 따뜻함이 묻어난다. 이 시의 "꽃망울 오무려 뜨리고 떨어지는" '분꽃'은 두 할머니를 '사이좋게' 만든다. 이 시 말미에 "밤이 오려면 아직 조금은 남았습니다."라고 한 대목에서는 두 할머니가 '분꽃'을 좀 더 오래 사이좋게 감상하게 하려는 시인의 배려를 헤아릴 수 있다. 또한 여든 살 먹은 노인과 세살 먹은 애기가 소꿉장난 하는 풍경이 나와 있는 정낙추의 「심심한 봄」에서도 따뜻함을 느낄 수 있다.

『대전충남시선 제4집』에 수록된 시들은 하나같이 '불후(不朽)'의 속성을 지니고 있다. 대전 충남 작가들이 이 '불후'의 속성을 구체화할 수 있는, '대전 충남'이라는 지역성을 담아내면서도 이 지역에 국한되지 않고, '지금-이곳'의 현실을 바탕으로 하되 다른 시대에서도 공감할 수 있는 작품을 더 많이 생산하기를 기대해 본다.

유성, 시의 색채*

남 기 택

1. 상처의 시간을 이기는 힘 - 김광선 시

어둠속 흰 길을 달려와 가쁜 숨을 부리는
여명의 바다는
사이클 맞지 않은 라디오 잡음처럼
끊어질 듯 희미한 신음을 토해내고 있다
면도날 같은 바람은 굿듯이 지나가고
가눌 수 없는 돛대는
부디 잠시이길 바라는 고단한 항로
고무를 태우는 듯 벗겨지지 않는 어둠을 밀며
늘 그랬듯이 벅찬 기대 앞에서
뒷걸음질로 조금씩 앞으로 나아간다
희망은 언제나

---

* 이 글은 대전충남작가회의 제8회 문학심포지움자료집(2006)의 보론에 실린 것으
로서, 대전 유성과 연고가 있는 시인들의 시세계를 간략히 소개하고 있다. 이
지역을 근거로 한 작가들 중 소장파 시인이라 주관적으로 판단한 김광선, 이종
진, 이태관 등 남성작가와 최정숙, 함순례 등 여성시인을 다룬다.

잔뜩 배불린 가마니에 생쥐 앞니 같은 것이라서
가슴 끝만 갉아먹고
쭈글쭈글한 시간들만 천연덕스럽게
헌 양말처럼 짝짝이 굴러다녔다
너무 멀리 왔구나, 한 번도 발꿈치 볼 새 없던
이 낯선 길
피가 나서 흐르다 고름이 맺힌
족쇄는 누가 채웠던가, 빛나지 않는 상처에
파도가 시리다 수만 겹
파문으로 일렁여 겨우 몸짓 하나를 만들면
한줌 거품으로 내려놓고
바로 뒤 켠 더 한층 고단한 몸짓에
제 몸을 쓸어 묻어 더 큰 몸짓으로 비트는 여울
겨운 듯 그렇게 어둠은 벗겨지고 있었다.
　　　　　　　　　－「새벽바다」(『작가마당』, 2005) 전문

　　신새벽 바닷가의 풍경이 눈앞에 펼쳐진다. 날선 바람이 매섭게 몰
아치는 여명의 바닷가는 불현듯 떠오른 삶의 회한과 어울려 비애감을
더하고 있다. 지나온 인생의 수많은 역경들은 바다에 선 화자의 시선
속에서 "뒷걸음질로 조금씩 앞으로 나아"가는 파도의 형국으로 아이
러니컬한 이미지를 그려내고 있다. 무수한 파문으로 형성되는 시린
파도에 피고름으로 채워진 족쇄, 즉 "빛나지 않는 상처"의 아픔이 더
해가기만 한다. 왔다가는 곧 사라질 파도이기에 제 앞에 선 화자의
비애를 위무할 수 없는 것인가.
　　요리사 시인 김광선의 「새벽바다」는 다소 심각하게 삶의 회한을
노래하고 있다. 이는 시인의 상처와 그에 대한 감정이 농익어 있음을
시사한다. 그가 오랜 우여곡절을 거쳐 현재 운영하고 있는 유성구청

옆 설렁탕집의 편안한 느낌과 달리, 또한 그 속에서 마주치는 주방장 옷차림의 일상적이고도 투박한 이미지와 달리, 김광선의 시편들은 삶의 상처에 민감하며 그에 대해 진지하게 반추하고자 한다. 어쩌면 그는 시집 『겨울삽화』(갈무리, 2000)와 등단(2003년 『창작과 비평』 신인상, 등단보다 시집이 앞선 이유는 간단히 줄여 문단을 등진 오랜 시작 생활이 있었기 때문이다) 이래 절박했던 삶의 체험을 거름삼아 시의 씨를 뿌리고자 하는 모종의 시간을 살아왔는지도 모르겠다.

> 옮겨 심어진지 근 삼십여 년
> 대도시에서 품 팔다 겨우 짬을 낸 소읍
> 낮부터 시작한 술이
> 잇댄 관절 마디마다 돌덩이로 매달려도
> 희망보다는 추억을 꿈보다는 생활을
> 맘껏 지껄이고 낄낄거린다, 문신처럼 선명한
> 가슴의 초록도 어느덧 희미해진
> 꽃은 어느 결에 졌나 열매처럼 멍울진
> 옹이 하나 까맣게 여물어가는
> 뚜벅뚜벅 살아가는 일
> 바람 속에서 나도 이리 아프다.
>
> ─「모종」 부분

이렇듯 시인은 모종처럼 옮겨진 자신의 삶과 그 속에 각인된 상처를 아파하고 있다. 힘겨운 생활의 무게를 삼십여 년 유목의 삶으로 떠안아 왔으나 "희망보다는 추억을 꿈보다는 생활을" 상기할 수밖에 없는 절망적 실존의 현실을 어쩔 수가 없다. 분명한 것은, 대개의 상처들이 지닌 역학이기도 하지만, 적멸의 회한으로만 한정되는 것이 아니라는 점이다. 상처뿐인 세월이 더 이상 희망과 꿈을 노래하지 못하게 할지라도 아픔을 통해 성숙해진다는 인생의 이치가 김광선 시에서 정제된 표현을 통해 드러나고 있는 것이다. 이러한 구조는 풍치로 앓던 어금니를 뽑으며 느끼는 세월의 흐름과 교훈(「풍치」, 『작가마당』, 2003), 유년의 순수한 꿈을 잃어버린 화자가 바라보는 현실의 중압감과 반성(「아이와 가방」, 대전·충남작가회의 편, 『새로운 문신』, 2004) 등에서 반복되고 있다. 이를 통해 우리는 아픈 상처의 재현이 지니는 의미가 무엇인가를 스스로 반문하게 되고, 현실을 벗어난 낭만적 이상이 아닌 치열한 삶의 자세로써 지나온 날들을 되돌아보는 보다 성숙한 자세를 구할 수도 있겠다.

　다시 「새벽바다」로 돌아가 본다. 작품의 후반부에서 '몸짓'의 이미지가 반복되고 있음에 주목하자. 수만 겹의 파문이 파도의 한 몸짓을 만들지만 그것은 곧 한줌 거품으로 사라질 허망한 운명임을 우린 잘 알고 있다. 그러나 "더 한층 고단한 몸짓"의 반동과 "더 큰 몸짓"의 비틀림으로 몸짓의 변주는 지속되고 있다. 무의미한 반복을 '전진'으로 바라보는 시각("뒷걸음질로 조금씩 앞으로 나아간다")이 가능한 것은 몸짓의 변주들이 이르게 될 '벗겨지는 어둠'의 순간을 잊지 않은 결과가 아니었을까. 이런 식으로 김광선의 시편들은 상처의 시간을 노래하고 이미 그 안에는 긍정의 힘이 내포되어 있다.

　반복되는 실패에도 불구하고 노동의 숭고함을 잊지 않은 삶이 그러했듯이 김광선 시는 일상의 차원에 정직하고자 한다. 우리는 치열했던 삶의 순간을 시화하는 진솔하고도 비극적 양식의 한 사례를 보고 있는 셈이다. 그의 시어와 이미지들은 만두를 빚고 내장을 고르는 일상의 세공과 다르지 않다. 그런 세월이 겹으로 쌓여 장인의 경지에 이르듯이 그의 시들이 완숙한 언어를 통해 삶의 상처를 보다 따뜻하게 감싸 안길 기대해 본다. 때로는 그이 집 걸쭉한 설렁탕을 들이키며 생각해 보자. 시간의 상처를 거슬러 우리에게 남는 것은 무엇인가. 아프지만 어쩔 수 없이, "뚜벅뚜벅 살아가는 일"이다.

2. 우직한 사랑 - 이종진 시

덥수룩한 수염과 하얗게 센 장발의 이종진이 시인의 삶만을 살아왔다고 하긴 어려울 듯하다. 그는 글을 빌미로 전국 문학소년들과 어울렸던 유년의 삶을 지나 수석과 더불어 만만찮은 세월을 보냈고, 유성의 한 강단에서 잠시나마 시를 가르치기도 했으며 이제는 책을 만드는 일을 생업으로 삼아 현실을 살아가고 있다. 그런 그는 등단(『현대문학』, 1986) 이래 화려한 시력을 거느리고 있지 않다. 지독한 과작이랄 수도 있으나, 그 이유는 돌을 다듬듯 시를 쓰는 그에게 시작이란 것이 우연한 단상의 재기발랄한 말놀음은 결코 아니기 때문일 것이다.

> 아직껏 제대로 되먹은 것 하나 없이
> 십여년이 가까워지도록 두들겨온 이 작업
> 어차피 일이나 삶이 끝없는
> 고통을 참아내기 위해 있는 것이라는 것을
> 가끔은 위안하면서
> 익숙한 실책과 망치로 저물녘까지
> 돌을 두드린다
> 온 몸을 내맡기고 부서져서는
> 끝내 서러워하지 않는 돌을 두드리며
> 그렇지만, 돌을 다듬고 깎는 것이 즐거운 일이라면서

더구나 돌 속에 내가 고요히 들어가
몇날며칠이고 미완의 나를 깎아내는 일은
참으로 즐거운 일이라면서
새벽밥 서둘러 챙겨먹고 허기질 때까지
돌을 두드린다.
　　－「즐거운 작업」(『밤 열시 이후의 우울 그리고 폭설이 내리는』,
　　　　　　　　　　　　　　　　　　　유원미디어, 1995) 부분

　화자는 돌을 깎는 작업 속에서 일이나 삶이 결국 고통을 참아내는
것이라는 사실을 되새긴다. 이 비극적 삶의 인식은 시인이 처한 만만
찮은 현실의 무게와 색감이 다르지 않다. 그러나 그 고통의 순간이
즐거운 노동이었다는 고백이 곧 이어진다. 당위론적이거나 막연한 긍
정이 아니라 돌의 삶을 이해하고("끝내 서러워하지 않는 돌"), 자신을
돌에 투사하는 전이("돌 속에 내가 고요히 들어가")의 순간을 거친 발
견이다. 어쩌면 상투적 공치사로 들릴지 모를 위와 같은 경구는 이종
진의 다른 시편들과 어울려 그 진정성을 완성하게 된다. 유년으로부
터 최근의 경험에 이르는 오랜 체험들이 특유의 진술한 문체와 어울
려 고유한 긴장을 유발하고 있는 것이다. 삶이 문학과 다르지 않다고
강변이라도 하는 것처럼, 이종진은 시 한 편에 값하는 무게와 긴장을
삶의 매 순간 속에 그대로 풀어내며 주어진 현실을 감내하고 있는 셈
이다. 이와 같은 방식에 대해 한 시인은 다음과 같이 말한다.

　　시에 있어서 이종진은 거의 '독종'에 가깝다는 생각을 해 본
　다. 남의 말에 쉽게 귀를 기울이지 않으며, 세상이 뭐라고 하든
　제 갈 길만 가는, 자기가 가는 길에 대해 자신감으로 충만한,
　비가 와도 우산을 쓰지 않고 눈이 와도 외투를 껴입지 않는 자

가 독종이다. 그는 오직 혼자일 뿐이다. 그래서 그는 외롭고 불안하다. 하지만 외로움과 불안함을 겉으로 함부로 드러내는 법은 없다. 그는 그의 자존심을 최대한 지키면서 이 세상하고 타협하지 않는 자의 오기를 우리에게 아주 조금 비쳐 줄 뿐이다.
　　　　－안도현, 「한 열정적 사내에 대한 추억」(『밤 열시…』 해설)에서

　실로 이종진의 시는 삶의 완숙한 경험을 자신만의 긴 언어로 풀어내는 방식을 취한다. 긴 언어라 함은 대체로 긴 시를 쓴다는 스타일로부터, 그 결을 이루는 진술의 문체와 완만한 호흡 등을 포함한다. 또한 고집스럽게 반복되는 모티프, 예컨대 눈, 담배, 상자, 아내(여자) 등의 시어들이 작품을 관류하며 형성하는 일관된 의미망 역시 이종진 시의 긴 호흡을 증거하고 있다. 이는 그의 시가 시류에 휩쓸리지 않는 우직한 자세로 자신만의 길과 방법에 이르고 있음을 보여주는 또 다른 특징이라 하겠다.
　그 중심에는, 등단작인 「자유 데생」으로부터 근작에 이르기까지 빈번한 소재로 등장하는 자아의 발견이라는 문제가 있다. 진정한 나의 발견을 위한 고투 혹은 삶을 통한 자아의 확인이라는 과제는 이종진 시의 주제론적, 방법론적 화두를 이루게 된다.

　　길을 걷다가 우연히도 나를 하나 주웠네.
　　집으로 돌아와 책상 위에 나를 올려놓고 어디에다 숨겨둘까 생각하고 있었네. 날밤을 꼬박 새우고 나서야 가까스로 숨겨둘 곳을 정하고 너에게로 갔네.
　　너의 어느 곳엔가는 비밀스런 곳이 있으리라 믿으며, 조심스럽게 너를 열어보았네. 그런데 너의 안쪽에는 나를 숨기기에 적당한 곳이 한두 군데가 아니었네. 어쩌나, 나를 숨기기에는 그

중 한 곳이면 충분한데 이를.

　봄볕이 제법 따갑게 내리쬐는, 너의 가장 푸르고 비밀스러운
한 곳을 골라 마침내, 나를 숨겨놓고 굳게 자물통을 채워버렸네.

　그날 이후로 나의 네가 그 열쇠의 주인이 되었네. 외출을 마
치고 돌아온 네가 급하게 그 열쇠를 돌릴 때마다 자물통 속 그
깊고 먼 곳에서 붉은 봄꽃이 짤깍짤깍 소리를 내며 밤새 피고
있었네.

　　　－「꽃피는 너」(이종진 외, 『3인시집 나』, 종려나무, 2004) 전문

　지극히 관념적인 위의 진술 역시 나와 너의 발견을 노래하고 있다.
화자가 길에서 주웠다는 '나'는 돌일 수도, 꽃일 수도, 그 어떤 사소
한 대상일 수도 있다. 중요한 것은 자폐적인 나의 현실이 너와 함께
있음으로 인해 개화의 희망으로 이어지고 있는 작품의 의미구도일 것
이다. 내가 너가 될 때, 너에게로 내가 열릴 때 무수한 나의 존재를
확인할 수 있다. 이에 비로소 채워진 자물통은 절망이 아닌 희망의
발견이요 새롭게 생을 이어가는 긍정의 순간이 될 수 있다. 내가 너
로 되는 생성은 나의 발견으로부터 비롯되며 그것이 곧 개화의 순간
임을 발견하는 농익은 시선이 의뭉스럽게 깔려있는 것이다.

　이처럼 이종진 시에는 비루한 삶에 대한 반성과 회한, 고단한 삶이
지우는 생활의 무게감이 산포되어 있다. 나아가 고결한 자아의 발견
과 같은 무거운 주제가 독자를 친절히 배려하지 않는 완고한 이미지
들과 맞물리면서 만만찮은 감상의 부담을 결과하기도 한다. 그것은
그대로 이종진 시의 큰 보폭이 의도적으로 동반하는 정서일 것이다.
아주 느린 걸음으로 어렵게 걷는 시의 길은 결코 만만할 수 없다. 그
러나 시인은 한순간도 찡그리지 않는다. 그의 시가 비루한 일상으로

부터 자아와 삶의 발견에 이르듯이, 이미 아이처럼 맑은 긍정의 눈빛
으로 우직하게 걸어가고 있을 뿐이다.

3. 기억의 무늬 - 이태관 시

기억에도 색감이 있을지 자문해 본다. 그것은 하나의 추상일텐데,
그렇다면 붉은 기억을 추상해내는 연원은 또 무엇인가. 부정적이든
긍정적이든 붉음의 추상 속에는 농익은 질감과 선명한 이미지가 매개
될 수밖에 없다. 예컨대 불꽃, 정열, 피, 혁명, 박애, 무용(武勇) 따위
가 모두 그렇다. 이태관의 『저리도 붉은 기억』(천년의시작, 2003)은
기억의 붉은 무늬라는 추상을 구체적인 체험의 형상으로써 그려나간
다. 그 기억의 색감을 거슬러 오르면 상처와 죽음이라는 근원에 다다
르게 된다.

> 바람의 길 위에 거처 하나 마련하여
> 서두르던 발걸음 늦추게 하는
> 거미의 집,
> 나는 그렇게 찬란한 집을 결코 본 일이 없다
>
> 제 온 생을 올려놓고
> 지나는 바람도 멈춰 서서 돌아다보게 하는
> 거미의 집은
> 하늘과 땅을 이어놓은 세상의 중심이다
>
> 잘못 던져진 빗방을 하나
> 거미의 집 위로 제 몸무게를 실어 올리는 순간
> 쨍, 하고 하늘 한켠이 깨져 나간다

한순간,
지구가 기우뚱한다

-「거미의 집」 전문

이 작품은 거미줄에 대한 미시적 관찰로써 거시적 우주를 그리고 있다. '거미의 집'은 모든 존재가 '맞을' 수밖에 없는 "바람의 길 위에" 마련된 "찬란한 집"이다. 미세한 가닥이나마 "제 온 생을" 바쳐 견고하게 짜여진 그것이기에 '존재의 길'인 바람마저 뒤돌려 세우는 "세상의 중심"이라 묘사할 수 있다. 행여 빗방울의 오착으로 구멍이 나는 순간은 "지구가 기우뚱"하는 순간이 된다. 이처럼 '거미의 집'은 거대한 우주의 질서를 순간으로 집약시키는 긴장된 사유를 통해 지어진다. 세상의 중심을 찰나의 거미줄로 집약하는 시선이 가능하기에 기억의 긴 순간이 붉음이라는 이미지의 순간으로 전화될 수 있는 것 아닐까.

아직 우리는, 거미의 집이 붉은 기억을 환유하는 이유와 그 사이에 상처 혹은 죽음이 놓여 있다는 전제를 이해하지 못한다. 하지만 온몸을 바치는 거미의 집짓기가 결국 "죽음으로의 황홀한 유혹,/ 그것은 자신마저 가두는/ 은밀한 덫"(「덫-거미의 집2」)이라는 진술을 발견하고부터는 다르다. 거미의 집은 자신의 존재마저 가두는 은밀하고도 "완벽한 덫"이었던 것이다. 기실 거미의 무덤은 "고려 민속원 뒤뜰"에서 발견한 구체적 공간 속의 죽음이요, "육신을 떠난 뼈들로 채워진/ 고대로부터의 유물"이라는 장구한 역사 속의 상처이다. 이처럼 절대적인 덫의 이미지가 이태관 시의 짙고 선명한 질감, 곧 우리가 붉음이라 명명한 그것이라 하겠다. 거기엔 스스로를 가두는 거미의 운명으로부터 시공을 초월한 삶의 아픔들이 갇혀 있다. 닿기만 하면 치이는 언어의 덫이 놓여 있다.

왜 이태관의 시편에는 붉은 기억들이 가득한가. 그것은 상처 이후에 관한 질문과도 같은데, 짐작컨대 치유와 재생이 없다면 붉음 역시 미완성일 것이다. 이를 증명하듯 폭설의 이면에는 온몸으로 봄을 부르는 생동이 있고("온 몸의 실핏줄/ 덩달아 근질거리게 하는// 저 하릴없는 눈발, 눈발", 「폭설」), 꽃의 죽음으로 인해 현실은 아름답게 치장된다("날마다 새로 쌓이는 죽음/ 떨어진 꽃들로 세상은 아름다워", 「꽃으로 돌아갈 길을 잃다」). 이렇듯 이태관 시는 생사가 하나인 역설적 의미망으로 형성되어 있다. 그것은 시집의 상당부분이 가족사의 상처, 그에 대한 애도로 바쳐진다는 사실과 무관하지 않다. 시집 곳곳에 스민 '아비' '엄니'의 흔적은 생의 기원과 그 소멸을 기억하는 것인 동시에 절실한 생을 회구하는 것("말없이 지켜보는 아이의 눈동자 속/ 아, 그 속에서 웃고 계시는 그리운 아버지", 「집안 내력」)이다. 또한 여행을 통해 불모의 현실을 상쇄해가는 구조("이곳이 섬이다/ 내가 서 있는 이곳에서/ 나는 그물에 갇혀 허우적대는/ 등 푸른 생선 하나", 「섬」) 역시 상처가 치유되는 이태관 시의 한 방식일 것이다. 이러한 구조가 반복되면서 기억은 하나의 패턴을 이루기도 한다. 이는 오히려 시가 갇힐 무덤일 것이지만, 읽는 이의 경계일 뿐, 이태관 시는 어느 것을 주저하지도 확답하지도 않는다. 기억이 만들어낸 절경만을, 아래처럼 담담하게 그려낼 뿐이다.

가을은 안개의 무리로 시작되지
잎 떨군 연약한 가지

서로의 손 뻗어
한 하늘을 이루는 황토의 땅 위로
사혈(蛇穴)처럼 번지는 군무(群舞)

제 속살 감춰두고
세월 흐르면
기억도 저리 붉게 물드는 것일까
바람 불면 제 살 도려내던
계백의 흰 칼날 보이는데
마침내 다다른 유민의 땅 위로
시간을 가르는 해동청 하나

— 「가을, 안개, 황산벌」 부분

자신의 청춘을 바친 이곳 유성은 시인에게 어떤 기억으로 남아있을
까. 시인이 향해 간 황산벌, 세월을 흘러 도달한 유민의 땅은 지금
안녕할까. 스스로 해동청(매) 되어 시간을 굽어보고 있을지, 날선 칼
날의 언어로 또다른 상처를 어루만지고 있을지……

4. 병의 기원, 가족사 — 최정숙 시

유성구 지족동에 자리한 시인 최정숙의 아파트는, 그녀와 남편, 두
딸 여울이와 가을이가 존재하는 절대의 공간이다. 집의 절대성은 가
치의 절대성이기도 하다. 집 없이 존재할 수 없는 삶, 그리하여 모든
가치의 중심이 되는 집. 이러한 언급에는 유기체가 지닌 보편적 삶의
역학을 넘어서는 무언가가 포함된다. 우리는 절대적 가치로 견고하게
조직된 집의 상징 배면에서 가족이라는 관계를 본다. 최정숙의 시에
서 나-가족의 관계는 과거와 미래를 넘나들며 오늘의 삶을 규정하는

부표가 된다. 그렇게 볼 때 늦깎이 시집 『슬픔의 무늬』(북갤럽, 2003)는 가족을 매개로 채색해 온 사랑과 슬픔의 연대기라 할 수 있겠다.

> 바람 불어올 적마다 꽃 속에서 새어나오네 붉은 꽃잎들 상처인 줄 알았으나 향기였네 상처도 오래 묵으면 술처럼 좋은 향내가 나네 우리가 시래기죽으로 연명할 때 아버지 방에선 밥냄새가 났네 놋숟가락 든 일곱 남매가 두 집 살림 근처를 기웃댔네 한때 아버지도 우리 위해 늦은 밤까지 일 다니고 돌아올 땐 양 손 가득 과일을 사들고 온 적 있네 잠결에 그 과일 먹었네 아버지이고 싶던 아버지 본 적 있네 초가집 뒤란을 스쳐간 뱀을 보고 집 전체가 뱀으로 보인 것, 한 철 불고 간 바람이었네 지금에서야 나는 상처와 꽃잎을 분간하지 않네 상처가 꽃잎이고 꽃잎도 상처인 줄을 아네
> ―「어머니의 나이테3―붉은 꽃잎」전문

「어머니의 나이테」는 최정숙 시집을 관류하는 가족의 의미를 은유와 환유로 직조하면서, 그것이 새로 이루는 형성의 지점을 보여 준다. 무엇보다도 병발(病發)의 원인으로서 아버지라는 상징이 있다. 근원의 상처는 아버지가 환기하는 분열, 즉 '아버지'와 "아버지이고 싶던 아버지"를 나누어 부르게 하는 이중적 체험일 것이다. 이는 기성세대가 된 지금의 성인들이 대개 겪었을 부권에 대한 모순된 경험이기도 하다. 이를테면 전통적 가부장제 안의 권위와, 격동의 세월에 흔들릴 수밖에 없었던 이겹의 아버지들 사이에 존재했던 추상적 불일치를 들 수 있다. 나아가 이 작품을 포함하여 시집 곳곳에 배어있듯이, "우리가 시래기죽으로 연명할 때" 저 편에 앉아 "밥냄새"를 풍겼으며, "일곱 남매가 두 집 살림 근처를 기웃"거릴 수밖에 없었던, 유년의 파행

을 원인했던 부권의 아이러니가 구체적 파행으로 제시되어 있다.

아버지의 부재는 현실을 이해하는 상징적 질서의 부재를 뜻하며 상징의 파열은 사회성의 파탄으로 이어진다. 일탈을 계기하는 이 유년의 외상은 무의식의 심연에 자리잡아 뒤란을 기어간 뱀을 보고 "집 전체가 뱀으로 보"이는 착시, 곧 부재하는 아버지-가족사의 환유를 낳게 된다. 이 착란의 상태를 이겨내는 힘은 켜켜이 쌓여 나이테를 이룬 어머니의 사랑이었다. 우리가 사회적 관계 혹은 상징의 세계에 편입되는 순간 영원히 잃어버린 어머니와의 동일시된 세계를 "지금에서" 현시함으로써 상처는 미풍이 된다. 이는 또한 상상된 어머니를 넘어서는 힘, 삶과 세상을 내 것으로 담아내려는 반성적 시선을 통하지 않고서는 이를 수 없는 경지라 하겠다. 시인으로서의 삶이 특별한 것은 그가 부리는 언어의 재기(才氣)가 아니라 일신을 다바친 투사 때문일 것이다. '붉은 꽃잎'은 그렇게 피어난 사랑의 흔적으로서 상처와의 동일시를 통해 꽃잎의 은유를 만들어낸다. 꽃으로부터 왔으나 내 가슴으로 지는 흔적, 그렇기에 상처요 또한 상처가 농익은 향내임을 '안다'. 이들이 화하여 이루는 국면에서 은유와 환유를 넘어서는 새로운 동일성의 차원이 열린다. 어머니를 향한 원초적 믿음으로부터 지난한 상징의 현실을 극복하고, 이제 그러한 경계가 무화되는 꽃잎-상처의 일원적 감각을 형성하게 되는 것이다.

봄을 등(燈)처럼
가지에 내다 거는 게 꽃의 일인데
나의 일이란
꽃처럼 세상을 밝혀주는 것도 아니고
식구들에게 도움 주는 것도 아니어서

세상에 부끄럽고 사람에게 미안할 뿐
다만 내 안에라도 고요를
새처럼 내려앉게 할 수 있다면.

—「반성」 부분

　오늘의 그녀는 진도아리랑을 들으며 첫 부임했던 교단(「진도아리랑」)을 떠난지도 오래되어서 그저 평범한 주부로서의 삶을 살아가고 있다. 그런 그녀가 날 선 과거의 "바늘로 섰던 순간조차도" 땀땀이 수놓아 "수평의 풍경"(「수(繡)」)으로 되살리고 있다. 정중동이란 이런 순간이 아닐까. 가슴 한 가득 열정과 회한을 담아 사물에 이르는 시선 속, 힘 있는 문체도 화려한 말의 세련도 그녀 것이 아니다. 부끄럽고 미안한 고요의 눈빛 속에 사물을 거꾸러뜨려 평정하는 반성의 힘. 수평을 이룬 풍경이란 그러한 반성의 통해 빚어지는 최정숙 시의 절경이리라. 그렇게 그녀는 시를 쓴다. 그녀가 볼 때 고지대의 나무는 "바람과 같이/ 더불어 살아가기 위"해 몸을 구부린다. 그녀 역시 "나의 사유(思惟),/ 또한 낮아지고 낮아져서/ 굽어도 죽지 않고/ 눌러도 숨쉬는/ 풀잎으로 살고 싶다"(「이해의 선물」)는 희망으로 시를 쓴다. 모든 것을 낮춤으로써 화해와 긍정을 이루는 부드러움의 힘이 여기에 있다.

　우리는 그녀의 절실한 체험과 정서가 원심력을 받아 세상을 향한 더 큰 궤적으로 시화될 수 있기 희망한다. 이는 시집의 「자서」를 통해 밝힌 표현을 따라 "밥이 되지 못하는 시"로부터 "시의 자연 치유"를 믿는 쪽으로의 더 큰 중심 이동을 희망함과도 같다. 당연히 이는 그녀가 이미 이룬 소재적 선택의 소박한 바람에 그치지 않는다. 그녀 스스로, 울타리를 벗어난 '슬픔의 무늬'가 진정성의 삶을 채색할 수 있는 색감이라는 것을 알고 있지 않은가. 시의 운명과 관련짓자면, 가

족에의 헌사로 바쳐진 내면의 슬픔을 사회적 긴장과 일치시키는 작업
은, 시가 철저한 내성을 딛고 사회성을 지닐 수 있는 유일한 방법론
이지 않은가. 그것이 나와 서정시의 선험적 한계를 딛고 일어서려는
영원한 시지프스의 발걸음인 것을, 그녀와 우리가 알고 있다.

5. 타자의 미학-함순례 시

함순례라는 시인이 있다. 그 이름은 그녀를 아는 사람의 기호에 따
라 함수라고도, 수레라고도, 술래라고도 달리 불린다. 두 변수 사이에
매개되는 따름수(함수)의 의미로부터 정겨운 어감의 우리말(수레, 술
래)에 이르는 별명은, 다소 촌스런 혹은 엄숙한 본명의 이미지와 사뭇
다른 듯하다. 좋든 싫든 이름의 중층성이라는 개성은 그만한 변화의
기원을 지니고 있기 때문에 가능하겠지만, 그 변화는 자의적인 것이
라기보다는 타자의 호명에 의해 완성되는 외향성의 성질을 더 크게
지닌다. 자기 것이 아닌 타자의 여유요 즐거움인 것이다.

그래서 그런지 그녀 자신에겐 재력도 권력도 없다. 하지만, 매사에
열심인 일상과 지극한 시의 삶이 그녀 것이다. 삶과 시를 사랑한다는
표현이 어쩌면 식상한 수사일 수도 있겠다. 그 어느 시인에게 사랑 아
닌 시와 삶이 있겠는가. 그런 만큼 시인의 고유함과 개성은 추상적 사
랑의 구체적 형상으로 변별될 터인데, 함순례에게 그것은 언어로 곱게
가꾸는 결이 아닌 삶과 체험이 언어를 뚫고 오르는 생동의 차원이다.
이는 예컨대 "개구리 울음소리 와글와글 여름밤을 끌고 간다/ 한 번
하고 싶어 저리 야단들인데"(「꼴림에 대하여」, 『애지』, 2004 겨울)와
같이 들끓는 개구리의 사랑을 숨김 없는 표현으로 드러내는 것이다.

나아가 "내가 꼴린다는 말 할 때마다/ 사내들은 가시내가 참, 혀를 찬다/ 꼴림은 떨림이고 싹이 튼다는 것/ 무언가 하고 싶어진다는 것"에서처럼, "마음속 냉기 당당하게 풀면서/ 한 발 내딛는 것"에서처럼, 세상의 편견과 얼어붙은 내면을 사무치는 열정으로 당당하게 풀어놓는 차원이다. 이 당당한 전진의 자세는 일견 서툰 감정의 과잉으로 해석될 수 있다. 그러나 그런 엉성함조차 체험의 진실을 무엇보다 소중히 여기는 시적 태도의 연장으로 보면 어떤가. 여름밤을 꼬박 지새우는 개구리의 욕망과, 그런 활기로부터 동인되는 삶에의 의지를 한낱 편견으로 잠재울 수는 없는 법이다. 그런 그녀, 이런 꿈을 꾼다.

> 그러니까 첫 시집이 나오면, 마당에 멍석 깔고 차양을 친다 쑥을 태워 주변정화를 하거나 사물장단으로 액막이 하거나 시루떡 앞 시집을 놓는다 내 안 겹겹 휘어져 뼈울음 세웠던 풀씨들아 무른 눈으로 우려먹은 식구들아 자식들 건사에 발 뒤꿈치 노래진 어머니, 예를 올리면 마당귀 금잔화 빙긋 고슬해지겠지 그만 낡아서 두려워서 거두지 못한 아버지의 비린내 고샅으로 내보내는 거다 단발머리 꼬맹이를 기억하는 마을 사람들 하나 둘 모여들거나 왁자그르 막걸리잔 덕담이 무르익거나 불무불무 미리 써 보는, 가령 이런 출판기념회는 어떤가 몸 가벼워져 소지로 오르지 않겠는가
> ─「번시(燔詩)」(『문학마당』, 2004 봄) 전문

시인은 번제물(燔祭物)로 시를 바쳐 속악을 씻고 모든 것들이 한데 어우러지는 궁극적 평화의 경광을 꿈꾸고 있다. 시를 놓고 벌이는 회합의 장은 생을 이끌어 온 가족의 역사와 전형적 공동체의 풍경으로 빚어내는 한 판 축제의 장이다. 이 시를 읽으며 30년대 백석의 「모닥

불」(『사슴』, 1936)이 환기하는 세계를 연상하게 된다. 투박한 사투리와 친족공동체의 정서로써 민족적 삶과 역사를 폭압의 현실 속에 되살려내었던 「모닥불」의 정신을, 「번시」는 막걸리에 무르익어 몸마저 소지로 타오르는 탈신(脫身)의 공간을 통해 이어받고 있다. 함순례의 시적 주술은 이처럼 자신에게 '당한' 일상을 한데 모아 화해시키고 땀내 나는 생의 의지를 북돋는 축제의 장을 지향하고 있는 것이다. 그리하여 그녀에겐 시세계를 관통하는 거창한 주제랄 것이 없다. 대신 "내 안 겹겹 휘어져 뼈울음 세웠던 풀씨들"과 "무른 눈으로 우려 먹은 식구들"처럼, 간간이 발표되는 작품들 속에 생활의 형상들이 산견된다. 이를 통해 자신의 시선에 든 모든 것을 소중하게 끌어안는 겸양을 본다.

나아가 우리는 겸양 지닌 자들의 특성, 낮게 포복한 시인의 자세를 읽을 수 있다. 그는 자신의 이름처럼 소박하나마 타자에게 열린 삶의 자세를 시로 그린다.

염천 더위 뚫고 한 사내 걸어온다
긴 남방소매 서너 번 걷어올린 팔뚝에
'성공' 또박또박 바늘땀 뜬 푸른 멍 보인다

이제는 늙은 사내
좌절의 밑창 향해 걸었을 여러 번의 태클
낡은 슬리퍼에 질질 끌려온다

문신의 순간만큼은 그도
뜨거운 전율로 몸서리쳤으리

출렁이는 마음 잠시 놓아두고
사내의 뾰족뾰족한 아픔을 쫓아간다

저 모든 성공의 발굽 소리
팔뚝 안에 가둔 사내는
희끗한 제 머리카락 잘라 먹물 찍어
내 몸에 또 새로운 문신을 떠주고 있다
　　　　　　　　　-「문신」(『작가마당』, 2002) 전문

　타자의 흔적은 다시 또박또박 내 몸에 새겨진 문신이 된다. 타자가
건넌 '좌절의 밑창'에 대한 연민은 고스란히 내 몫의 상처가 되어
'그'와 동시에 '나'를 세운다. 이렇듯 나 아닌 것의 상처를 보듬어 안
을 줄 아는 따뜻한 시선이 있기에 하찮은 타자들의 일상이 눈물겹기
만 하다. 시인은 "타인의 눈물로 크는 것이 이 땅의 이데올로기"(「타
인의 눈물」, 『시와 사람』, 2003 가을)임을 '통곡소리'와 함께 깨달은
듯, 나를 이끄는 쇠락한 문신의 사내로부터, 무심히 눈뜬 새순을 통해
"내가 걸어온 길/ 저만치 지워지"(「부처손들」, 『불교문예』, 2002 여
름)는 경이를 체험하는가 하면, 노숙자와의 교감에서는 "세상을 향해
당길 활시위"(「잠복중」, 『사람의 문학』, 2002 겨울)의 긴장을 발견하
기도 한다. 이처럼 타자를 향한 시선은 규범으로부터 소외된 자들은
물론 자잘한 일상과 자연의 풍경을 망라하고 있다. 이러한 풍경들은
타자로부터 발견한 나와 삶의 가치로서 이른바 타자의 미학을 형성해
나가고 있는 중이다. 등단작인 「분저리 가는 길」(『시와 사회』, 1993
가을)로부터 최근에 이르는 시들에 기행의 모티프가 두드러지는 것도
타자를 지향하는 시인의 관성을 닮은 형국이다.

이것은 그대로 한 편의 아쉬움이기도 하다. 언젠가 넘어서겠지만, 그녀의 시편들은 가족에 대한 헌정과 기행의 소재, 일정한 패턴의 구조를 반복하고 있다. 어쩌면 그것은 나름의 집착일 수도 있겠다. 시인이 추구하는 시적 현실은, 출근길 느리게 차를 모는 차창 밖으로 문득, "비상을 위해 뼛속 비우고/ 먹는대로 세상에 내어놓는/ 아, 징검징검 새들도 걷는구나"(「새」, 『작가마당』, 2004)와 같은 일상적 깨달음의 세계인 것이다. 한 권, 두 권, 시집이 쌓여간대도 계속될 우리 삶의 시 속 형상. 시인의 집착은 세련되지 않아도 온정 넘치는 투박한 질그릇의 미덕을, 짐짓 아닌 척 보여주려는 욕심 때문이 아닐까. 그런 그녀가 유성에 살고, 우리가 같이 있고, 시와 세상이 더불어 간다. 즐거운 일이 아닐 수 없다.

'서정'으로 꿈꾸는 세상

— 이진수의 시

오 홍 진

1. 서정의 풍경들

'서정'에 대한 논의가 분분하다. '신서정'이니, '미래파'니, '다른 미래'니 하여 우리 시가 가야 할 지향점을 모색하는 작업이 최근 들어 활발하게 이루어지고 있다. 세계의 자아화를 특징으로 하는 서정성을 동일자의 논리라 하여 비판하는 의견이 있는가 하면, 서정을 대상과 '함께 하는 힘'으로 의미화하는 의견도 있다. 서정성에 내포된 다기 (多岐)한 의미가 서정적일 수 없는 세상의 논리와 맞물려 저마다의 서정성을 이야기하는 담론의 풍경으로 발현되고 있는 것이다. '세계의 자아화'(조동일)나 '대상의 내면화'(카이저) '회감(回感)'(슈타이거) 등의 용어로 의미화되는 서정의 맥락은 사물의 심연과 마주하는 시적 주체를 무엇보다도 중시한다. 시적 대상은 시적 주체의 관점에 따라 의미의 영역으로 들어온다. 서정성의 문제가 시적 주체의 문제로 귀결되는 것은 서정성에 내포된 이러한 주체-대상의 관계가 그대로 반영된 결과라 할 수 있겠다.

　이런 점에서 서정성은 시를 시로써 규정짓는 본질적인 틀이라 할수 있다. 서정에 대한 최근의 논의가 시의 본질에 대해 새삼 되묻는계기로 인식되는 이유도, 서정은 시의 본질로 들어서기 위한 일차적인관문이기 때문이다. 세상이 어떻게 흘러가든, 세상을 바라보는 시인의시선은 서정적인 시선을 비껴갈 수 없다. 시의 세계는 시인의 눈에 비쳐진 세상을 새롭게 구성한 세계인 바, 그런 점에서 시 속의 세계는지금 이곳의 세계와는 다른 양상으로 펼쳐진다. 1990년대 시단을 풍미했던 신서정이 미학적 자연에 천착함으로써 '파괴된 자연'과는 다른시의 세계를 드러냈다면, 2000년대 젊은 시인들의 시에 자주 나타나는'분열증적 서정'은 타락한 현실과 화해할 수 없는 시적 주체의 내면에주목함으로써 그들 세대만의 독특한 시적 세계를 이룩한다. 1980년대민중시에 나타난 '서정'까지 포함한다면, 한국 현대시의 서정성은 시대의 흐름과 맞물려 다양한 시적 세계로 변주되어 온 셈이다.

　"충남 청양에서 태어나 그곳에서 농사일을 하고 있다"(이진수 시집『그늘을 밀어내지 않는다』의 작가소개에서 인용)는 이진수의 시에도서정의 세계가 넘쳐흐른다. 시를 쓴다는 것 자체가 세상을 서정적인시선으로 바라본다는 것이 아닌가. 하지만 이진수 시의 서정은 소위'미래파'라 통칭되는 젊은 시인들의 분열증적인 서정과 다르고, 또한이상화된 자연 속에서 펼쳐지는 (신)서정의 세계와도 다르다. 그가 내보이는 시의 세계는 인간의 고달픈 삶이 펼쳐지는 세계라는 점에서비(非)서정적이지만, 고달픈 민중들의 삶에서 우리가 되새겨야 할 '오래된 기억'을 길어 올린다는 점에서 서정적이다. 그의 시에는 농민의아들로 태어나 농민으로 살아가야 하는 사람의 비애가 서려 있고, 그

비애를 비애로써 감내해야 하는 자의 '슬픈 서정'이 자리하고 있다. 또한 그는 충청도 지역 언어로 살아 숨 쉬는 농민의 형상을 묘사하는가 하면, 우리말의 이면에 숨겨진 맛깔스러움을 독특한 시적 상상력으로 구현하기도 한다. 지역에 살며 지역민들의 삶을 지역 언어로 표현하되, '지역성'을 넘어 한국사회 어디에서나 마주칠 수 있는 보편적 민중의 형상을 내보이는 것이 이진수 시의 특장인 셈이다.

2. 지역 언어로 펼쳐내는 서정의 세계

이진수의 첫 시집 『그늘을 밀어내지 않는다』(시와시학사, 2002)에는 지역 언어에 대한 시인의 지극한 관심을 드러내는 작품들이 많이 실려 있다. 시집의 곳곳에서 찾아볼 수 있는 충청도의 지역 언어는 지역민들의 고달픈 삶과 어울려 우리 시대 민중들의 전형적인 삶을 구현하는 바탕이 된다. 지역 언어는 시인의 삶터에서 사용되는 일상어라는 점에서 살아 움직이는 언어라 할 수 있다. 감각을 중시하는 시인에게 일상어는 곧 삶의 언어이고, 생명의 언어이다. 지역 언어에 예민하게 반응하는 이진수 시인 역시 이러한 일상어에 대한 감각이 뛰어나다. 「고향말」이라는 시를 보자. 시인은 포장마차 옆을 지나다 "낯익은 말들 문득 듣게 된다". 낯익은 말들은 "반말과 욕지거리가 뒤엉켜 서로를 패대기치"는, 고단한 하루치의 삶을 산 사람들이 내뿜는 삶의 언어들이다. 힘든 일상을 끝내고 포장마차에서 소주 한 잔 기울이며 하루를 정리하는 사람들이기에 말이 거칠고, 말이 뒤틀리면 상대를 패대기치기까지 한다. 결코 서정적일 수 없는 풍경이다.

하지만 그들은 곧바로 "고집 꺾는 삿대질이 / 벌건 핏대에게 잔을 건네고 / 맨 앞쪽 쭈그러진 굳은살이 / 막 부르트기 시작한 물집에게 / 국그릇을 국물째 밀어"주는 상황을 연출한다. 싸움은 싸움이되, 싸움 같지 않은 싸움이 이루어지는 곳이 포장마차라는 민중의 공간이다. 힘든 하루를 보낸 개별적인 존재들은 '포장마차'라는 성소(聖所)에서 하루의 찌든 때를 분출한다. 분출할 공간이 없으면, 어김없이 찾아오는 '내일'을 그들은 견딜 수 없다. 내일을 견뎌야 하기 때문에 그들은 포장마차에서 싸우고 '화해'한다. 포장마차에서 오고가는 "저마다 뼈아픈 이 나라 사투리들은" 그래서 포장마차를 거쳐 가는 누구나가 공유하는 "고향말"이 될 수밖에 없다. 말이 사람 사이를 잇는 계기가 되어 말의 차이들(사투리들)은 그 '사이'에서 사라지고, 고향말이 벌어진 '사이'를 채운다. 고단한 세상 이곳저곳에서 하루치의 삶을 산 사람들이 펼쳐내는 말들의 세상은 그렇게 시인이 추구하는 서정의 세계로 들어온다. 저마다의 말들(사투리들)이 저마다의 풍경을 이룩하는 포장마차의 공간에서 시인은 그가 궁극적으로 시화해야 할 고향말의 서정적 세계를 발견하고 있는 셈이다.

방언(사투리)이 표준어에 대응되는 언어가 아니라 '일상어'라는 점에 주목하자. 표준어는 인위적이며 '특별한' 언어이고, 일상어는 일상생활에서 자연스럽게 사용하는 일상적 언어[1]이다. 표준어를 일상의 삶에서 곧이곧대로 사용하는 경우가 얼마나 되겠는가. 그것은 생명력이 넘치는 삶터의 소리가 되기에는 태생적으로 한계가 있다. 현대시 초창기부터 사투리(지역 언어)에 민감했던 시인들의 현황을 생각한다면, 일상의 살아 있는 소리를 향한 시(인)의 변함없는 욕망을 새삼 확인할 수 있을 것이다. 「고향말」의 일상적 공간인 포장마차에서 흘러

---

1) 이태영, 「지역 언어의 가치와 시의 방언」, ≪시와 사람≫ 2006년 가을호, 89쪽.

나오는 일상의 소리는 그러므로 이 땅을 살아가는 민중들의 삶의 소리가 될 수밖에 없다. 이진수는 정확히 '고향말'로 표현되는 민중들의 일상을 살아 있는 언어의 세계로 묘사한다. 자신의 삶을 묵묵하게 살아가는 존재들이 이진수 시의 주된 시적 경향으로 나타나는 이유는 이곳에 있다. 자본주의가 전일화된 한국사회에서, 농촌은 그 자체로 고통스러운 세계이다. 당장, 한미 에프티에이(FTA) 문제 때문에 농민들은 자신들의 삶터를 떠나 고달픈 삶의 투쟁을 벌이고 있지 않은가. 삶터가 사라질 수도 있는 상황에 처한 사람들이 '묵묵하게' 자신들의 삶을 살아간다는 것을 어떻게 생각해야 할까? '운명'이라는 말로 그러한 삶을 덮어버리기엔, 그들이 감당해야 할 삶의 현실이 너무 무겁지 않은가. 이진수 역시 농민들의 무거운 삶을 알고 있다. 아니 체험하고 있다고 말해도 좋을 것이다. 그럼에도 시인은 민중들의 무거운 삶에서 무거움만 보는 것이 아니라 그 무거운 삶을 '안'으로 되새기는 뜨거운 삶을 발견한다.

> 그러니께, 우리 바깥양반 못 걸은 게
> 얼추 삼십 년 가차이는 되았으니께
> 동네 양반들은 한 소리 걱정으로
> 된고생 애절었겄다고 말을 허지만
> 겪다보니께 말여 그게 요 양파 마냥
> 암컷이 밑알 여무는 법도 있더라니께
> 곯아도 젓국이라는 옛말도 옛말이고
> 유월 발바닥이야 사흘만 뜨거먼 되자녀
> 바윗독짝 불끈 지는 가재 등허리가
> 물파스 발르드끼 솔차니 시원헌 거시
> 암치캐도 요번 비는 맞춤헌 약비 같어!

강경할매의 목소리가 시의 전면에 내세워진 이 시에서 시인은 고달 픈 삶에 연연하지 않는 한 여성(강경할매)의 삶을 그려내고 있다. 양 파를 캐는 강경할매의 구수한 입담 속에는 그녀의 고달픈 삶이 새겨 져 있지만, 그러한 삶이 독자에게 비극적인 삶으로만 다가오지는 않 는다. 동네 양반들이 "된고생 애절었겠다고 말"해도, 강경할매는 "겪 다보니께 말여 그게 요 양파 마냥 / 암컷이 밑알 여무는 법도 있더라 니께"라며 '흥겹게' 되받아치고 있기 때문이다. 시의 분위기 자체가 "맞춤헌 약비"를 반기는 강경할매의 해학에 초점이 맞춰져 있지 않은 가. 무겁다면 무겁고, 힘겹다면 힘겨울 수 있는 강경할매의 삶은 여기 서 삶에 대한 긍정적인 인식과 만나게 된다. 해학성은 세상을 긍정적 으로 바라보는 사람들이 내보이는, 오래된 상상력이다. 삶의 고통을 고통으로만 생각하지 않는 정신, 그리하여 삶의 고통을 새로운 삶의 계기로 만들어내는 힘이 '해학'에는 내장되어 있다. 이진수 시의 강점 은 이러한 해학성의 긍정적 형상화에서 찾을 수 있거니와, 그것은 돌 려 말하면 시인 스스로 그가 발 딛고 있는 세상을, 또한 그 세상의 사람들을 그 누구보다도 사랑하고 있음을 방증한다 하겠다.

'강경댁'을 소재로 근래에 발표된 「육두(肉頭)」(≪작가마당≫ 9호, 2006)라는 시에서도 시인의 이러한 생각은 그대로 이어지고 있다. "육두(肉頭)"로 세상을 산 '강경댁'의 삶은 '욕'이라도 하지 않으면 살아갈 수 없는 사람들의 강퍅한 삶을 드러낸다. 욕은 고통스런 삶을 묵묵하게 견뎌내는 사람들의 언어이다. 반말과 욕지거리가 난무하는 포장마차 속의 고향말은 한 평생을 '육두'로 살아온 강경댁의 '욕'과

다를 수 없다. 이 지점에서 고향의 말(사투리)을 향한 시인의 유난한 관심은 욕으로 살아야만 고통스런 세상의 바다를 건널 수 있는 민중들에 대한 관심과 결부된다. 욕(육두문자)은 단순한 '말'이 아니라 강경댁이 살아낸 평생의 삶이다. 시인의 말대로 "논에서 밭으로 부엌으로 / 호미에서 낫으로 쇠스랑으로 / 궁둥짝 붙일 새 없었으니 / 고되고 아픈 신세가 / 몸을 머리로 삼을 밖에" 없지 않겠는가. '육두'로 점철된 강경댁의 삶(말)은 그녀만의 삶이 아니라 이 시대의 농촌을 살아가는 여성들의 보편적인 삶을 의미한다. 시인의 어머니도 그렇게 살았고, 시인의 할머니도 그렇게 살았다. 중요한 것은 이러한 강경댁(어머니-할머니)의 삶을 시인 스스로 "내 안에 그렇게 뿌리를 내린다"(「굵은 뿌리」)며 긍정하고 있다는 점이다. 일상어(지역언어)로서의 '욕'은 따라서 강경댁의 삶을 적나라하게 긍정하는 계기가 되는 언어라 할 수 있다. 욕을 하는 강경댁과 그 욕을 듣는 사람들을 한 울타리에 묶어내는 언어의 힘은, 표준어의 구사로는 미칠 수 없는 사투리(지역언어)의 힘에서 나온다. 일상의 삶에서 쉽게 볼 수 있는 사람들의 삶(일상)은, 일상에서 사용되는 언어와 만나 정겨운 삶의 풍경으로 표출되고 있는 것이다.

내 말이 그 말이어유 글쎄
저 냥반은 그거시 어째서 그렁가
쇠딱따구리 소리만 났다 허먼
벌떡허니나가 장작을 패드라구유
굴뚝 모탱이구 마루 밑구녕이구
틈새기 읍시 꽉꽉 쟁여 놓았응게
아매두 부엌 아궁이가 그것덜

모다 먹느라구 입께나 아팠을規
산내끼 꼬는 것두 하루 이틀이지
밤 질구 방 뜨건디 저 냥반은 글쎄
바까티만 뜨겁구 안은 안 뜨건가
나만 맨날 맷돌 밑짝 맹글데유
웃짝 밑짝 그러다봉게 이리 됐지유

－「딸부잣집 낙수 소리」 전문

　사투리는 표준말과 달리 말하는 사람, 듣는 사람 모두에게 살가운
정을 안겨준다[2]. 시의 제목에 드러나는 대로 이 시의 발화 주체는
'딸부잣집'의 안사람이다. 아마도 마을 사람들이 농담으로 그녀에게
왜 그리 딸을 많이 낳았느냐고 물었을 것이다. 그 물음에 곧장 대답
하지 않고 우회적으로 답변하는 그녀의 사투리(언어)에서 독자는 의미
이전에 '살가운 정'을 느낀다. 맷돌에 비유하여 표현되는 성적 이미지
도 그렇지만, "바까티만 뜨겁구 안은 안 뜨건가 / 나만 맨날 맷돌 밑
짝 맹글데유"라고 말하는 그녀의 능청스러움에 이르면, 시의 해학적
분위기는 최고조에 이른다. 충청도 말의 '억양' 자체가 해학적인데다,
그것을 발화하는 주체의 느긋한 행동(말) 역시 해학적이어서 한바탕
해학의 장관이 펼쳐지고 있는 것이다. 이러한 지역 언어의 해학성이
당대 민중들의 고달픈 삶과 만날 때 이진수 특유의 독특한 시의 세계
가 이룩된다. 농민들의 삶은 당연히 고달프겠지만, 그는 그러한 삶 이
면에서 그들의 삶을 지탱하는 해학의 진수를 발견한다. 일상적으로
쓰이는 사투리의 정겨운 가락에 실려 해학적인 삶으로 변주되는 과정
이, 이진수 시의 서정적 세계가 탄생하는 순간인 셈이다.

---

2) 윤동재, 「한국 현대시에 나타난 사투리의 힘과 쓰임새」, ≪시와 사람≫ 2006년
　　겨울호, 122쪽.

3. 역설의 언어, 서정의 언어

이진수 시인은 언어에 민감하게 반응하는 시인이다. 시인이라면 당연히 언어에 민감하겠지만, 이진수의 언어 감각은 단순한 언어유희를 넘어선다. 이를테면 「나무」라는 시에서 시인은 "사람이 아둔한 제 머리통 대신 어째서 / 목탁을 두드리고 그 목탁 왜 나무로 만드는지 / 이제야 짐작하겠다 나무에는 나라고 하는 게 / 없기 때문이다 말 그대로 나無이기 때문이다"라고 말한다. 그런가 하면 「과음 후」에서는 '불알'이라는 말에 대해 "불이 알을 만나고 알이 불을 만나다니, 얼마나 정확하고 살맛나고 잘 익을 것 같은 만남인가."라고 감탄한다. 여기서 그치지 않는다. 시인의 감탄을 자아내던 '불알'이 "그 살맛나던 말이 오늘 내게 와서 르탈락 현상을 일으켜 버린 것이네. 부아가, 으으 부아가 끓어오르네"로 이어지면, 시인의 언어감각이 어디까지 이어질지 상상할 수 없는 지경이 된다. 언어유희인 듯 시작한 말이 어느덧 시인의 삶을 반영하는 일상의 언어로 변화되는 순간을 시인은 잘 포착하고 있는 것이다. 시인의 이러한 언어감각은 뛰어난 시편 중의 하나인 「똥꽃」이라는 시에서 역설적인 아름다움을 잉태하는 힘으로 작용하고 있다.

> 기르던 풍란이 꽃을 피웠는데
> 꽃냄새 은은한 것을 말로 할 수 없고
> 세상이 다 고맙게 여겨진다는
> 친구의 전화를 받고 나서
> 이 세상 꽃들의 향기가
> 그 식물의 땀냄새일 거라고 생각했다

늙고 병든 이들에게서 나는 냄새가
평생 절은 땀 때문임을 생각했고
돌아가시기 전 할머니에게서도
그 냄새가 났었다는 것을 기억했다
살아 계셨을 때는 한 번도
향기를 맡아보지 못했던
나의 오랜 콧병을 뚫고
두엄더미의 흰 김처럼 뭉클
뭉클 솟아나는 할머니의 냄새
이제라도 나는 세상의 몇몇
악취들을 제대로 맡을 수 있을까
지독하고 순도 높은 그 똥꽃
한 송이 피어나게 할 수 있을까

─「똥꽃」 전문

　　시인은 꽃들의 향기가 식물의 땀냄새에서 비롯된 것이라고 생각한
다. 어느 순간 갑자기 꽃이 피겠는가. 피어야 할 때가 있고, 또 꽃이
피는 것을 '방해하는' 여러 가지 정황들이 있다. 생명을 틔우기 위해
필사적으로 '노동'하는 존재들의 "땀냄새"가 있어 세상의 꽃들은 은
은한 향기를 피운다. 그런데 이러한 식물의 땀냄새(꽃들의 향기)를 시
인은 "돌아가시기 전 할머니"의 냄새로 기억한다. 할머니가 살아 있
을 때는 맡지 못한 냄새가 풍란의 향기를 전하는 친구의 말 속에서
새로운(오래된) 기억으로 떠오른다. 돌아가시기 전에 할머니가 풍긴
냄새는 "두엄더미의 흰 김처럼 뭉클 / 뭉클 솟아나는 할머니의 냄새"
에 표현되는 바, 일반인의 눈으로 보면 일상적인 의미에서의 "악취"
에 다름 아니다. 하지만 푹 삭은 두엄 냄새가 일상적인 악취와 본질
적으로 다르듯, 할머니의 푹 삭은 삶(죽음)의 냄새도 일상 속에서 풍

거 나오는 악취와는 다른 냄새를 풍긴다. "똥꽃"의 상상력으로 피어나는 역설적 감각의 상상력은 "지독하고 순도 높은 그 똥꽃"을 세상의 그 어느 꽃보다 향기로운 냄새를 풍기는 꽃으로 형상화하는 근간이 되고 있는 것이다.

냄새로 감각되는 삶의 비의는 시인이 꿈꾸는 삶의 세상을 분명히 보여준다. 보이는 세계 너머에서 보이지 않는 세계를 시화하는 정신은 까치밥을 꽃으로 표현하는 다섯 살배기 조카아이의 감각을 긍정하는 과정에서도 실현된다. 까치밥을 보며 "아이가 문득 저거 무슨 꽃이에요 물었다"(「까치밥꽃」). 까치밥을 꽃이 아니라고 말하려던 시인은 순간, "아차차, / 그렇구나 // 꽃 맞는구나 / 한 겨울 까치도 먹고 / 동네 철부지들 군입정도 하라고 / 배곯던 시절 피워놓던 꽃이 분명하구나"라고 깨닫는다. 까치밥은 "지독하고 순도 높은 그 똥꽃"(「똥꽃」) 한 송이를 스스로 피워 올렸고, 조카아이는 당연히 그 똥꽃을 보며 꽃의 이름을 묻는다. "그것이 꽃인 줄 잊으며 / 오래 어두워진 나"(「까치밥꽃」)의 형상은 그러므로 보이는 것 너머를 생각하지 않는 우리네 삶의 모습을 대변한다. 사물들이 저마다의 공력(삶)으로 피워내는 삶의 비의는 사물을 그 자체로 바라보는 정신 속에서만 드러날 수 있다는 시인의 생각이 여실하게 나타나 있는 셈이다.

그러나 시인이 살아가는 '지금 이곳'의 세상은 "웬 대나무에 꽃이 피고 여름에도 서리 내"(「무량사 큰 종」)리는 암울한 세상이다. 오죽하면 무량사의 큰 종도 "울림에 멍이 들"어 탁한 소리를 낸다고 말하겠는가. 개발되지 않은 곳에 살면서 "내일을, 앞당겨 살고 있다"(「미개발지」)고 시인은 자부하지만, 그럼에도 흉년에는 금값 되고, 풍년에는 똥값 되는 수박농사를 지으며 "우리 당숙이 받고 싶은 건유 // 품

값이래유"(「답」)라고 쓸쓸하게 대답할 수밖에 없는 것이 시인의 현실이다. 품값도 되지 않는 농사를 지으니 "엄니는 엄니대로 일꾼 사서라도 논두렁을 낫질 하겠다 하시고 나는 나대로 제초제를 쓰겠다 고집"(「논두렁 하나 깎을 때도」)을 부리는 갈등의 상황에 시인은 직면하기도 한다. 우선은 먹고 살아야 하지 않겠는가. 하지만 제초제를 쓰겠다는 아들의 고집에 맞서는 '엄니'의 고집 역시 만만치 않다. "큰물이라두 져봐라 푸샛것들 아니면 논두렁이 뭘 잡구 버팅기겠냐"(같은 시)라며 제초제를 쓰려는 아들을 엄니는 한사코 만류한다. 아들이 엄니의 마음을 모를까? 아들은 분명히 엄니의 마음을 알고 있다. 논두렁을 엄니처럼 대하든, 자신처럼 대하든 "여기서 별반 달라질 것도 없을 겁니다"라며 한탄하는 마음에 아들의 진심이 있다. 그 한탄의 마음이 논두렁에 제초제를 쓰려는 아들의 마음(고집)으로 이어지고, 또 이 세상의 농촌을 삶터로 살아가는 농민들의 속 타는 마음을 불러낸다. 땅과 더불어 사는 삶을 애초부터 불가능하게 하는 농촌에서 서정적인 삶이 가능할 수 있겠는가.

시인의 묵묵한 삶은 바로 이곳에서 발현된다. 묵묵한 삶은 세상에 순응하는 삶이 아니다. 자신의 삶을 운명으로 생각하고 주어진 삶을 살아가는 운명주의적 삶도 아니다. 그것은 「어머니의 마늘밭」에 표현되는 어머니의 삶처럼 "마늘밭을 매는 일이 또한 / 세상 한 구석을 밝히는 일"이라는 점을 깨닫는 삶이다. 세상이 부정적이라고 해서 그 세상을 살아가는 '어머니'의 삶마저 부정적일 수는 없다. 세상은 세상의 논리대로 흘러가지만, 세상의 논리 반대편으로 어머니의 삶 역시 흘러간다. 어머니의 호미 끝에서 "잎에 불을 켠 마늘 줄기들 / 환하게 일어선다."(「어머니의 마늘밭」)는 시인의 감각이 그것을 입증한다.

이런 점에서 마늘밭을 가꾸는 어머니가 지향하는 윤리적 삶은 "내일을, 앞당겨 살고 있다"(「미개발지」)는 시인의 삶과 다르지 않다. 그들은 세상의 논리 반대편에서 그들대로의 삶을 꾸리고 있고, 그 삶으로 일상의 삶에 찌든 사람들을 끊임없이 부르고 있다.

> 오랜만에 만났다 우여곡절 끝에 아들을 얻은 친구 이런저런 얘기를 하고 또 보자 악수하면서 아이 돌 때 잊지 말고 연락해 그래야지 그럼 당연히 불러야지 하던 그때 아, 내 속 어딘가에 갑자기 화악 불 들어왔다 불러야지 하는 말이 이상하게도 불 넣어야지 하는 말로 들렸던 것이다 와서 술도 마시고 노래도 좀 불러라 했을 때 그 불러라 하는 말도 꼭이나 불 넣어라 하는 말로 들렸다 불러라 노래 불러라 하는 동요가 생각나고 불 넣어주면 금방 타오를 듯한 응원가를 아이 앞길에 훅훅 불어주고 싶었다
>
> ─「부른다는 말 속엔」 부분

부르는 것(불러라)은 불을 넣는 것(불 넣어라)이고, 따라서 부르는 것은 "사람 사이"(같은 시)의 뜨거움을 공유하는 것이다. 부르는 행위의 뜨거움을 차가운 논리로 분석한 구조주의적 성찰의 세계에서는 볼 수 없는 '뜨거운 주체'가 위 시에는 나타난다. 아이의 돌이라는 사소한 일상을 통해 펼쳐지는 '뜨거운' 주체의 윤리학은 이진수의 시가 지향하는 서정의 세계가 지금 이곳을 살아가는 뜨거운 주체들과 연대하는 세상임을 예시한다. 그 세상은 서로가 서로를 부르는, 그리하여 부르는 행위의 뜨거움이 지속적으로 "사람 사이"를 관류하는 세상이다. 인간의 세상에서 이만큼 뜨거운 관계가 가능할 수 있겠는가. 뜨거운 관계는 상대에게 "퇴짜"(「퇴짜」)를 맞는다고 해서 사라지는 관계가

아니다. 세상에 사람들이 남아 있는 한 '부른다'는 말도 남아 있을 것이고, 부른다는 말이 남아 있는 한 '불 넣어라'라는 말 역시 세상에 남게 될 것이다. '부른다'는 말 속에 담겨 있는 힘은 이처럼 그 말에 새겨진 '생명력'에서 나온다. 부르고 부르다 보면 언젠가 사람들이 그 부름에 응답하지 않겠는가. 부르고 부르다 보면 퇴짜 놓은 산도 언젠가 시인을 자신의 품으로 맞아들이지 않겠는가.

세상을 묵묵하게 사는 삶들은 이렇게 부르는 행위의 뜨거움 속을 살아가고 있다. 「새는 날고」에 등장하는 "김 매던 진영 엄마"가 그렇고, "급한 김에 까투리처럼 웅크리고" 밭둑 뒤에서 오줌 누는 진영 엄마를 "우렁이 노리는 두루미 모가지"로 훔쳐보는 칠십 넘은 김씨가 그렇다. "언감생심 칠십 넘은 노인네는 / 여인네 그림자만 밟아도 죄인이라고 소리 지르는" 것이 진영 엄마의 생리라면, 칠십이 넘어서도 오줌 누는 여인네를 훔쳐보는 것은 김씨의 생리이다. 인간의 생리에 대한 이러한 감각이 "두루미와 까투리가 밭둑 논둑을 / 오가며 으르렁거리는 사이 / 콩꼬투리 터지고 볏논에 참새 꼬인다"는 긍정(서정)의 세계를 잉태한다. 한바탕의 웃음으로 그려지는 긍정(서정)의 세계는 한미 에프티에이(FTA)가 "프리테러어그리먼트"(「구역질나는 나날」, <시작> 2006년 여름호)로 변주되어 구역질을 일으키는 세상과 변함없이 맞서고 있다. 서정을 거부하는 세상에서 서정으로 일구는 긍정의 세계가 시인 이진수가 꿈꾸는 세상의 모습이다. 그것은 가능할 수 있을까? "내일을, 앞당겨 살고 있"는 시인에게 그 세상은 이미 '잠재화'되어 있다. 세상에 대한 부정과 인간에 대한 긍정 '사이'에서 이진수 시에 잠재된 서정의 세계는 서서히 그 '똥꽃'을 피우고 있는 중이다.

제3부

지역, 삶, 소설

지역의 힘, 지역의 문학

―『작가마당』에 수록된 소설을 중심으로

1. 시작하며

1999년 봄 창간호를 시작으로 2007년 제 10호에 이르기까지 대전 충남작가회의의 기관지 『작가마당』은 대전과 충남 지역을 중심으로 작품 활동을 하고 있는 지역 문인들의 문학적 욕구를 꾸준히 담아내는 공간으로 기여해왔다. 특히 2007년 들어 연간지에서 반년간지로 체제가 바뀌면서 『작가마당』의 위상은 더욱 높아진 셈이다. 그런데 여기서, 생각해볼 것들은 과연 지역문학의 본질이 무엇인가 하는 점이다. 사실 모든 문학은 지역적이지 않는가. 다만 문학장에 개입한 권력 구조가 서울을 중심으로 한 중앙과 지방(지역)의 이분법적 구도를 만들어낸 것에 불과하지만, 오늘날 문학장의 권력은 지나치게 서울을 중심으로 한 중앙에 치중하고 있다는 사실이 아직까지도 누구나 인정할 수밖에 없는 명백한 현실이기도 하다. 그래서 지역 문학이라 할 때 우리는 특정 지역이 갖는 문학적 독특성을 떠올리는 것이 아니라

보편성으로 상징되는 서울, 곧 중앙에서 저만치 밀려나 있는 변두리 지방의 문학을 떠올리게도 된다.

그러나 분명한 사실은 지역문학은 지방문학이 아니라는 점이다. 지역문학을 "모든 삶의 터전을 지역이라는 관점에서 바라보고 그것이 작품 속에서 형상화 된 것"[1]으로 이해한다면 각각의 지역문학은 지역이라는 공간을 담보하고서 가능한 개념이 된다. 그래서 단순히 작가의 출신 지역이나 생활 반경 등 물리적으로 추정가능한 지역주의를 넘어서서 실질적으로 경험가능한 삶터를 인식의 중심에 세우려는 수평적 틀인 지역구심주의(local centripetalism)적 사유가 필요한 것이다.[2] 이러한 맥락에서 모든 문학은 지역문학이어야 할 것이다. 따라서 중심과 주변, 우등과 열등의 이분법적 구도를 해체하고 모든 문학이 각각의 지역을 기반으로 형상화될 때 지방문학이 아닌 진정한 지역문학이 자리할 수 있을 것이다.

그러면 논의의 범위를 좀더 좁혀보기로 하자. 대전지역의 소설과 에꼴의 가능성을 탐색해보는 이 글의 목적은 대전, 더 나아가 충남지역을 포함한 대전충남작가회의의 기관지 『작가마당』에 실린 소설들이 지역문학으로서 어떤 특성을 지니고 있는지를 살펴보는 데 있다. 2000년 겨울호 특집으로 기획된 신인작품을 포함한다면 1999년 창간호에서 2003년 6호까지 『작가마당』에 발표된 소설 작품은 모두 16편이다. 1999년 봄 창간호에 실린 서순희의 「바다에 뜬 얼굴」, 조재도의 「돼지꼬리」, 김종광의 「전당포를 찾아서」와 1999년 겨울

---

1) 김승환, 「민족문학과 지역문학」, 『작가들』, 소명출판, 2001년 겨울호, 115쪽.
2) 박태일, 「지역시의 발견과 연구」, 『한국시학연구』 제6호, 한국시학회, 2002, 89쪽 참조.

제2호에 실린 채진홍의 「인도에서 온 여자」, 한윤희의 「멀미」, 김종
광의 「전설, 기우」, 그리고 2000년 겨울 제3호에 발표된 채진홍의
「황토 저고리」, 오내영의 「청라 언덕 우에 꽃 필 적에」, 신인작품으
로 수록된 유은선의 「여관에서 TV를 본다」와 박성실의 「존마이 김
경일 傳」, 심정리의 「첫서리」, 2002년 가을 제5호에 수록된 강병철
의 「아버지의 꽁치」, 김종광의 「웃음과 고생」, 2003년 제6호에 발
표된 서순회의 「미인공예」와 심정리의 「불감증」, 이전오의 「고독한
사냥꾼」. 이렇게 16편의 소설이 『작가마당』에 발표된 바 있다.
2004년 제7호에는 노창환의 「좁고 어두운 골목」, 유달상의 「다이아
몬드 성」이 게재되었고, 2005년 제8호에는 김탁환의 「어떤 만찬」,
김동민의 「궁상각치우」, 김상배의 「올무」가 발표되었다. 그리고
2006년 제9호에는 조동길의 「고마나루 別詞」, 2007년 상반기 제10
호에는 김종광의 「옷은 어디에」가 수록되었다. 이 글은 이 작품들이
과연 지역문학으로서 어떤 특성을 담지하고 있고 그 특징이 문학적
에꼴을 형성할 수 있는 가능성이 있는가를 생각해 보기 위한 1차
작업으로 1999년 창간호부터 2003년 제6호까지 발표된 16편의 소설
로 논의의 범위를 한정하고자 한다.[3)]

2. 서사 전략으로서의 충청도 사투리

창간호부터 제6호까지 『작가마당』에 발표된 소설 작품들의 특징은
소박한 민중성의 발견에 있다. 서민들의 일상에 밀착하여 그들의 숨소
리를 있는 그대로 담아내려는 거친 숨소리의 흔적이 소설 작품들에

---

3) 2004년 제7호 이후부터 발표된 소설들에 대한 분석은 다음 기회로 미루고자 한다.

남아있다. 그래서 『작가마당』에 수록된 소설들은 다소 투박하지만 그와 동시에 가장 리얼하다. 서해안 바닷가에서 억척스럽게 일하는 여인네들과 술냄새 풍기며 힘겨운 일상을 버티고 있는 아버지와 남편들의 모습이 그 자리에 있다. 그들의 손가락은 하얗지도 매끄럽지도 못하지만 손 뻗어 우리가 함께 맞잡아야 할 살아있는 존재들의 흙냄새, 갯비린내 나는 손이다. 『작가마당』의 소설들은 이렇게 일상적 삶 속에 기꺼이 존재하고 있는 민중들의 삶에 초점을 맞추어 소박한 민중들의 그 냄새들을 담고 있다. 그 냄새는 충청도 사투리의 가락을 타고 퍼지기도 하고 여성들의 고통스런 삶의 일상과 더불어 피어오르기도 한다.

좀더 구체적으로 그 냄새들을 추적해보자. 우선 소박한 민중성이 드러나는 구체적 방식으로 지적할 수 있는 첫 번째 특징은 충청도 사투리의 적절한 사용이다. 대전과 충남 지역의 문학적 특색이 가장 강하게 드러나는 부분은 구수한 충청도 사투리의 구사에 있다. 사투리야말로 잠재된 지역성이 공식적으로 발현되는 최상의 수단이 되기도 하지만 작품에 표현된 충청도 사투리는 단순히 작가의 고향이 충청도임을 말해주거나 작중인물의 교향이 어디인가를 가늠하는 차원에서 이루어지고 있지는 않다. 대표적인 서사 장르로서의 소설에 사용되고 있는 충청도 사투리는 하나의 서사 전략으로 기능하고 있는데 작가에 따라 사투리 구사가 얻고 있는 효과는 서로 다르다.

느릿느릿 이어지는 어눌한 충청도 사투리는 때론 의뭉스럽기도 하지만 때로는 세상물정과 담쌓고 있는 순박한 내면을 드러내기도 하고 경우에 따라서는 고집스러운 자기 세계를 엿보게 하는 등 다양한 측면을 내포하고 있다. 맛깔난 충청도 사투리의 구사는 특히 강병철이나 김종광, 채진홍의 소설 등에서 그 구수한 향과 여운을 남기고 있는데, 우선적으로 살펴 볼 강병철의 소설 「아버지의 꽁치」에서 충청도 사투리는 투박한 아버지의 성격을 고스란히 구성해내고 있다.

외상값 대신 받아온 꽁치 상자 때문에 아버지에 얻어맞은 "참외꼭지만큼 부푼 젖망울이 시도 때도 없이 아픈" 사춘기 소녀의 기억 속에서, 술 냄새 풍기던 아버지는 "가난한 대가족"의 보잘것없는 밥상을 책임지려다 모진 세상에 적응하지 못하고 소주 대신 잘못 마신 농약을 빨갛게 토하며 슬픈 기억을 맺고 있다. 이렇게 어이없는, 황당하기도 하고 처연하기도 한 아쉬운 삶을 살다간 만물잡화상으로 집안의 경제를 책임지던 "수전노 키 작은 근수 씨"가 내뱉는 충청도 사투리는 앞 뒤 맥락을 잘라버리고 꼭 필요한 가운데 토막만을 불쑥불쑥 내놓으며 세련된 화법과는 거리가 먼 아버지의 성격과 가난한 시골생활을 재현하는데 기여하고 있다. 구렁이 담 넘어가듯 슬쩍슬쩍 잘도 넘어가는 부드러우면서도 된장냄새 구수한 서술자의 문장과 구별되는 아버지의 투박한 충청도 사투리는 무뚝뚝하면서도 한편으로는 여린 아버지의 심성을 효과적으로 표현하고 있다. 유장한 가락을 타듯 솜씨있게 이어지는 서술자의 문장 속에 토막토막 잘려 나오는 아버지의 투박한 사투리는 성격이 극명하게 대조되는 어머니의 사투리와 맞부딪치면서 사춘기 딸의 기억 속에서 술술 풀려나와 독자들의 귀에 흘려든다. "기둥 뿌리 뽑혀두 나 몰러라 헐껴?", "깅가?", "갱굴창이었으먼 끝났넌디." 아버지는 이렇게 내면에 가득한 열정을 숨기느라 짧게, 더 짧게 말을 아껴가며 그토록 투박한 사투리를 던져 놓았던 것인지도 모른다.

두 번째로 살펴 볼 작가 채진홍은 『작가마당』에 두 편의 소설을 발표한 바 있다. 1999년 겨울 제 2호에 수록된 「인도에서 온 여자」

에서 충청도 사투리는 암자에서 기거하고 있는 방처사만 구사하고, 언어학 박사인 "못생긴" 그 '여자'와 시인인 '나'는 방처사와는 사뭇 대조적으로 표준어를 사용하고 있다. 이 소설에서 방처사의 구수한 사투리는 우수를 담고 암자를 찾은 '여자'와 "그냥 지나칠 일도 자꾸 이것저것 보태서 생각하는 좋지 않은 버릇이 있는" '나' 사이에서 자연스러운 분위기를 만들어줄 뿐만 아니라 '나'가 '여자'를 관찰하고 또 '여자'가 자신의 내면을 드러내는 기회를 만드는데 기여하고 있다. 이에 비해 아들이 어머니에게 가지고 있는 애증의 양가감정을 어머니가 입고 있던 낡은 황토 저고리의 옷고름에 떨어진 코피를 통해 나타내고 있는 「황토 저고리」(2000년 겨울 제3호)는 삶의 터전이 되는 시골의 현장감을 작중인물들이 뱉어내고 있는 사투리로써 생생하게 전달하고 있다. 채진홍의 작품에서 사용되고 있는 사투리는 서사가 이루어지는 구체적인 배경을 담고 있을 뿐만 아니라 서사가 진행될 수 있는 맥락을 제공하고 구체적인 현실의 감각을 묻어나게 한다.

다음으로 생각해 볼 작가는 『작가마당』에 3편의 소설을 발표한 김종광이다. 활발한 작품 활동을 통해 많은 독자를 확보하고 있는 젊은 작가 김종광을 지역문인으로 생각하는 사람을 별로 없을 것이다. 그에게는 이미 중앙과 지역의 구분이 의미없어 보이기도 한다. 이는 김종광이 지역적 특성을 잘 드러내고 있는 작가가 아니라는 뜻이 아니라 그의 작품 세계가 충청도라는 지역을 중심에 두되 특정 지역에 고립되지 않고 있다는 의미에서 그러하다. 이러한 김종광 문학의 특성을 '충청도적 의식의 확산'이라고도 부를 수 있을텐데, 충청도 사투리가 넘쳐나는 그의 작품에서 충청도는 특정 지역을 가리키는 지역적 의미로만 한정되지 않고, 서울로 흘러가고 자본주의적 현실이 경계없이 흘러넘치는 대한민국 전체로 넘실넘실 확산된다.

　"학교 발전 기금으로 적립된 삼십억원 중 십억 원을 탁월한 수작으로 빼돌려 저와 제 가족만 잘먹고 잘사는 데 할애하셨다는 혐의"를 받고 있는 이사장의 비리를 규탄하기 위해 서울로 올라간 순진한 박무현을 중심으로 서사가 진행되고 있는 「전당포를 찾아서」(1999년 봄 창간호)가 하나의 예가 될 수 있을 것이다. 시위기 끝난 후 차비도 없고 서울 지리도 잘 몰라 집으로 돌아가지 못하는 순박한 대학 신입생 박무현이 차비를 얻으러 파출소로 찾아가 눈물을 훔치며 늘어놓는 충청도 사투리는 단연 압권이다.

　　"저는유 한민대학교 혼주캠퍼스 사학과 일학년 박무현이라고 하는듀, 제가 오늘 서울로 데모허러 왔다가 잽혔거든유. 이사장이 비리가 많아가지구유, 항의 방문 데모였슈. 그런디 우덜을 버스에 태워가지고 돌아다니다가 암디다 뿌리고 가더라구요. 제가 뭘 알아유. 서울에 온게 두 번짼가, 세 번짼디 뭘 알아유. 돈은 하나두 읎지. 잡어갔으면 책임을 져야 될 거 아녀유. 책임지세유."

　"스무 살쯤 되었을까 앳된 얼굴"에 "키가 작고 옷은 싸구려티가 덕지덕지"한 박무현이 사용하고 있는 "충청도 쪽 억양이 다량 묻어 있는 어눌한 말씨"가 그대로 드러난 「전당포를 찾아서」의 한 부분이다. 데모를 하러 온 이유를 묻는 학보사 기자의 인터뷰에도 이유를 대지 못하고 우물쭈물 얼버무리는 박무현의 입에서 나오는 충청도 사투리는 소박하다기보다는 뭔가 덜떨어진 듯 부족해보이고, 느린데다가 세상물정에 어두운 어리숙한 청년의 이미지를 그려내고 있다. 그런데 다른 한편으로 박무현의 사투리는 떼를 부리는 아이처럼 설득당하지 못할 당당한 고집이 묻어난다. 자신의 생각과 감정을 표현하는데 익숙하지 못한 박무현이 쏟아내고 있는 속터질 듯 나몰라라 이어지는 충청도 사투리는 이유여하를 불문하고 무조건 책임지라고 떠넘기는 고집스러움이 매력이다.

그러나 위에서 제시한 이 장면이 압권인 이유는 현실을 날카롭게, 그리고 직설적으로 비판하고 있는 작가의 시선을 해학적으로 바꾸어버리는 묘미가 있기 때문이다. 다른 인물들의 서사에서 반복적으로 재현되고 있는 어눌하고 어정쩡할 정도로 느리고 답답해 보이기까지 하는 박무현의 충청도 사투리는 이 부분에서 한꺼번에 터져나오며 독자들의 웃음을 유발하고 있다. 작가 김종광이 욕설과 직설적인 표현으로 마주하고 있는 비극적 현실이 해학적으로 변주되는 부분이 바로 이 장면이다. 그가 「웃음과 고생」(2002년 가을 제5호)에서 말하고 있는 분노의 역설적인 표출인 웃음과 타락한 자본주의 삶의 소비의 역설인 고생이 설득력을 갖는 것도 이와 같은 맥락에서이다. 눈물을 훔치며 책임지라고 말하는 박무현의 사투리는 비극적인 상황을 해학적으로 변주하면서 조각조각 나뉘어져 서술되고 있는 「전당포를 찾아서」의 전체 서사구조를 유기적으로 만들어낸다. 김종광 소설의 현실은 철저하게 정치적이지만 모순투성이의 현실을 사투리를 이용한 웃음의 차원으로 승화시키면서 김종광은 새로운 차원의 문학적 접근을 시도하고 있는 셈이다.

3. 몸으로 다가오는 징후, 여성적 인식의 현실성

『작가마당』 소설들의 특징으로 생각해 볼 수 있는 두 번째는 여성

작가들의 소설들이 보주고 있는 여성적 인식의 차별성이다. 『작가마당』에 소설 작품을 발표한 여성 작가로는 서순희, 한윤희, 오내영, 유은선, 심정리 등이 있는데, 이들 여성 작가들이 보여주는 특성을 지역문학과 관련지어 살펴볼 필요가 있다. 여성적 시각이 지역적 특성을 어떻게 드러내고 있는가는 곧 『작가마당』의 여성적인 관점이 지역문학과 만나고 있는 접점을 확인하는 작업이기도 하다.

충남 보령이 고향인 서순희의 「바다에 뜬 얼굴」(1999년 봄 창간호)과 「미인공예」(2003년 제6호)는 서해안 바닷가, 대천을 배경으로 하고 있다. 그리고 오내영의 「청라 언덕 우에 꽃 필 적에」(2000년 제3호)의 "사과를 씹는 여자"가 사랑했던 애인과의 추억을 기억하기 위해 다시 찾아간 곳도 대천이다. 이들 소설에 나타난 대천은 지금은 보령으로 지명이 바뀌었지만 대천 해수욕장은 많은 연인들과 가족단위 피서객들이 즐겨 찾는 서해안의 대표적인 명소가 된지 이미 오래되었다. 그래서 「미인공예」의 주인공 '아름'이 "대천항은 객선 터미널이 새로 증축되면서 공사장에서 일하는 인부들과 선원들과 부둣가의 노점상들로 발 디딜 틈이 없다."고 말하면서 변해버린 고향을 아쉬워하는 것도 당연한 일이다.

> 대천은, 인구가 십만 명 남짓한 조그만 도시다. 내가 태어날 무렵만 해도 반농 반어에 폐허가 비슷한 상가들과 대포집 뿐 병원도 중국집도 드문드문 있는 읍 소재지였다. 차츰 조개껍질로 된 모래사장이 유명해지면서 바닷가에 있는 솔밭들이 야금야금 파헤쳐져 횟집, 나이트클럽, 맥주홀, 다방, 노래방이 지천으로 생겼다. 지금은, 도로가 넓혀지고 모텔, 수산물센터 등 굵직굵직한 건물들이 들어서서 낯선 도시를 보는 것 같다.(「미인공예」)

세 편의 소설에서 배경이 되고 있는 대천은 단순한 배경적 차원에서 선택된 공간이 아니다. 조그만 도시에 지나지 않았던 대천이 「미인공예」의 '나'에게는 "해마다 기말 시험을 끝내고 긴 겨울 방학동안" "그 대천항 골목 안에 다닥다닥 붙은 허름한 횟집에서 아르바이트를" 하던 삶의 터전이었고, 「바다에 뜬 얼굴」에서는 아버지가 실직한 이후 새로운 일자리를 구할 때까지 어머니와 함께 어린 윤희가 머물러야 했던 할머니의 댁이 있는 아버지의 고향이다. 그러나 대천이 변해가면서 "굵직굵직한 건물들이 들어서"는 것과 동시에 고향이 갖는 모성적 생명력은 당연한 결과로, 그리고 익히 알고 있는 것과 같이 훼손되고 만다.

"이곳은 그나마 조개가 있어서 젓갈이라도 담가서 팔 수 있으니까 정말 다행이에요. 기업인들이 그 넓은 바다를 메워서 농토나 공장 부지를 만드느라고 파괴시킨 뻘뻘이 얼마나 많은데요. 그걸로 피해를 본 어민들이 수도 없이 많고요. 바다야말로 엄청난 노다지 밭인데 말이에요."
"그러게나 말이다. 그전에는 우리 집 앞이 모래밭에두 호미루 몇 번만 긁으면 조개가 한 줌씩 나왔는디 지금은 멀리까지 나가야 쬐끔씩 잡을 수 있잖네? 갈수록 씨가 마를 텐디 이일두 월마 남지 않었어."
"주위에 발전소가 생기고 다른 산업 시설들이 늘었는데 개펄이 오염되어서 무엇인들 제대로 살 수나 있겠어요?"(서순희, 「바다에 뜬 얼굴」)

할머니와 어머니가 걱정하고 있는 바다의 오염은 비단 대천에만 한정되어서 말할 수 있는 것은 아니다. 일반적으로 오염된 자연이 곧 고향의 상실을 의미하는 것은 상식이라고 할 수 있다. 하지만 이들 소설에서 드러나는 대천은 삶의 아픔이 베어있는 구체적 삶의 현장으로 기능한다. 대천은 헤어진 애인과의 아픔이 있는 부재와 상실의 공간이며(오내영, 「청라 언덕 우에 꽃 필 적에」) "회사원이었던 아버지"가 "아이엠에프 위기 이후에 실직을" 하고 "새로운 일자리를 구해서 엄마와 나를 데리고 갈 때까지" 아버지의 부재 속에서 실직의 어려움을 견뎌내야 했던 아픔의 공간이며(「바다에 뜬 얼굴」), 어렵게 4년제 대학을 나와도 쉽게 취직을 하지 못하고 힘든 육체노동으로 현실을 버텨야하는 고통과 좌절의 공간이기도 하다.(「미인공예」)

이토록 구체적인 리얼한 삶의 현장으로서 대천은 텍스트에서 유의미한 지역으로 제시된다. 그래서 발가락이 6개인 막내고모는 "갯비린내를 맡으면 멀미하는 것처럼 속이 울렁거리고 머리가 떵하다고 했"던 것이다. 윤희의 막내고모가 "속이 울렁거리고 머리가 떵"했던 것은 "아마 갯비린내 나는 이곳에서 사는 것이 싫고 갯가 사람임을 스스로 부정하고 싶어서 그러는지도 모른다."

이렇게 참을 수 없는 현실과 마주한 여성인물들은 막내고모와 같이 "멀미하는 것처럼 속이 울렁거리"거나 가정주부 '나'처럼 "속이 뒤틀리는 욕지기"(심정리, 「불감증」)에 고통스러워한다. 「멀미」의 인영 역시 입 안 가득 넘쳐오는 멀미 때문에 괴로워하는 한 아이의 어미인 여성인물이다.

화보로 눈길을 돌린다. 이미 소문으로 들었던 목잘린 사람과 상체가 없어져 버린 여자가, 아이가 낱낱이 분해해 놓은 장난감 인형처럼 무심히 버려져 있다. 어떤 이는 팔이 잘려서 어떤 이는 두 눈동자가 무엇엔가 찔려서…… 욱, 우우욱. 몸을 일으켜 입술을 잇새에 문다. 아이는 갑자가 몸을 일으키자 놀라서 꿈틀거리더니 곧 잠잠해진다. 마침내 입 안 가득히 토사물을 물고 어쩔 줄을 모른다.(한윤희, 「멀미」)

예문에서처럼 인영이 참지 못하고 멀미를 하는 것은 고스란히 기억에 남아있는 광주의 고통과 그 고통을 잊고 사는 광주의 현실 사이의 이질감 때문이다. 좀더 정확히 말하면 심정리가 「불감증」에서 말하고 있는 "있고 없음의 차이와 맞먹는" "사고와 존재의 차이"에 다름 아니다.

아이를 업고서 길을 건넌다. 돌멩이와 블록이 부서져 뒹굴고 있는 찻길을 뛴다. 아무도 길을 건너는 사람이 없는 찻길을 가로질러 뛰면서 인영은 긴장한다. 그날, 시위대와 전투경찰들을 피해 달아나던 한 아이 업은 여인이 총에 맞았다는 얘기를 들었었다. ① (한윤희, 「멀미」)

아이는 옥상 난간을 붙들고 아래를 내려다보다가 시위대의 손짓을 그대로 흉내 낸다. 주먹을 쥐고 좌우로 흔들어 대면서 알아들을 수 없는 자기만의 소리를 내고 있다. 인영은 아이의 모습을 보고 강한 전기에 감전이라도 된 듯 잠시 아연해진다. 이십여 년이란 세월을 넘어서 성숙한 딸아이의 미래를 미리 보아버린 것만 같아 몸서리친다. 아이를 안는다. ② (한윤희, 「멀미」)

이십여 년 전 광주의 끔찍한 고통이 아이를 업고 있는 인영으로 이어지고(①) 다시 그 고통이 딸아이의 미래로까지 이어질 것이 두려운(②) 인영은 아버지 세대와 자신이 기억하고 있는 광주의 고통이 그대로 다음 세대인 인영의 딸에게로 이어질 것 같은 불안에 시달린다. 이때 멀미는 인영이 역사의 고통을 온 몸으로 겪고 있다는 것을 말해주는 하나의 징후이다. 몸으로 다가오는 징후.

가사 노동과 폭력적인 남편에게서 존재감을 상실한 채 의미없는 일상을 되풀이하고 있는 「불감증」의 '나'와 여자라고 깔보는 인테리어 시공업자와 이 세상의 모든 여성들을 "섹스가 가능한 여자"와 그렇지 않은 여자의 두 부류로만 파악하고 실직을 위협하고 있는 마을금고 이사장에게서 절박한 생존을 위협받고 있는 K와 J. 아가씨인지 총각인지 헷갈리는 우람한 몸매를 지니고 힘든 육체노동으로 돈을 버는 「미인공예」의 대학졸업생. 체제를 사랑한 남편으로 상처받아 몸의 균형감각을 상실해버린 「첫서리」의 '숙'. 6개의 발가락으로 갯비린내가 싫어 하루종일 걸레질을 하는 「바다에 뜬 얼굴」의 고모 등 여성인물들은 모두 남성중심적 현실에서 상처받고 있는 부정적 인물들이다. 그들은 견고한 가부장적 현실과 철저한 자본주의의 논리로 무장된 사회에서 "사고와 존재의 차이"를 온몸으로 느낄 수밖에 없다.

여성 인물들이 온몸으로 느끼는 육체적 징후는 견딜 수 없는 현실에 대한 자아각성의 실체인 것이다. 발가락이 6개인 「바다에 뜬 얼굴」의 막내고모가 부정하고 싶은 것은 "갯비린내" 나는 바닷가 대천이 아니라 자신의 삶 자체였던 것처럼, 삶의 만연한 불감증에 빠져 남편의 폭력을 견디는 자기 자신이 혐오스러운 「불감증」의 '나'는 '위도의 공허'로부터 벗어나기 위해 안간힘을 쓴다. 그것은 바로 "나를 찾기 위한 사투였다. 온 몸의 내장이 빠져버린 위도의 조각상을 마주하고 자신의 내장이 빠져나가버릴 것 같은 불안"에 자신을 되찾으려는 사투를 벌인다. 현실과 마주하고 자신을, 자신의 삶을 찾으려는 여성 인물들의 고통은 자기 개인의 삶의 영역을 확보하려는 욕망에 머물지 않고 다른 여성들과의 연대를 이루고 있다는 사실에 주목해야 한다.

「첫서리」의 '나'가 남편이 사랑했던 자신의 친동생을 사랑으로 감싸안을 수 있었던 것도 온몸으로 느껴지는 갈비뼈의 고통 때문이었다. "옆구리가 떨어져 나가는" 것 같은 고통을 준 것이 "두 번째 갈비뼈"라는 것을 알게 된 언니 '나'는 "가슴에 박혀있는, 그 두 번째 갈비뼈가 바로" 동생인 신희라는 것을 깨닫게 된다. "감정이 순탄하지 못하고 한쪽으로 쏠려서 평형을 잃었을 때" 느껴지는 극심한 갈비뼈의 고통이 있었기 때문에 동생을 다시 받아들이는 자매애를 발휘할 수 있었던 것이다. 남편과의 이혼이라는 현재의 시련은 동생과 자신이 "아이였을 때의 우리"를 기억하고 있는 버드나무로 감정이입되면서 극복된다. 이처럼 고통과 상처를 사랑으로 감싸안는 방식이야말로 여성성의 가치가 드러나는 하나의 긍정적인 방법이다.

> 진통을 하는 동안 내내 친정어머니를 떠올렸다. 어머니도 날 낳으실 적에 이렇게 아팠겠구나. 배를 움켜쥐고 몸을 뒤틀면서 속으로 수없이 되뇌었던 말이다. 아이가 이제 밖으로 나오려고 머릴 내밀 무렵 이 삼분 간격으로 찾아오던 진통은 어떤 말로도 표현할 수 없을 만큼 지독한 아픔이었다. 생짜로 배를 자르는 듯한 아픔이, 여름철 장마 걷히듯 한순간 자취도 없이 사라져서 한숨을 돌리려고 하면 금세 또 입이 절로 벌어지는 아픔이 찾아들곤 했다. …… 얼마나 더 아파야 아이가 나올까를 걱정하다가 아이를 낳았다. 그날 광주의 어머니들이 겪었을 아픔은 어떤 것인가. 배를 움켜쥐고 진통에 몸부림치면서 낳아놓은 자식이 죽는 걸 보는 부모의 심정을 어떻게 헤아릴 수 있을까.
> (한윤희, 「멀미」)

이 예문에서 젖먹이 아이를 데리고 광주를 찾은 인영은 광주의 아픔을 소중한 생명의 상실을 경험한 광주의 어머니들과 공유한다. 여성성이 우리에게 여전히 희망일 수 있는 것은 모성성이 생명력을 근간으로 하여 사랑의 연대를 형성할 수 있기 때문이 아닐까. 그렇기 때문에 아직도 우리는 사랑을 말할 수 있는 것이리라.

그리고 무엇보다도 이들 여성 작가들의 사랑은 구체적인 현실에서 추동되면서 설득력을 갖는다. 「미인공예」의 엄마는 딸의 코를 높여주면 취직이 잘 될 것이라고 기대를 한다. 외모지상주의의 현실을 꼬집고 있는 이 소설에서 '나'는 친구로부터 소개받은 면허도 없는 무뚝뚝한 남자에게서 그토록 비난하던 성형수술을 시술받는다. 그러나 대천항의 골목골목을 누비며 육체노동을 하는 '나'가 기대했던 아름다운 코는 온데간데 없고 빨간 딸기코의 현실 배반만 기다리고 있다. 6개의 발가락을 감추기 위해 항상 양말을 신고 있던 「바다에 뜬 얼굴」의 막내고모가 그토록 원하는 것도 대학입학이고 지긋지긋한 갯비린내에서 벗어나는 것이지만, 현실은 그렇게 낭만적이지 않다. 막내고모가 시간과 돈만 들여 너무 아까운 대학교육 대신 현실을 살아가는 데 실질적으로 도움이 되는 미용기술을 배우라는 실직한 남편의 아내인 새언니의 충고로 마음을 바꾸는 현실만이 있을 뿐이다.

어쩌면 여성성이 지역성과 만나는 접점은 바로 여기가 아닐까. 억압받고 있는 '여성들의 삶'만이 아니라 지역에서 시작하여 더 나아가 민중으로서의 여성들의 삶에 관심을 가지려 하는 작가들의, 아직은 투박하지만 솔직한 시선에서 더듬거리며 앞을 향해 나아가려는 뜨거운 열정이 느껴진다. 그 열정은 모순으로 가득찬 세상을 휘감아 아이에게 젖을 물리며 광주의 아픔을 기억하는 '인영'처럼 싱싱한 생명의 숨결을 불어넣어줄 수 있을 것이다.

그러나 『작가마당』에 실린 여성 작가들은 "내 앞에 놓인 나의 '생'에 대해서 보다 진지한 검토"를 시작하는 단계에 있는지 모른다. 자신의 생을 돌아보고 검토하느라 그들은 멀미를 하고 있다. 문제는 멀미를 한 다음이다. 여성인물들이 토사물을 어떻게 치울 것인가. 가장 중요한 문제는 바로 다음 단계가 아닌가 한다. 온몸으로 다가오는 징후에 몸을 떨며 모든 감각을 열고 아파하고 있는 여성인물들이 그 고통의 경계를 어떻게 극복하고 넘을 것인가. 지역의 여성문학은 그때 비로소 힘을 얻을 수 있을 것이다. 그렇지만 아직은 그 경계에 서 있다. 감각을 잃고 휘청거리며, 멀미를 느끼고 어쩔 줄 몰라 하면서 말이다.

4. 결론을 대신하여

지역문학이 가능성을 가질 수 있는 것은 구체적인 삶의 터전에서 살아있는 민중들의 삶을 생생하게 담아낼 때가 아닌가 한다. 그런 점에서 『작가마당』의 소설들은 다분히 민중적이다. 이들 소설에서 출렁이는 바다는 결코 환상적이지도 낭만적이지도 않다. 비린내 가득한 갯벌의 힘든 노동만이 남아있고(「바다에 뜬 얼굴」) 여유있게 바다를 즐기러온 외지 사람들과 달리 생계의 현장으로서의 바다가 있을 뿐이다.(「미인공예」) 실직한 아버지는 여전히 일자리를 찾고 있거나 임시직을 연연해야 하고(「바다에 뜬 얼굴」, 「돼지꼬리」, 「고독한 사냥꾼」) 술에 절어 현실의 고통을 잊으려 몸부림친다.(「아버지의 꽁치」, 「존마이 김경일 傳」) 이처럼 구체적인 삶의 터전에서 고통받고 있는 민중들의 삶에 따뜻한 생명의 숨결을 불어넣을 때 지역문학은 그 힘을 발휘할 수 있을 것이다.

비록 2004년부터 최근에 발표된 소설들이 분석 대상에서 제외되었다는 한계를 지니지만, 이 글은 대전·충남 지역문학의 특성을 살펴보려는 1차 작업이라는 데서 그 의의를 찾을 수 있다. 6호까지 개괄적으로 살펴본 『작가마당』의 소설들은 향후의 걸음을 지켜볼 것을 요구한다. 그 걸음은 충청도 사투리로 이어질 수도, 여성적 사랑의 연대로 이루어질 수도 있겠지만 현실 비판에 바탕을 둔 작가들의 걸음은 이 지역의 독자들에게 앞으로의 작업에 대한 기대를 갖게 하고도 남음이 있다. 지역의 한계를 넘어 지역문학이 소수성의 문학으로 나아갈 때 진정한 문학적 에꼴이 형성될 수 있을 것이다. 그렇지만 그 한계를 넘는 것이 비단 작가들만의 몫은 아니다. 스멀스멀 "엉덩이 쪽 꼬리 등뼈가 근지럽"더라고 우리 모두가 함께, 끝까지 그 자리에 버티고 있어야 할 것이다.

『대천동 영번지』의 공간과 작중인물의 상관성 연구

오 연 희

1. 들어가며

작가 서희는 충청남도 보령에서 태어나 현재 그곳에서 창작 활동을 하고 있는 이 지역의 토박이 문인들 중 한 사람이다. 현재의 생활 공간을 한번도 벗어나본 적이 없는 작가의 첫 창작집의 제목 역시 『대천동 영번지』[1]이다. 여기에 실린 총 8편의 작품들에서도 '대천'이 거의 유일한 배경으로 등장한다. 따라서 굳이 "시공간의 압축"[2]이란 개

---

[1] 서희, 『대천동 영번지』, 심지, 2006.

[2] 시공간 압축은 매체와 수송기관의 발달로 시간적으로 멀리 떨어져 있는 시대와 사물, 그리고 공간적으로 멀리 떨어져 있는 장소와 사물이 더 이상 멀리 있지 않고 근접하게 경험되는 현상으로, 데이비드 하비가 처음 언급했지만, 현재는 모더니티의 특질로서 일반적으로 거론되곤 하는 개념이다. 하비는 이 시공간 압축의 경험을 20세기 근대화에 따른 문화변동의 중심축으로 해석하는데, 그에 따르면 시공간 압축 경험은 시공간 감각의 필연적인 재조정을 낳게 되었고, 그에 따라 그때까지의 재현방식이 흔들리면서 재현의 위기가 초래된 것이 모더니즘 문화의 발생배경이라고 설명한다. (데이비드 하비, 『포스트모더니티의 조건』, 구동회 외 역, 한울, 1990 참조)
　　제임스 조이스의 『율리시즈』나 박태원의 「천변풍경」의 주인공은 더블린 시내

넘을 끌어들이지 않더라도 이들 소설에서 '대천'이라는 공간은 그 제한된 공간의 협소성으로 말미암아, 작중인물들로 하여금 무한한 내면적 공간 이동을 가능케 하는 하나의 조건이 된다.

이렇듯 서희의 『대천동 영번지』는 같은 시대 같은 지역에 사는 인간들에 대한 내밀한 탐색이다. '대천'이라는 실제하는 특정 지역 사람들의 삶을 다루고 있다는 점에서, 이 책에 실려 있는 8편의 이야기[3]들은 모두가 일종의 변주곡들로 읽혀질 수도 있다는 말이다. 그리하여 제임스 조이스가 『더블린 사람들』을 썼듯이, 우리는 이제 서희의 첫 창작집 『대천동 영번지』를 통해 번듯한 지역문학 텍스트 한 권을 갖게 되었다고 말할 수도 있을 것이다. 『더블린 사람들』의 진짜 주인공이 더블린이라는 도시 자체일 수 있듯이, 또한 김승옥의 여러 소설들이 '서울'이라는 야비한 동물성의 도시가 없었다면 존재할 수 없었듯이, 서희의 『대천동 영번지』 역시 "대천"이라는 장소성을 빼놓고는 말할 수 없다.

실제로 이 소설집에 실려 있는 8편의 작품 전체를 덮고 있는 대천이라는 공간은 작중인물들의 삶을 무겁게 짓누르는 보이지 않는 억압

와 경성 시내를 두루 거쳐 공간이동하지만, 결국은 자신의 내면 세계에서 한 발자국도 벗어나지 못한다. 이것을 거꾸로 말하면, 더블린 시내나 경성 시내라는 좁은 공간에 한정된 작중인물들의 육체는, 자신의 과거, 현재, 미래를 넘나드는 무한한 자의식의 공간과 그대로 짝을 이루면서 일종의 시공간의 압축이란 경험으로 나타나게 된다. 현대인의 일상에서도 이런 시공간의 압축 현상은 아주 일상적인 것이 되어 버렸다. 가령 좁은 방에 갇혀 인터넷으로 이 공간 저 공간을 끊임없이 탐색해 들어가는 사람의 경우, 그가 몸담고 있는 공간의 협소성과 그가 기웃거리는 가상 공간의 확장성의 대비는 하비가 말한 시공간의 압축이 현대성의 경험 가운데 무엇을 의미하는지를 여실히 말해준다.

3) 서희의 『대천동 영번지』에는 총 8편의 단편이 실려 있는데, 그 제목은 다음과 같다. 「스파클라」, 「바다에 뜬 얼굴」, 「미인공예」, 「애모까페」, 「노랑저고리」, 「꼬막네」, 「창」, 「대천블루스」. 이들 작품들은 모두 충청남도 보령군 대천 해수욕장 주변 도시를 무대로 한다.

의 실체이다. 이 작품집에서 작중인물들은 누구나 할 것 없이 폐쇄된 공간 안에 감금되어 있음으로 해서 그곳으로부터의 벗어남, 즉 또 다른 공간으로의 이동을 갈망하는데, 이는 지금 익숙한 생활공간이 아닌 다른 공간에서는 또 다른 삶이 가능하다고 믿는 데서 연유한다. 작중인물들이 한결같이 벗어나고 싶어하는 현재의 생활공간인 금은방이나 한복집, 카페 등 제한적이고 폐쇄적인 좁은 방들은 소설집 전체의 배경이자 삶의 터전인 대천이라는 거대한 장소로 확장된다. 내친김에 삶 자체가 인간을 가두는 '구멍'이라는 식으로까지 논의를 확대해 본다면, 결국 이 작품집에서 대천이란 공간은 곧 우리가 살고 있는 후근대적 삶의 공간에 다름 아닌 것이 된다. 그렇다면 문학이 삶의 구체성을 문제 삼는 가장 핵심적인 문화 양식이라고 할 때, 특정 지역에서의 삶에 바탕을 둔 이 8편의 작품들은 현대성의 경험을 가장 구체적으로 파악하고자 한 문학적 시도들이라 할 수 있다.

결국 시공이 인간의 경험과 사회적 실천을 조건 짓는 일종의 강제적 형식이라는 점에서, 문학적 공간에 대한 탐구는 곧 한 시대적 인간에 대한 탐구로 귀결되는 것이다. 이에 본고에서는 문학적 공간 분석을 통해 이들 소설들에서 작중인물들이 어떻게 현실에 대응해 나가고 있는가, 또한 소설 속 공간이 인물의 성격과 행위를 어떤 식으로 규정짓고 있는가를 살펴봄으로써 오늘날 현대성의 경험이 서회의 작품들 속에서 어떻게 형상화되고 있는지를 살펴보고자 한다.

2. 좁은 공간과 가족의 붕괴

소설에서 공간은 크게 현실공간과 내면공간으로 분류된다. 다시 현실 공간은 보통 시골/도시, 도시/고향, 혹은 도시/비도시 등 이분법으로 나누어지곤 한다. 그러나 서희의 『대천동 영번지』에서 작품 전체를 덮고 있는 대천이라는 공간은 이런 분류가 무의미하다. 더 이상 시골이냐 도시냐, 타향이냐 고향이냐는 구분 자체가 별의미가 없을 정도로 대천이라는 공간은 이렇다 할 본래적인 장소성이 결여되어 있다.

혼히 말하는 장소성은 지형적인 특성을 말하는 것이 아니다. 일정한 시간이 흘러 기억이 쌓이고 그런 기억들과 관련하여 모두에게 통하는 장소성, 즉 의미있는 특별한 공간이 만들어지는 것이다. 무엇보다 건강한 도시에는 어디에나 그 나름의 장소성이 존재하기 마련이다. 가령, 대전 사람들에게 신탄진은 벚꽃구경과 관련된 추억의 장소이며, 이문세의 「광화문 연가」에 나오는 '덕수궁 돌담길'은 같은 추억을 공유하는 사람들 사이에선 특별한 장소성을 지닌다. 그리하여 각 장소마다 부여되었던 서로 다른 감정적인 가치들에 의해 공간적 구분이 이루어지기도 한다. 가령 성스러운 공간 대 속된 공간이라는 식의 구분이 그것이다. 그러나 『대천동 영번지』에서 금은방, 한복집, 카페, 가난에 찌든 슬레이트 집 등으로 변주되는 폐쇄적인 공간들의 거대한 확장으로서의 대천이란 공간에는 그같은 장소성이 결여되어 있다. 이 소설에서 대천이라는 공간은, 카프카의 「성」이 합리적인 소통 불능의 관료주의 사회를 꼬집고, 카뮈의 「페스트」에서 오랑시가 인간의 온갖 종류의 부조리한 제도나 일을 꼬집기 위한 익명성의 공간이었듯이, 후근대적 주체의 출구없는 실존을 보여주기 위한 익명적 공간이라는 성격을 띠고 있다.

보령시 대천은 인구가 십만 명 남짓한 조그만 도시다. 연지가 태어날 무렵만 해도 반농 반어에 폐허가 비슷한 상가들과 대포집 뿐 병원도 중국집도 드문드문 있는 읍 소재지였다. 차츰 조개껍질로 된 모래사장이 유명해지면서 바닷가에 있는 솔밭들이 야금야금 파헤쳐져 횟집, 나이트클럽, 맥주홀, 다방, 노래방이 지천으로 생겼다. 지금은 도로가 넓혀지고 모텔, 수산물센터 등 굵직굵직한 건물들이 들어서서 낯선 도시를 보는 것 같다. (「미인공예」, 102면)

대천항은 객선 터미널이 새로 증축되면서 공사장에서 일하는 인부들과 선원들과 부둣가의 노점상들로 발 디딜 틈이 없다. 서해안 고속도로가 개통된 후로는 주변에 끝없이 펼쳐진 은빛 바다를 배경으로 광어, 우럭, 도미, 해삼 등 생선회를 먹기 위해 외지 사람들이 줄을 선다.(「미인공예」)

환락가처럼 주점과 까페와 횟집과 가요방이 즐비한 식당 주위는, 사람들이 쏘아 올려 하늘 가득 퍼지는 불꽃과 상점마다 불을 켜든 네온들의 깜박임 때문에 불의 도시 같았다. (「스파클라」)

이들 작품들의 삶의 공간이자 배경인 대천은 작중인물들에게는 언제부턴가 "외지인"들에 의해 점령당해 버린 위험한 "불의 도시"이자 더 이상 친숙하지 않은 "낯선 도시"이다. 이곳은 고향이지만 정을 붙일 수 없는 곳, 삶의 근원적인 상처가 고스란히 남아 있는 곳, 생계를 잇기 위해 고투하고 악다구니 쳐야 할 고달픈 삶의 현장일 뿐이다. 무엇보다도 대천 역시 여느 도시와 마찬가지로 돈이라는 자본주의적 속성이 스며들어와 있는 지방 도시들 중 하나일 뿐이다.

그러면서도 그곳은 서로의 평판에 신경 써야 하고, 다른 사람들의 행실에 대한 입방아들이 난무하는, 그럼으로써 관습적인 규범들이 개인적인 규범을 압도하는 전근대적인 사회의 모습을 고스란히 간직하고 있다. 모든 것들은 친숙함으로 가득차 있고 모두가 익숙한 얼굴들이며, 잠깐만 나서면 "나서 자란 마을이 나타"나는 그런 촌락의 모습을 간직하고 있는 것이다. 이곳은 현대적인 것과 전근대적인 환경이 교묘하게 맞물려 있고, 낯선 것과 낯익은 것이 혼재하며, 현대적인 감수성과 전근대적인 사고방식이 공존한다.

무엇보다도 이 소설들에서의 대천은 그 내부만을 들여다볼 수 있을 뿐인 닫힌 공간이며 늘상 안에서 잠겨져 있는 폐쇄된 공간이다. 작중인물들은 하나같이 현재의 삶의 공간에서 벗어나고자 하지만, 결코 대천이라는 장소 자체를 벗어나려고 하지 않는다는 점에서 이 소설들에서의 대천이란 공간은 밖을 상상할 수 없는 유일한 공간인 셈이다. 따라서 서희의 소설들은 대천이라는 도시 환경 내부로만 소설의 공간이 축소된다. 그러하기에 이 안에 갇힌 사람들의 삶은 그만큼 제한적이고 자폐적일 수밖에 없다.

> 지수는, 천금당 안에 갇혀 있으면 자신이 마치 유리상자 안에 든 마네킹처럼 여겨졌다. 장사가 되고 안 되고 간에 좁은 공간에 갇혀 있다는 사실 하나만으로도 목이 졸린 듯 답답해서 몸을 이리저리 비틀다가 유리문 밖의 거리를 멍하니 바라본다. (「스파클라」)

> 혼수품을 파는 노랑 저고리 가게 안은 온통 이불과 방석카바, 한복감과 미싱실과 수틀과 쪽 가위와 크고 작은 수틀로 작은 봉제 공장 같다…중략…노랑 저고리는 심성을 갉아먹는 몹쓸 곳처럼 여겨졌고 이 일을 오래 하다가는 중금속에 오염되듯 자

신도 모르는 사이에 심신이 망가져 점점 못 쓰게 되는 듯한 두려움을 느꼈다…아~이제 이곳은 정말 싫어.(「노랑저고리」)

「스파클라」에서의 천금당과, 「노랑저고리」에서의 한복집, 「애모카페」의 카페, 「바다에 뜬 얼굴」에서의 "작은 성을 떠올리게"하는 슬레이트 집, 「미인공예」에서 "비좁은 시장 안" 등은 모두 이 소설들에서 대천이라는 장소성의 반복들로서 궁극적으로는 대천동의 닫혀진 현실을 재현한다. 더 이상 "다른 삶"을 상상할 수 없는 후근대적 주체의 현실이 밖을 상상할 수 없는 닫힌 공간으로 구조화되고 있는 것이다.

후근대적 주체란 어떤 존재인가? 자신의 노동력으로부터 분리됨으로써 근대적 주체가 탄생했다면, 오늘날 후근대적 주체란 주체로부터 정서가 분리됨으로써 생겨난다. 가령 백화점의 엘리베이터걸의 공손한 미소가 그녀의 본질이 아니라 자본에 팔리는 소유물로서의 정서이듯이, 정서적 영역조차 소유관계로 전이되면서, 그야말로 자신이 무엇인지를 증명해 보일 아무것도 가지고 있지 않은 가난하기 짝이 없는 주체가 바로 후근대적 주체인 것이다. 이제 자본은 노동 시간을 넘어 삶의 모든 시간을 포섭하며 장악하기에 이른 것이다.

가게를 하면서 손님과 물건을 흥정하거나 부지런히 계산기를 두드리다 보면 말희는 문득 이악한 장사꾼이 되어 가는 자신을 느꼈다. 그럴 때마다 글쓰기의 꿈은 아직도 설레움으로 혹은 안타까움과 버거움으로 강렬하게 다가오곤 했다. 장사꾼으로 이미 사람들에게 찌든 자신이 그런 꿈을 이룬다면 그건 참 기적같은 일이라고 여겨졌다. (「노랑저고리」)

「노랑저고리」의 말희는 생계를 위한 기능인으로서의 삶이 자신의 전부가 되어 버린 현실에 대한 깊은 실의와 회의에 빠져 있다. 자신의 존재 자체가 "이약한 장사꾼이 되어 가"고 있다는 인식은 곧이어 "심성을 갉아먹는 몹쓸" 병이라는 인식으로 이어지고 결국엔 "중금속에 오염되듯 자신도 모르는 사이에 심신이 망가져 점점 못 쓰게 될" 것이라는 두려움으로까지 이어지고 있다.

「스파클라」의 지수 역시 으레 장사꾼다운 "미소와 아부"가 몸에 배어 모든 인간관계에 "장사하려면 발을 넓히기 위해서라도" 만남이 필요하다고 여길 정도로 자신의 정서로부터 소외되어 있는 인물이다. 그런 그녀가 "폐쇄된 공간에 넌덜머리"를 낸다거나 "무인도에 표류한 듯 외로워져서" 발작하듯 술을 들이킨다거나 호스트바에서 만난 석주와 일탈된 성 행위를 한다는 것 등은 어찌보면 도피도 탈주도 불가능한 지금 이곳 사람들의 삶이 얼마나 병적인 것인가를 여실히 드러내 준다.

작품집 전편에 걸쳐 반복해서 나오는 작중인물들의 술마시기, 글쓰기, 가족 이데올로기의 부정으로서의 성적 일탈 행위 등은 더 이상 자신이 누구인지를 증명해 보일 아무것도 가지고 있지 않은 후근대적 주체의 불안한 열정이자 숨겨진 우울의 징후들이다. 「노랑저고리」의 말희가 "일감들이 쌓여있는" 일터의 한 구석에 도스토옙스키, 황순원, 김동리, 단테, 앙드레 지이드 등 다양한 책들을 쌓아놓고 있는 것이나, 「바다에 뜬 얼굴」에서 민지의 막내고모가 문학에 집착하는 것 등은 어찌보면 모든 것이 상품화되어 버린 사회에서 스스로 팔리지 않는 상품으로 맞서고자 하는 이미 상품화된 존재의 대응방식이며, 이는 곧 "절망적으로 자기 자신이고자 하는 자의 상태"[4]에 다름 아니다.

---

4) 가라타니 고진, 『유머로서의 유물론』, 이경훈 역, 문화과학사, 2002, 19면.

요컨대 주제 사라마구의 도시가 실명이라는 전염병을 퍼트려 모든 인간을 전멸시키듯이, 이곳 대천이라는 도시는, 순진한 사람들을 "이약한 장사꾼"이라는 "중금속" 중독자로 몰아간다. 이렇듯 『대천동 영번지』의 대천동은 돈이라는 자본주의적 속성이 전염병처럼 퍼져있는 지방의 한 도시로서 단순한 현실 공간에 그치는 것이 아니라, 그 안에 살고 있는 사람들의 삶을 무겁게 짓누르는 억압의 실체인 것이다. 그러하기에 현실공간으로서의 대천동은 작중인물들의 상처를 치유할 수 있는 고향의 이미지를 가지지 못한다. 작중인물들이 한결같이 대천동에서의 삶을 버거워하며 다른 공간으로의 도피를 꿈꾸는 것은 바로 이 때문이다.

　카프카의 「성」에 나오는 익명의 도시나 사라마구의 실명을 전파시킨 익명의 도시가 그러하듯, 이 소설집에서 대천이란 도시 역시 타락한 시대의 소설적 주인공을 더 이상 잉태할 수 없는 불모의 공간이다. 이들 도시 안에서 작중인물들은 그저 소박한 자기만의 세계에 안주할 뿐인 소시민들이다. 근대적 가족 이데올로기는 바로 이들이 꿈꾸는 평범한 삶이 어떤 것인지를 적나라하게 들춰준다. 하지만 서회 소설의 주인공들은 하나같이 이런 소시민의 꿈을 실현할 수 없는 불구적 인물들이다. 이들은 평범한 삶이라는 이미 절대 권위를 지닌 이 시대의 신화적 삶조차 일궈낼 수 없는 실패한 인물들이다. 남성 인물 시점을 채용한 「대천블루스」를 제외한 전 작품에서 남편들은 죽었든 외출중이든 거의가 부재중이다. 생활전선에 내몰린 여자들은 남편 뒷바라지와 자녀양육이라는 보통 가정의 아내 역할에서 한참 벗어나 "이약한 장사꾼"이 되지 않고는 버텨낼 수 없는 냉혹한 현실에 직면해 있다. 불임이라는 아이 부재의 상황 역시 보통 가정이라는 평범한 삶에 대한 소망을 여지없이 짓밟는 불행이자 장애 요인으로 등장하며(「스파클라」, 「대천블루스」), 육체적인 장애나 불구자의 모습 역시 평범한 삶을 불가능하게 하는 요인들 중 하나이다. 가령 「바다로 뜬 얼굴」의 민지 막내고모는 육손이고, 「노랑저고리」의 말희는 소아마비로 다리를 절고, 「미인공예」의 연지는 비만에 못생긴 일종의 외모 장애를 앓고 있다. 따라서 이런 평범할 수 없는 인물들의 좌절은 근대적 일상을 떠받치는 이데올로기라 할 수 있는 가족의 붕괴를 야기한다. 다시 말해서 '대천동'의 사람들은 이런 저런 이유에서 가족으로부터의 이탈을 도모하거나 모색하고 있는 셈이다. 이렇듯 『대천동 영번지』는 가족 붕괴의 서사로도 읽혀질 수 있다.

3. 내부로의 공간 이동과 자기 세계의 추구

풍경은 단순히 인간의 정신 상태와 심정만이 아니라 풍경을 바라보거나 상상하는 인간의 무의식까지 내포한다. 이런 내면공간은 복잡한 형태의 이미지로 표면화된다. 따라서 이런 내면의 형상화 공간은 작가가 미학적으로 이미지와 메타포를 어떻게 운용하는지를 살펴볼 수 있는 비평의 장이 되기도 한다.

사실 외부 세계와 차단된 닫힌 공간은 그 내부의 존재들을 가두는 부정적인 역할만 하는 것은 아니다. 닫힌 공간은 타인들과의 접촉이 차단됨으로써 자기만의 고독의 공간이 될 수도 있고, 또는 은밀하고 내밀한 은신처의 공간이 될 수도 있다.

『대천동 영번지』의 주인공들은 현실 세계와 구분되는 자기만의 세계를 탐닉하는 인물들이다. 자기 세계란 외부의 폭력으로부터 자신을 보호하려는 일종의 생존 본능에서 비롯된다. 이는 자신의 정체성을 지키기 위한 인간 특유의 방어기제인 것이다. 이들은 사회나 공동체 안에서 자신들의 공간을 찾기 보다는 고립된 자기만의 공간 속으로 침잠해 버림으로써 현실로부터 분리된 자신들만의 견고한 성곽을 쌓고자 한다. 그것은 도시에 퍼진 전염병으로부터 자신을 보호하기 위해 쳐놓은 방어막과도 같은 것이다. 그러하기에 그것은 흡사 전쟁에서 살아남기 위해 방어벽을 구축하는 군인의 생존본능처럼 그들에게는 지극히 절박한 것이다. 「스파클라」의 지수는 "네 평 크기의 네모난 가게 안"을 떠나지 못하고, 또한 다른 사람들을 그들이 입은 옷차림으로 호명할 정도로 속물적인 장사꾼임에도 불구하고, "수틀리면 서로 머리끄덩이를 잡고 싸움박질 하는 그녀들과 함께 어울리는 건 같은 사람으로 취급될까 봐 싫"어하고 "돈에 혈안에 된 장사꾼들"과 자신을 애써 구분짓는 자의식 강한 인물이다. "발작처럼 책장에 감춰"두고 마시는 술은 현실에 동화될 수 없는 그녀의 욕구불만의 표현이다. 「노랑저고리」의 말회가 꿈꾸는 "문학은, 의식적으로 세상의 갈채와 조명을 피해 밀실 속에 철저히 자신을 가둬야" 하는 세상으로부터의 의식적인 단절이자 자기 확인의 몸부림이다. 드디어 생계의 수단이던 한복집 '노랑저고리'를 팔고 나서 말회는 다음과 같이 되뇌인다.

다만, 글을 쓸 수 있다면 이제 어떤 것과도 상관없이 정신적으로 자유로울 수 있을 것만 같았다. 미싱 자수보다도 더 아름답고 꼼꼼하고 환상적인 수를 놓으면서 살아 갈 것을 생각하면 다소 위안이 된다. 누가 알아주지 않더라도 묵묵히 글만 쓰면서 살아가리라 다짐했다.(「노랑저고리」)

그녀가 추구하는 억압된 현실공간과 대비되는 정신의 자유로움이란, 주인공 말희가 그토록 열망하는 문학이 과연 무엇일 수 있는지를 대변해 준다. 이렇듯 「미인공예」의 연지나 「노랑저고리」의 말희, 「창」의 혜수 등 이 소설집의 작중인물들은 거의 예외없이 자기만의 세계에 대한 강한 욕망을 내보인다.

그러나 이들의 자기 세계는 온전한 형태를 취하지 못한다. 이들에 겐 타인과의 관계, 사회와의 관계라는 총체성이 소멸됐으며, 자기 자신의 내면만을 향해 있는 자기들만의 세계가 있을 뿐이다.

자기가 남과 다르다는 것을 보여주기 위해 담을 쌓는 것. 서희의 소설에서 작중인물들이 추구하는 자기 세계는 일종의 배타적인 정신의 귀족주의로서 속물적인 세상으로부터의 자기 방어라는 성격을 강하게 갖는다. 나아가 이들이 대개 후근대 사회의 신화인 평범한 삶으로부터 추방된 불구적 인물들이라는 점에서 이러한 자기 방어는 일종의 자기 존재 증명과도 같은 것이 된다. 「애모카페」의 윤자는 언제나 남의 험담을 입에 달고 다니는 "목소리가 떠들떠들하고 수다스러운" 시어머니 봉례와 자신을 구분짓고, "무엇보다 오랜 세월 그악스럽게 혼자 살아온 봉례의 삶이 고스란히 자신에게까지 이어질 것 같은 불안감을 떨쳐버릴 수 없어" 결국은 그들과 공유하고 있는 공간으로부터 떨어져 나오려 한다. 「바다에 뜬 얼굴」의 막내고모가 자기 어머니의 삶으로부터 벗어나려 하고, 「미인공예」의 연지나 「노랑저고리」의 말희가 결국 현실공간에서 벗어나 새로운 공간으로 이동하려 하는 것은 결국 속물적인 세계로부터 벗어나 자신이 추구하는 자기 세계로 들어가려는 시도이다.

가게를 그만 두게 되면 가난해지는 건 시간 문제였다. 하지만, 이제야 배고프더라도 혼자 조용하게 살겠다는 생각이 명료해진다. 그 결심은 물질 만능주의 사회에서 현실과는 아주 동떨어진 동화적인 꿈에 지나지 않을지도 몰랐다. 세상에 대한 무기도, 뱃심도, 이렇다할 아무런 계획도 없다...하지만 이젠 가게를 붙들고 있다는 것 자체가 삶을 파괴하는 것처럼 여겨진다.(「노랑저고리」)

자기 소외를 통해서만 생존을 영위해 갈 수 있는 현실 공간 안에서 서희 소설의 주인공들은 현실의 강압이 강해지면 강해질수록 더더욱 반복적이고 강박적으로 자기 자신에게 집중하게 되고 그 결과, 그곳에서 자기 자신만의 고유한 삶의 방식을 찾고자 한다. 그런데 그것은 상호교류를 통해 자신의 정체성을 확인해가며 자연스럽게 발생하는 자기 개성의 표출 내지는 타인과는 구별되는 자기만의 창조적인 에너지의 발산이 아니라, 대부분 타인과의 관계를 끊어버리는 행위로 나타난다. 그리하여 단절, 혹은 소외를 자처하는 이들의 내면 공간 안에는, 서로의 세계를 내어주며 화해할 수 있는 가능성은 없어 보인다.

4. 공간의 확장과 새로운 공간에 대한 추구

이렇듯 『대천동 영번지』의 소설적 공간은 닫힌 공간으로 철저하게 안의 세계에만 고정되어 있다. 그런데 이처럼 폐쇄된 공간은 그 안에 있는 사람들로 하여금 그곳으로부터 벗어나고 싶은 충동을 낳는다. 갇힌 공간 속에서 싹트는 또 다른 공간에 대한 갈망은 끊임없이 창밖을 내다보는 태도로 표현된다.

지수는, 천금당 안에 갇혀 있으면 자신이 마치 유리상자 안에
든 마네킹처럼 여겨졌다. 장사가 되고 안 되고 간에 좁은 공간에
갇혀 있다는 사실 하나만으로도 목이 졸린 듯 답답해서 몸을 이리
저리 비틀다가 유리문 밖의 거리를 멍하니 바라본다. (「스파클라」)

이런 또 다른 공간에 대한 갈망은 지금 익숙한 생활공간이 아닌
다른 공간에서는 또다른 삶이 가능하다고 믿기 때문이다. 창밖을 쳐
다보는 행위는 단순한 창밖의 열린 공간에 대한 열망만은 아니다. 그
것은 닫힌 공간에서 끌어내줄 사건, 새로운 삶을 시작하게 해 줄 사
건에 대한 기다림에 다름 아니다. 「스파클라」와 「창」, 「애모까페」에
서의 성적 일탈, 「바다에 뜬 얼굴」과 「노랑저고리」에서의 글쓰기와
문학에 대한 열망, 그리고 「대천블루스」를 비롯한 전체 작품들 모두
에서 나타나는 과도한 음주에의 탐닉은, 바로 닫힌 공간으로부터 벗
어나려는 구체적인 시도이자 행위들이다.

그러나 이들이 꿈꾸는 새로운 삶은 현실 공간 안에서는 결코 가능
하지 않다. 저 너머의 공간은 다다를 수 없는 불가능의 공간으로 남
아있을 때에만 행복의 환상을 가져다 줄 수 있기 때문이다. 그곳이
몸담고 사는 곳이 될 때 필연적으로 환멸, 실망, 권태를 가져올 수밖
에 없다. 실제로 한복집을 팔고 글쓰기라는 새로운 세계로 뛰어든 「
노랑저고리」의 말희의 경우, 글쓰기는 또 하나의 '징역살이'로 표현되
고, 또다시 자신이 떠나온 시장과 속세적인 대천 시내를 바로보는 행
위를 반복한다.

말희는, 이제 갈 곳도 없다. 누구와 약속도 안한다. 괜히 서성
거리다가 컴퓨터에 앉아 팝송을 듣거나 영화를 보다가 싫증나

면 거실로 나가 머그잔에, 커피 두 스푼에 물만 부은, 진한 블
랙커피를 만들어 들고 베란다로 나간다. 대천시내를 바라보았
다…그곳엔 활기 있고 자유스럽고 강렬한 다른 무엇이 있었던
것 같은 회한이 가슴을 적신다…이제 다시는 그런 날이 오지
않을 성 싶자, 노랑 저고리가 견딜 수 없이 그리워진다.(「노랑저
고리」)

대개의 경우 새로운 공간에의 욕망은 글쓰기의 욕망이나 결혼에 대한
욕망과 뒤범벅이 되어 같은 하나의 욕망으로 표현되곤 하는데, 「노랑
저고리」에서 말희는 글쓰기가 새로운 공간이 될 수 없음을 깨닫자 이번
에는 "결혼"에의 희망으로 "전에 없이 눈이 반짝 반짝 빛"나며, 새로운
희망에 부푼다. 예전이나 지금이나 여성에게 결혼은 새로운 공간이동의
가능성으로 여겨져 왔음을 상기해 볼 때, 「노랑저고리」의 말희가 갖는
의식의 미성숙성이 여실히 드러나는 대목이 아닐 수 없다.

또 다른 공간으로 이동하고 싶어하는 욕망은 지금 이곳에서는 허용
되지 않는 또다른 나, 이상적으로 생각하고 있는 나를 살고자 하는
욕망이다. 그러나, 이상적인 나라는 것은 자기가 모델로 삼은 중개자
의 모습이며 그 모델에 가까이 가는 것, 그것과 일치되는 것으로, 이
는 모델을 모방하는 자의 희망이다. 결국 「노랑저고리」의 말희의 이
상적 모델은 그녀가 읽었을 법한 "토스토엡스키, 황순원, 김동리, 단
테, 앙드레 지이드, 헷세, 까뮈, 고골리" 등 소설책에서 찾은 것이었
듯, 「대천동 영번지」의 작중인물들의 욕망은 곧 타인의 욕망을 욕망
한 것에 다름 아니다. 이것이 바로 꿈조차 자기 것이 될 수 없는 후
근대적 주체의 우울한 내면 풍경인 것이다.

이렇듯 「대천동 영번지」의 주민들인 서회 소설의 작중인물들은 끊

임없이 이곳이 아닌 또 다른 공간에 대한 갈망을 갖고 있다. 그러나 그들이 갈망하는 또 다른 곳이란 지리상 너무 멀지도 가깝지도 않은, 애초에 가닿을 수 없는 불가능한 공간이다. 그러기에 그녀들이 실제로 가닿은 이 지상의 또 다른 곳은 다시 이곳이 되어 권태와 실망만을 안겨줄 뿐이다. 애초부터 그녀들은 이 또 다른 공간과 현실의 공간을 수직적인 구조로 상정하고 있다. 그녀들이 추구하는 꿈의 공간이 현실의 공간 위에 위치하며 우월한 공간이라고 생각하는 것이다. 그런 점에서 이들이 갈망하는 공간 이동은 수평적인 것이 아니라, 다분히 수직적이다. 낭만주의는 영원히 한 곳에 안주할 수 없는 끝없는 추구의 정신이라고 할 때 서희의 소설 속 인물들은 21세기의 낭만주의자들이다. 현실에서 느끼는 불만과 우울은 이상 추구의 원동력이 되나, 결국은 새로운 공간의 생성을 이루어 내기에는 턱없이 무기력하다. "이노므 세상 어떻게 돌아갈라나……글게 다 클린턴이 르윈스키 옷에다 콧물 발라논 결과여"(「노랑저고리」)에서처럼 간혹 세상살이를 읽어내는 소설 속 대천동 사람들의 황당할 정도로 순진한 발상이나 무지는 후근대적 주체의 우울한 열정조차도 한낱 웃음거리로 만들어버릴 정도로 엉뚱하고 비현실적이다.

소설에서의 공간은 그 자체보다도 그 안에 속한 사물들, 인물들에 의해 그 특징을 부여받는 공간들이라고 할 때, 이들 작중인물들의 소극적이고 자폐적이며, 낭만주의적인 태도는 고스란히 "대천동"이라는 지역의 지리적 한정 요인으로 작용하게 될 것이다.

5. 공간적 정체성의 모색과 가능성

『대천동 영번지』가 묘사하는 '대천'이란 도시는 앞서 살펴본 것처럼 대천이라는 실제하는 공간의 지역성 및 장소성이 부각되기보다는 후근대적 주체가 겪는 현대성의 경험이 어떻게 개인의 삶을 훼손하고 변질시키는가를 보여주는 익명성에 가까운 공간이다. 어딜가든 그리고 무엇을 하든 그건 다 자본주의 안에서 살아남는 것이며, 어디에도 새로운 세계는 없다는 것을 서희는 "대천동 영번지"라는 불가능한 공간으로 기호화한다.

그러나 이 소설집에서 가장 겉돌고 예외적인 작품인 「꼬막네」는, 다른 일곱 편의 단편들을 토대로 한 이제까지의 독서법을 완전히 원점으로 돌려버리는 서희 소설의 일종의 터닝 포인트가 아닌가 한다. 특히 이 작품은 서희라는 작가의 역량과 가능성을 가장 잘 드러낸 작품이라고 사료된다. 뱃사람인 전 남편과 사별하고 "여느 시골 아낙답지 않게 항상 곱고 우아한" 현재의 시어머니의 중매로 "결벽증"이 심하고 "시어머니와 한판으로 곱상하게 생긴" 현재의 남편과 재혼한 꼬막네는 "병원 문턱에도 가본 적"이 없을뿐더러, 김치 한번 담가 본 적이 없는 그야말로 "어디서 굴러 처먹던 년"으로 호명되는 여자이다.

> 솔직히 말해서 처음 이 집안에 들어오게 되었을 때 꼬막네도 속으로 적잖이 놀랐다. 밖에서 보면 골목 안쪽으로 쑥 들어가 있어서 볼품없는 한옥인 듯 보이지만 그처럼 울안이 정돈되고 살림마다 기름을 바른 듯이 윤이 나는 집도 드물었다.…중략…마흔 살이 넘도록 바닷가에서 갯바람과 더불어 거칠게 살면서 집이고 몸이고 모양 낼 겨를 없이 살아온 그녀로서는 입이 벌어

질 지경이었다. (「꼬막네」)

"이런 깔끔하고 넓은 집에서 살게 된 것만도 복이지" 하면서도 꼬막네는 거칠게 살아온 자신을 은근히 무시하는 남편과 시어머니가 야속하고 불편하다.

> 매번 느끼는 것이지만 한 이불 속에서 살을 섞고 살면서도 남편은 늘 어렵기만 하다. 죽은 전 남편과는 자주 대거리를 해대고 다시는 안 볼 것처럼 눈알이 되집히도록 앙다투어도 자고 나면 언제 그런 일이 있었냐 싶게 가까워지곤 했었다. 그런데 지금은 무엇 때문에 남편 앞이라면 기를 펼 수 없는지 모르겠다. 한 번도 조곤조곤하게 대화한 적도, 크게 웃어본 적도 없다. (「꼬막네」 178)

이렇듯 "촌년 꼴이 콕 백힌" 꼬막네와 "한치의 빈틈도 없이 절제된 집안 분위기"는 꼬막네로 하여금 집이 곧 감옥처럼 갑갑하고 부자유스럽다고 느끼게 한다. 그래서 "차라리 송도에서 막 굴러다니는 돌멩이처럼 혼자 사는 것이 편했을 것을" 하고 후회도 해보지만, "막 살지 않게 스스로 절제하게끔 이만큼 금을 그어준 가정을 그지없이 고마워하는" 마음 또한 한켠에 품고 산다. 이런 꼬막네의 이야기는, 모든 것이 정치로 환원되는 담론의 시대에, 딱이 정치로만 환원시킬 수 없는 미묘한 인간간의 권력의 문제를 너무나 생동감 있게 그려내고 있다는 점에서 작가의 역량을 가늠해 볼 수 있게 한다.

그런데, 평생을 거칠것 없이 살아온 "근본없는" 꼬막네가 근본있는 가정의 한 구성원으로 화합해 가는 과정은, 다른 사람이나 사회와의 관계를 끊고 자기 세계로 고립을 자체해 가는 서희의 다른 작품들 속 인물들의 삶과는 분명 대조된다. 아니 어쩌면, 이 「꼬막네」라는 작품은 우리에게 이제까지 왔던 길을 다시 되짚어 돌아가 보게 하는 터닝포인트와도 같은 작품이 아닐까 한다. 안의 공간은 밖에서 들여다보면 또 다른 밖이 될 수 있다는 삶과 인생 자체가 갖는 근본적인 모호성을 환기시키는 그런 작품 말이다. 그렇다면 우리는 「꼬막네」를 예외적인 작품이라고 말하면 안될 것이다. 오히려 이 「꼬막네」는 『대천동』의 주인공들이 늘상 마음에 담고 있었던 어려운 이웃에 대한 관심을 환기시킨 작품이라고 해야 옳을 것이다.

사실 『대천동 영번지』에 실린 8편의 소설들에는 그 내용과 상관이 있든 없든 소설 전반에 걸쳐 나보다 어려운 이웃을 생각해야 한다는 자책과 타인에 대한 배려가 강박관념처럼 깔려 있다. 주인공들의 상이한 성격에도 불구하고 서희 소설의 주인공들의 보편적인 특징이라고 할 정도로 주인공들의 내면 속에는 부인할 수 없는 이웃에 대한 정과 사랑의 서사가 가로놓여 있는 것이다. 이것은 근본부터 판이한 꼬막네와 그녀의 남편이 서로에 대한 편견과 오해를 넘어 인간으로서 서로를 보듬어가는 과정의 서사가 보여주는 정서의 연장선상에 놓여 있는 것이다.

　　공터에 조립식으로 지은 김치공장 건물 앞에서 서너 명의 여자들이 모여서 커다란 플라스틱 함지박을 죽 늘어놓고 배추를 절이고 있었다. 드럼통에 피워 놓은 장작불 타는 연기가 매캐하게 코끝을 스쳤다. 고무장갑을 끼고 허름한 몸빼와 잠바 차림의 화장기 없는 민낯의 붉으죽죽한 여자들은 하루 벌어 어렵게 살아가는 가난한 여자들이었다. 생계를 떠맡은 현실 때문에 성적인 욕망과 갈망을 까맣게 잊어버리고 있는 그녀들이 평화스러워 보였다. 갑자기 지수는 자신의 짙은 화장과 화려한 옷차림이 부끄러웠다. 아니, 자신의 외출이 한없이 우울해졌다. 그것은 그녀들에 비해 너무나 사치스러운 바람이라고 생각되었다.(「스파클라」, 52)

이렇듯 「스파클라」의 지수를 비롯한 서회 소설의 주인공들은 한결같이 타인을 바라보는 따뜻한 시선의 소유자들이다. 이는 분명 김승옥의 「서울 1964년 겨울」에 나오는 자본주의 대도시의 상호 무관심하고 소외되어 있는 냉소적 인물들의 정서와는 사뭇 다르다.

물론 대천동 주민들의 사랑의 서사는 이제 막 걸음마 단계에 머물러 있을지도 모른다. 그러나 그것은 토박이가 아니고서는 도저히 불가능한 작중인물들의 완벽한 충청도 방언 구사와 더불어 현재로서는 익명성에 가까운 대천이란 지역의 장소적 정체성을 설명해 줄 수 있는 중요한 단서일 수 있다. 결국 아무것도 가진 것이 없기에 그 무엇도 될 수 있는 후근대적 주체의 역설이 「대천동 영번지」의 공간을 독해하는 방식에서도 적용될 수 있다는 말이다. 그 무엇도 될 수 없기에 결국은 자기 본래의 모습으로 돌아올 수밖에 없는 가능성, 어쩌면 대천동의 0번지는 지구상에 존재하지 않는 공간이라기보다는 현재 놓여 있는 공간의 원형과도 같은 공간일지도 모른다. 그렇다면 『대천동 영번지』의 모든 이야기들은 고립과 일탈, 혹은 탈주의 서사라기보다는 주어진 삶을 다시 살아보고자 하는 사람들의 이야기이자 자본화된 도시의 익명성 혹은 동질성으로부터 장소적 정체성을 회복하고자 하는 사람들의 떠남이 아닌, 돌아옴의 이야기로도 읽힐 수 있을 것이다. 집과 고향은 항상 장소귀속성을 지니고 있듯이 말이다.

아이러니와 해학을 가로지르는 소설의 풍경

― 김종광 소설을 중심으로

오 홍 진

1. 숨막히는 일상의 아이러니

　김종광[1]은 숨막히는 도시적 일상의 세계와, 해학적 인물들이 펼쳐내는 농촌적 일상의 세계를 가로지르며 자신만의 독특한 소설 세계를 꾸려가고 있다. 등단작 「경찰서여, 안녕」이 전자의 경향을 아이러니의 기법으로 담아냈다면, 「전당포를 찾아서」나 「모내기 블루스」 등은 후자의 해학적 정황에 초점을 맞추었다. 도시 생활을 경험한 인물들이 신산스런 삶의 아이러니를 다소 과장스러운 몸짓으로 드러낸다면, 작가의 고향(충남 보령) 사람들을 모델로 한 해학적 인물들은 그러한 삶의 아이러니를 넘어서는 웃음의 세계로 독자들을 이끈다. 등장인물들이 살고 있는 장소의 차이는 곧바로 인물들의 삶에 대한 관점의 차

---

1) 이 글에서는 『경찰서여, 안녕』(문학동네, 2000), 『71년생, 다인이』(작가정신, 2002), 『모내기 블루스』(창작과 비평사, 2002) 등 세 권의 작품(집)에 한정하여 김종광 소설에 접근한다. 이 작품(집) 말고도 김종광은 『짬뽕과 소주의 힘』(이가서, 2003), 『야살쟁이록』(우리교육, 2004), 『낙서문학사』(문학과지성사, 2006) 등을 발표했다. 김종광의 전체 소설을 대상으로 한 글은 후일을 기약한다.

이로 이어져, 결코 맞물릴 수 없는 두 개의 세계로 분화된다. 요컨대 김종광 소설에서 도시와 농촌은 한 인물의 내면에서 공존할 수 있는 장소가 아니다. 농촌 출신의 인물들이 도시로 탈출하는 꿈을 끊임없이 꿀수록 농촌과 도시라는 공간은 전혀 반대되는 양상으로 그들에게 다가온다. 도시적 삶의 아이러니와 농촌 사람들의 해학성이 번갈아 드러나는 김종광 소설의 특징은 돌려 말하면, 작가 스스로 도시와 농촌의 경계에서 아슬아슬한 줄타기를 하고 있음을 나타내는 징표로도 해석할 수 있겠다.

　김종광 소설의 이러한 특성은 등단작인 「경찰서여, 안녕」에서부터 이미 나타나고 있다. '경찰서'를 배경으로 "괴도 루팡"과 같은 도둑이 되고 싶어 하는 '열한 살' 소년 '강수'의 경찰서 탈출기를 기록하고 있는 이 소설은, 해학성과 더불어 김종광 소설의 세계관적 바탕을 이루는 '자유를 향한 열망'을 아이러니의 방법으로 표현하고 있다. 경찰서는 강수에게 "감시, 억압, 압박"으로 특징화되는 세계이다. "감나무에 쇠줄로 묶인 검둥이의 신세"라는 강수의 말처럼, 경찰서로 대표되는 세계는 구조에 적응할 수 있는 존재들만 그 세계의 구성원으로 받아들인다. 그를 "착하고 튼튼한 어린이로 바꿔놓고야 말겠다는 유 형사의 각오"가 "엎드려뻗쳐 팔굽혀펴기 오십 개, 뒷짐 지고 쪼그려 뛰기 오십 개, 피티 체조 오십 개, 줄넘기 삼백 개……" 등의 육체적 형벌로 표현되는 세계가, 강수가 생각하고 경험하는 경찰서의 실제적 모습에 해당되는 셈이다. 그리하여 소년 강수는 항상 탈출을 꿈꾼다. 착하고 튼튼한 어린이는 그에게 구속을 상징하는 존재일 뿐이다. 경찰서는 그의 삶을 제도적으로 인정받는 상태로 만들어 놓겠지만, 그 결과로 그는 제도 속의 존재로 영원히 살아가야 한다. 제도 속의 안정과 제도 밖을 향한 끝없는 열정의 경계에서 강수는 열정(자유)의 길을 선택하고 있는 셈이다.

그러므로 강수의 탈주는 기본적으로 "내부에 팽창하는 거대한 힘"을 스스로 표출해내는 것을 의미한다. 그것은 강수의 공부를 가르치는 명오(전경)의 말대로, "길이 보이지 않는 구조에서 탈피"하려는 욕망과 이어지는 바, 그러한 욕망은 「경찰서여, 안녕」에 등장하는 여러 인물들의 내면을 규정하는 핵심적인 욕망이기도 하다. 즉 경찰서의 숨막힐 듯한 일상에 절망하는 명오나, 김치 때문에 '짐승' 같은 기 싸움을 벌이는 성만(전경)과 천안댁(구내식당 주인)의 형상은 '경찰서'라는 구조에 얽매여 살아가는 상징적 주체들의 막막한 현재를 대변한다. 그리하여 삶의 막막함에서 벗어나기 위해 그들은 경찰서 외부의 세계를 동경하지만, 그것은 내면 속의 동경으로만 그칠 따름이다. 강수라는 인물의 긍정성은 이런 맥락에서 찾을 수 있는데, 명오가 보이지 않는 구조의 외부를 상상하기만 할 때, 강수는 그 외부로 과감하게 뛰쳐나간다. 상상만 하는 인물에게는 닫혀 있는 희망의 길은 실천하는 주체에게는 열려 있다. 비록 그 길이 '어둠'에 쌓여 있는 혼돈의 길이고, "아무것도 없을지" 모르는 고난의 길이 될지라도, 그 길은 "묶여 있는" 길이 아니라 "멍멍 짖으면서 들판을 날"뛸 수 있는 자유의 길이라는 점에서, 강수는 미련 없이 경찰서를 탈주하는 '무모한' 행동을 실천하게 되는 것이다.

하지만 강수가 선택한 자유의 길이 과연 그에게 자유로운 삶을 주었을까? 작가는 강수의 입을 빌려 구조의 '틈'에 대해 성찰하기 시작한다. 틈은 탈주할 수 있는 길이면서 동시에 구조를 끊임없이 재구조화하는 이중적인 힘으로 나타난다. 그래서 틈은 항상 열려 있지만 또한 항상 닫혀 있다. 강수가 빠져나온 철조망의 틈 역시 그가 탈주하는 순간 재구조화의 길을 걸을 수밖에 없는 '사이-공간'이라 할 수 있다. 강수와 같은 존재들은 한 사회의 구조가 개인들을 억압하는 순간부터 이미 존재해왔을 것이다. 사회구조의 역사가 그러한 존재들을 억압하는 제도의 역사와 다르지 않다면, "감시, 억압, 압박"이 사라진 세계를 향한 강수의 탈주는 시작부터 한계에 직면하지 않을 수 없다. "손에 땀이 나는 두뇌 싸움"으로 그는 어른들과의 싸움에서 "값진 승리"를 얻을 수도 있겠지만, 그 승리의 대가를 치르기 위해서라도 그는 또 다른 "감시, 억압, 압박"의 구조로 들어가야만 한다. 탈주가 구속으로 이어지는 아이러니의 세계는 실상 이 사회를 살아가는 존재들이라면 감당해야 할 본질적인 문제라 할 것이다.

강수가 처한 아이러니는 당연하게도 작가 김종광의 문학적 딜레마로 나타난다. 농촌 지역 등장인물들의 고달픈 삶을 해학적인 시선으로 그려내는 소설들에서도 작가의 이러한 딜레마는 어김없이 표출된다. 미래가 없는 농촌 지역에서의 삶은 그대로 그 지역 출신 인물들의 미래를 어둡게 만드는 단서가 된다. 나아갈 곳이 없는 상황, 그렇다고 자신이 태어난 농촌에서 꿋꿋하게 살아갈 수도 없는 인물들의 전망 없는 상황이 작가로 하여금 비극적인 세계관에 젖어들게끔 한다. 김종광 소설에 등장하는 농촌 청년들은 헤어날 수 없는 절망에 빠져 있다. 강수에게는 철조망의 틈이라도 있었지만, 농촌 청년들에게는 그 틈도 그나마 보이지 않는다. 김종광은 이러한 청년들의 절망 너머에 아버지(어머니) 세대의 해학을 배치한다. 구조화된 세계를 탈주하는 소설적 힘으로, 아버지 세대의 해학을 제시하고 있는 것이다. 아버지 세대에서나 이루어질 법한 해학으로 풀어헤쳐진 웃음의 장(場)이 과연 절망에 빠진 농촌 청년들의 탈주를 도와주는 힘으로 작용할 수 있을까? 세대를 넘나드는 가족 간의 정이나, 세대를 넘나드는 농촌 사람들의 해학성에 내포된 현실적 맥락은 그러므로 이러한 아버지 세대의 해학에 드리워진 현실성을 파악하는 것과 다르지 않을 것이다.

2. 비극적 세계인식의 소설구조

자유를 찾아 '경찰서'를 나온 '강수들'은 경찰서의 외부에서 무엇을 보았을까? 그들의 소망대로 경찰서의 외부는 과연 자유스러운 세상이었을까? 김종광은 우회하지 않고 직접 말한다. 구조의 틈을 통해 빠져나온 외부의 세계는 새로운 경찰서들로 넘쳐나는 세계였다고. 학교-군대-사회로 연결되는 새로운 '경찰서'들은 폭력이 난무하고(「분필 교향악」, 「서점 네 시」), 죽음이 은폐되며(「전설, 기우」), 삶의 전망이 사라진 세상(「열쇠가 없는 사람들」)을 대변한다. 교사 앞에 떨어진 '분필 토막'이 '폭력'으로 비화되는 상황을 유머러스하게 그린 「분필 교향곡」이 구조의 우연적 폭력에 초점을 맞추고 있다면, 「전설, 기우」는 그러한 폭력의 우연성이 빚어내는 상징적 죽음의 은폐 과정을 세심하게 파헤친다. 직접적인 폭력이든, 간접적인 폭력이든 그러한 폭력을 체험한 주체들은 타인을 믿을 수 없는 존재로 인식하고, 그것은 곧바로 자기에 대한 불신으로 나아간다. 폭력은 폭력의 대상뿐만 아니라 폭력의 주체마저도 '불신'이라는 그물망에 포섭한다. 폭력과 불신의 악순환이 김종광 소설의 비극적 세계인식을 잉태한 근원적인 이유로 제시되고 있는 것이다.

불신이 새로운 불신으로 이어지는 세상에서 그러한 불신의 구조를 풀어내는 '열쇠'는 어디에 있을까? 「열쇠가 없는 사람들」은 '열쇠'라는 사물을 통해 펼쳐지는 사람들의 이중적인 욕망을 아이러니적 상황으로 그려낸다. '열쇠'는 사무실로 들어갈 수 있는 유일한 수단이라는 점에서 열쇠가 없는 등장인물들을 불안에 떨게 한다. 일상을 살아가야 하는 사람들에게 일을 하지 못한다는 것은 곧 돈을 벌 수 없다는 것을 의미하지 않는가. 그래서 열쇠를 가진 사람이 나타나지 않자 '열쇠가 없는 사람들'은 갖은 방법을 동원하여 사무실로 들어가는 문을 열려 한다. 이제 열쇠가 '열쇠가 없는 사람들'의 유일한 희망으로 나타나는 것이다. 하지만 정작 열쇠를 찾는 순간 이들의 희망은 순식간에 식어버리는 역설적인 상황이 발생한다. 열쇠를 찾음으로써 사무실에 들어간 사람들은 그때부터 사회구조에 적응하는 삶을 살아야 하기 때문이다.

이러한 사회구조의 실상은 "스물한 살 계집아이"의 믿음을 저버리는 노동자들의 행태(「배신」)를 통해, 또 '강도질'인줄 번연히 알면서도 단속 '실적'을 위해 '강도질' 같은 검문을 해야 하는 전투경찰의 삶(「검문」)을 통해 계속적으로 반복된다. 개인의 양심은 용납하지 않고, 구조 속의 개인의 역할만을 중시하는 사회에서 자유를 갈망하는 존재들은 결국 자기증오의 세계로 빠져든다. 중요한 것은 이러한 자기증오가 타자에 대한 증오로 이어지고, 그것은 결국 전망 없는 세상을 어쩔 수 없이 수용해야 하는 주체의 상황으로 이어진다는 점이다. 김종광 소설의 문제는 바로 이 지점에서 비롯되거니와, 비극적 세계인식에 짙게 감염된 인물들의 형상은 실상 1970년대 산(産) 젊은 소설가의 비애와 절망을 담고 있다고 보아도 무방할 것이다.

장편소설인 『71년생 다인이』를 지배하는 정조도 이러한 비극적 세계인식에 기반한다. 이 소설은 비극성의 기원을 세대론적 시각에서 접근하고 있는 바, 세대론적 접근이란 1980년대와 1990년대의 경계지대에 서 있는 세대로 볼 수 있는 "71년생 90학번"의 정체성을 찾아가는 작업을 의미한다. "71년생 90학번"의 경계성은 80년대와 90년대의 사회변화와 결부되며, 한편으로 그러한 사회변화의 한 결과로 나타나는 삶의 방식의 변화와도 연관된다. 사회적-개인적으로 드러나는 변화의 두 가지 양상은 "71년생 90학번"의 정체성에 혼란을 일으키는 주된 이유로 작용한다. 여러 명의 서술자를 통해 주인공 '양다인'의 다층적인 모습을 보여주는 이 소설의 서술전략은 "71년생, 90학번"의 정체성 혼란을 드러내는 작가적 전략에 해당될 것이다. 그리하여 80년대를 계승하는 '90학번'은 영웅은 될 수 있되, 모든 사람들을 공감시키는 대중적인 영웅은 될 수 없다. 이러한 점은 주인공 양다인을 묘사하는 작가의 시선에서도 분명하게 표출되는데, 다양한 서술자의 눈으로 분산되어 나타나는 양다인의 형상은 80년대의 '열사'도, 그렇다고 흔히 이야기하는 '90년대적 내면의 소유자'도 아닌, '낀 세대'의 전형적인 특징을 보여주고 있다.

> 나는 집회와 시위에 참여하는 빈도로 볼 때 골수 축에 들 만했다. 조국을 생각하고 민중을 생각해서가 아니라, 다인이와 가까운 데 있고 싶어서, 그렇게나 열심히 참여한 것이었다. 1학기 때 다인이 하는 양을 보고 영웅을 떠올리고는 했다. 그러나 천만의 말씀이었다. 다인이는 우리들의 영웅이 아니었다. 다인이는 우리 동기들 사이에서 가장 외로운 애라는 게 진실에 가까웠다. 나만이라도 다인이의 가까이에 위치하고 싶었던 것이다. (『71년생, 다인이』, 80쪽)

1980년대라면 영웅으로 대접받았을 양다인의 삶을, 90학번 동기들은 정작 이해하지 못한다(아니 이해하지 않는다고 말해야 할 것이다). 양다인을 좋아했던 학과 동기(과 부대표)의 시선으로 그려진 양다인의 모습은 '외로운 애'였다. 다른 동기들은 하지 않는 일을 그녀는 극성맞을 정도로 하고 있기 때문이다. 영웅과 외로운 사람 사이에 걸쳐 있는 양다인의 초상은 경계에 선 세대로서의 71년생, 90학번 세대를 분명하게 보여준다. 영웅은 시대적 상황을 통해 탄생하는 것이지, 영웅이 시대적 상황을 만들어낼 수는 없다. 학생운동이 시들해지는 시대에 학생운동에 뛰어들어 80년대의 선배들 이상으로 '투쟁의 대오'에 선 양다인의 형상은 시대를 잘 못 만난 영웅으로 해석될 수도 있다. 하지만 김종광이 '양다인'을 통해 말하고자 하는 바는 그녀의 '영웅성'이 아니었을 것이다. 학생운동으로 감옥까지 갔다 온 그녀가 대박을 꿈꾸는 평범한 생활인으로 뒤바뀐 사연을 작가는 말하고 싶어 한다. 71년생, 90학번 양다인의 현재는 바로 그 시대를 살아온 사람들의 현재적 모습과 전혀 다르지 않을 것이기 때문이다.

양다인과 같은 고독한 영웅의 이미지는 『71년생 다인이』에만 나타나는 특징은 아니다. 단편 「배신」에 등장하는 "스물한 살 계집아이" 서양숙의 형상 역시 한 시대(집단)의 모순에 눈 뜬 자의 고독함을 표현한다. 그녀는 대의를 위해 노동조합 국장의 조합비 횡령 내막을 조합원(노동자)들에게 폭로하지만, 노동자들은 자신들에게 닥쳐올 불이익 때문에 그녀를 차갑게 배신한다. "국장을 정점으로 한 거대한 힘과 싸"운다는 것은, "그들에게는 모든 것을 건 도박"이라는 것이 배신의 표면적인 이유로 내세워진다. 그리하여 "거대한 힘"과의 싸움은 서양숙 한 개인의 몫으로만 남겨진다. 하지만 집단에서 배제된 그녀가 거대한 조직과 싸울 수 있는 방식은 기껏해야 '퇴직금'을 더 받아내는 차원을 넘어설 수 없다. 노동조합 국장의 비리를 밝힐 증거물("조합비 내역서" 복사본)을 갈가리 찢어버리며 자기증오에 이르는 그녀의 모습은 "거대한 힘"과 외롭게 맞부딪친 영웅이 감당해야 할 초라한 결말을 암시한다. 양다인과 서양숙에 잠재된 영웅성의 면모는 이렇듯 "거대한 힘"이 지배하는 세계에서는 미처 피어날 수 없는 특성이다. 설화적 영웅에 가까운 양다인[2]이라는 인물이 걷는 세속화의 과정은 이렇게 본다면 전환기를 살아가는 영웅적 존재들이 "거대한 힘"에 좌절하는 과정과 다를 수 없을 것이다.

경찰서라는 구조화된 세계에서 뛰쳐나온 '강수들'은 이렇게 경찰서보다 더 거대한 힘과 부딪쳐 그 힘이 지배하는 세계 속으로 스며든다. "먹고 사는 일에 얽매이다 보니까 다 잊어버리게 되더라"라는 양다인의 말대로, 거대한 힘을 수용할 수밖에 없는 상황의 밑바탕에는 생물학적 욕망의 충족이라는 삶의 '절실함'이 가로놓여 있다. "그냥 열심히 먹고 살아"가는 대가로 '신념'을 포기하는 양다인이나, 자기증오에 빠지면서도 '퇴직금'을 포기할 수 없는 서양숙의 형상은 자본주의 사회라는 현실적인 조건을 삶의 터전으로 인정해야 하는 세대들의

---

2) 양다인의 서사는 태어나자마자 친부모가 죽고 양부모 밑에서 자라는 '탄생'의 모티브부터 설화적 영웅의 비극적 이야기를 따르고 있는데, 그것은 중학교 시절의 "시험성적은 늘 최고였고", "성격적 편향(되바라졌다거나 싹수머리가 없다거나)을 찾아보기 어려운" 완벽한 아이의 이미지로 이어진다. 동생(양다석)에게는 "태권 V"로, 대학동기들에게는 "원더우먼"으로 통하는 그녀의 계속되는 영웅 이미지는, 그렇지만 소설 말미에 이르면 구조화된 세계에 편입되는 '비극적 영웅의 세속화'라는 서사로 매듭지어진다. 김종광이 설화적 영웅을 소설적 형상으로 선택한 배경에는 그의 해학적 세계에 대한 관심도 스며들어 있겠지만, 한편으로 영웅이 필요 없는 세계에서 영웅을 꿈꾸며(저 80년대의 기억!) 살아가야 했던 "71년생, 90학번" 세대의 심리적 정황을 드러내려는 작가의 심리가 더 큰 비중을 차지하고 있을 것이다.

비극성을 대변한다. 결국 '강수'가 찾았던 경찰서의 '틈'은 '사무실'로 들어가는 '열쇠'가 되어 '거대한 힘'의 세계를 지탱하는 또 다른 억압의 구조로 변화되고 있는 셈이다.

김종광의 비극적 세계인식은 이처럼 구조화된 세계가 지니고 있는 재영토화의 능력에서 연유한다. 구조에 뚫려있는 '틈'이 구조를 재구조화하는 힘이라는 역설은 그가 구성하는 소설의 세계를 규정한다. 이런 측면에서, 그의 소설의 한 축을 형성하는 해학성은 권력구조의 역설적 힘에 대항하는 소설적 대응방식이라는 점에서 문제적이지만, 해학적 힘이 지닌 현실적 한계를 우리는 또한 분명하게 인식하고 있어야 한다. 비극적인 상황을 해학-웃음으로 풀어내는 일은 정확히 말하면 분위기를 통한 상황의 전환에 한정될 가능성이 많기 때문이다. 중요한 것은 분위기'만'의 전환이 아니라 그 분위기가 현실화되는 조건을 소설적으로 끊임없이 탐색하는 일이다. 해학성은 김종광 소설의 그러한 조건을 해석하는 중간항으로 제시되고 있다 하겠다.

3. 아이러니와 해학성의 경계 지점

「서울, 눈 거의 내리지 않음」이라는 작품을 보면, "희망은 없어"라는 말이 소설의 문두에 제시되어 있다. "노동한 만큼 대가를 받아야 마땅하다는 자본주의 논리가 가장 안 통하는 곳, 농촌, 그 곳에서 아버지처럼 살기" 싫어 도시로 나온 등장인물 광호는 도시에서 "노동한 만큼"의 대가는커녕, 노동할 수 있는 자리조차 쉽게 얻지 못한다. 황금빛 미래를 꿈꾸며 농촌을 떠난 광호에게 "앞날은 겨울처럼 냉정한 것이었다." 농촌으로 돌아갈 수도 없고, 도시에서 살아남을 수도 없는 경계지대의 인물에게 삶은 하나의 숙명으로 비쳐질 수밖에 없다.

> "우리는 서울에서 개겨야 돼. 그게 농촌 출신들의 숙명이야.
> 대학 나온 우리가 농촌에서 뭘 할 수가 있어? 어떻게서든 서울
> 에서 살아남아야 돼. 우리가 개겨볼 데는 서울밖에 없어. 서울
> 만이 우리에게 관대하지." (『모내기 블루스』, 237쪽)

이처럼 "대학 나온 우리"가 살아가야 할 곳이 서울이라는 대도시라
면, 그리고 그것이 농촌 출신들의 숙명이라면 광호와 같은 농촌 출신
들의 삶은 경계지대에서의 어정쩡한 삶으로 현실화되지 않을 수 없
다. 이들에게 농촌은 '돌아갈 곳으로서의 농촌'과는 멀리 떨어져 있
다. 그들은 농촌의 현실을 이미 알고 있기에 도시 사람들처럼 쉽게
귀농을 결정하지 못한다. 농촌에서 그들이 할 수 있는 일은 아무 것
도 없다는 것을 체험으로 알고 있기 때문이다. 이러한 비극적인 인식
은 도시로 떠난 농촌 출신들의 현재적 삶을 예시한다. "개겨볼 데는
서울 밖에 없"다는 체념적인 인식은 도시 속의 농촌 청년들이 살아가
는 현실적 삶을 간접적으로 나타낸다. 따라서 도시를 떠나 다시 농촌
으로 돌아오는 인물들의 내면에는 농촌에 대한 희망보다는 현실적인
절망이 큰 부분을 차지하고 있다. 현실에서 절망했기 때문에 그들은
어쩔 수 없이 농촌으로 귀향한다. 귀농이 절망의 결과라는 인식은 김
종광이 바라보는 우울한 농촌의 세계를 단적으로 드러낸다. 대학을
나왔기 때문에 농사에는 뜻이 없고, 도시에서 버젓한 직장도 얻을 수
없는 농촌 청년들의 삶은 우리 시대 농촌의 전형적인 모습을 반영한
다고 해도 좋을 것이다.

그런데, 그들이 복귀한 농촌 역시 자본의 위력 속으로 시나브로 빠

져들고 있다. 농협으로 대표되는 금융자본과 국가권력의 결합은 농촌의 기계화라는 미명으로 농촌을 지켜오던 사람들의 삶마저도 뿌리 채 뽑아버린다. "그 지랄 맞은 연좌제보다 더 무서운" 연대보증의 덫에 걸려 "농약을 마시"고 자살하는 사람(「윷을 던져라」의 이승호)이 있는가 하면, 대규모 하우스단지를 세운 "양규근"은 정부가 수요-공급 대책을 세우지 않는 바람에 투자한 자본을 고스란히 빚으로 떠안는다(「윷을 던져라」). 자본의 힘은 사람의 몸을 해치는 상황에만 그치는 것은 아니어서 농경 문화적 정체성-축제의식은 해체되고 자본주의적으로 상품화된 놀이문화가 농촌의 축제를 대체한다(「중소기업 상품 설명회」). 놀이(축제)에 대한 농촌 사람들의 열망을 이용해 돈을 버는 도시인들도 문제지만, 더 큰 문제는 농촌 사람들이 더 이상 자신들의 놀이 문화를 스스로 만들려 하지 않는다는 데 있다. '중소기업 상품 설명회장'에 울려 퍼지는 웃음은 그래서 씁쓸하다. 도시 변두리 개발지구의 한 풍경을 묘사하는 「중소기업 상품 설명회」는 도시화의 과정에 편입된 농촌 사람들의 현재 상황을 뚜렷하게 보여준다. 농촌이면서 농촌이 아닌, 도시화 과정에 포획된 농촌의 이러한 현실은 도시적 삶에 절망하여 농촌으로 복귀한 청년들의 절망을 더욱 부추기기만 한다.

그리하여 농촌으로 복귀한 「짚가리, 비릇다」의 등장인물 '준남'은 "자신에게 소설쓰기 말고는 어떠한 전망도 없다고" 절망적으로 외치며, 「윷을 던져라」의 "고향을 떠나 있는 자들은, 고향을 떠나 있다는 이유 하나만으로도 고향을 지키는 자들 앞에서 떳떳하지 못"하다. 농촌으로 돌아온 인물이든, 도시에 살며 명절이나 고향으로 돌아오는 인물이든 이들의 내면에는 고향에 대한 복합적인 심리가 자리하고 있다. 그것은 한편으로 도시-농촌이라는 공간적 차이에서 발생하는 소통 불가능성에 닿아 있지만, 다른 한편으로 농촌에서 살아갈 수밖에 없는 인물들의 자괴감과 닿아 있기도 하다. 그들이 살고 있는 "안골의 미래를 책임질 것"이 "사람이 아니라 자본"이라면, 농촌에 있으면서 농촌을 떠나려는 사람들이나, 도시에서 살고 있는 농촌 출신 사람들이나 자본의 논리 속으로 편입되기는 마찬가지이다. 이러한 자본의 논리가 어떻게 보면 농촌 공동체가 해체되는 현실적인 이유가 되기도 할 것이다. 도로 건설에 포함된 '논'의 보상금을 놓고 「짚가리, 비롯다」의 아버지와 아들이 생각하는 것, 이를테면 "어쩌니어쩌니 해도 쏟아부은 만큼 결실을 주는 땅뙈기를 건사하는 게 백번 낫다"는 아버지의 생각과, "아버지로부터 그 보상금을 뜯어내 다시 서울로 가는 것"이 희망인 아들(준남)의 생각은, 땅에 대한 인식의 차이만큼이나 멀어 보인다. 작가는 이러한 아버지와 아들의 거리감을 갓 태어난 '새끼소'를 보살피는 '어미소'의 본능에 견주어 "아버지와 자신 사이에, 저 말 못하는 어미소와 새끼소의 소통만큼이나 많은 소통이 이루어지고 있었음을" 아들 준남이 깨달으면서 해소시키고 있지만, 그 화해는 작품의 말미에 드러난 대로 "감상에 빠지기 딱 좋을 만큼 스산했던" 풍경에서 연유한 일시적인 화해일 뿐이다.

이처럼 땅의 생성 원리와 자본의 논리 사이에서 적응할 공간을 찾지 못하는 인물들은 「모종하는 사람들」의 '동해'라는 인물처럼 '공공근로'를 통해 하루하루를 살아가기도 하고, 아니면 '당구장'이나 드나들면서 "살기, 다시 말해서 밥 먹고 견디기"(「당구장」) 훈련만 하며 세월을 보낸다. 공공근로나 당구장은 전망 없는 삶을 표상하는 사회적 표상들이라 할 수 있다. 흙과 더불어 살 수 없는 사람들, 요컨대 '땅'을 목숨 걸고 지킬 수 있는 사람들이 아닌 한, 그들이 살아가야 할 농촌의 삶은 당구장의 폐쇄된 세계로 매몰되지 않을 수 없다. 이렇게 본다면 농촌으로 복귀한 '강수들'의 미래는 도시에서도, 농촌에서도 전혀 전망이 없는 삶으로 나타난다. 전망이라는 말로 제시할 수 있는 사건이래야, 아들의 '소설 쓰기'를 이해하려는 아버지의 개인적인 마음씀씀이에 한정된다. 하지만 아버지의 마음은 소설에서 제시하는 화해의 방식으로는 너무나 미약하다. 아들에 대한 아버지의 연민이 농촌사회까지 스며든 자본의 논리를 극복하는 대안이 될 수는 없다. 김종광이 해학성의 미학으로 나아가는 배경에는 이처럼 현실적으로 자본의 논리를 수용할 수밖에 없다는 부정적인 세계인식이 내포되어 있다. 그것은 세상이 비극적일수록 그가 빚어내는 해학성의 농도를 그만큼 짙게 하는 원인이 되는데, 김종광 소설은 이 해학성의 미학과 접맥되면서 '농촌 사람들'의 세계로 비로소 들어서게 된다.

4. 해학성으로 빚어내는 삶의 전망

농촌 사람들의 해학성에 접근하는 김종광의 소설적 방식은 다음 두 가지로 구분된다. 「많이많이 축하드려유」나 「편안한 밤이 오기 전에」, 「모내기 블루스」 등이 전통적 해학성, 곧 입말(방언으로서의 구어)을 통해 해학의 진수를 드러낸다면, 「중소기업 상품 설명회」와 「윷을 던져라」에 표현되는 해학의 미학은 자본의 논리 속으로 포섭되는 농촌 사람들(혹은 농촌을 떠난 사람들)의 모습을 '해학적'으로 묘사하고 있다. 두 가지 해학의 방식은 농촌 현실의 변화와 맞물린다. 이러한 점은 「윷을 던져라」에 나타나는 바, 이제 '윷놀이'와 같은 전통적인 놀이형식은 "젊디젊은 축"들과 "노장 축"들이 "일 년에 딱 두 번 만나는 자리"에서 친목 도모나 하는 놀이로 변해 있다는 지적에서 분명해진다. 친목 도모도 말뿐이어서 "젊디젊은 축들"은 "윷 안 던지고 일찍 파할 수 있"는 방안을 "공그려보고 있"으며, "노장 축들"은 "일 년에 두어 번 윷판이 세대 차이 줄이는 데 무슨 대수로운 방편이 될까마는, 그래도 하지 않는 것보다는 백번 천 번 좋지 않겠는가"라는 생각으로 윷놀이를 강행한다. 그리하여 윷놀이 중간 중간에 터져 나오는 풍부한 입말의 향연은 "윷놀이가 끝나기가 무섭게 젊은 축들은 작별인사를 해댄"는 장면에 묻혀버린다. 이것이 "안골친목회가 일 년에 두 번 만나" 행하는 축제-윷놀이의 실상이며, 그것은 그만큼 농촌 사회의 축제의식이 소멸되는 과정에 있음을 반증한다.

농촌 사회의 이러한 모습은 「중소기업 상품 설명회」에서도 두드러지게 나타나는 바인데, 이 작품은 농촌 여인네들의 즐거움이 돈으로 환산되는 과정을 여실히 보여준다. 여기서 '즐거움'이 '돈'으로 환산되는 과정은 농촌 사회의 축제의식이 자본주의적으로 상품화되는 과정에 다름 아니다. 농촌 사람들의 즐거움이 자본의 회로 속으로 포획되는 이와 같은 과정은 한편으로 놀이문화가 점차로 소멸하는 세계에서 농촌 여인네들이 나아갈 수밖에 없는 축제문화의 현재와 미래를 드러내는 상징이기도 하겠다.

두어 시간 동안의 상품 설명회는 3단계로 정리할 수 있었다. 1단계는 노래하고 춤추는 판이었다. 2단계는 최하 만원에서 최고 오만 원 상당의 상품이 주인공이 되었다. 3단계는 오천 원 이하의 저가품들의 잔치였다. (……) 신토불이에 맞춰 어깨를 덩실거리는 여인, 여장남자 장태석의 허벅다리에 시선을 집중하고 있는 여인, 바그라 팬티를 모자처럼 써서 좌중을 웃기는 여

인…… . 여인들의 도가니였다. (『경찰서여, 안녕』, 295~296쪽)

"여인들의 도가니" 이면에는 전형적인 자본의 욕망이 숨어 있다. 판매사원 장태석의 말대로 그것은 "추접스럽게 돈을" 버는 방식이다. 추접스러움을 알면서도 그렇게 돈을 벌어야 하는 이유는 그렇게 해야 만 먹고 사는 문제가 해결될 수 있기 때문이다. 이러한 추접스러운 놀이문화가 농촌 사람들을 사로잡는 까닭은 농촌 사회의 축제 소멸에 있을 것이다. "여인들의 숲"으로 들어서지 못하고 행세장 "출입구 언 저리에서 두 눈만 말똥말똥하고 있는" "김경식(63세)과 양달세(72세)" 의 모습에서 볼 수 있거니와, 농촌 축제의 소멸은 곧 농촌 사람들의 즐거움의 소멸을 의미한다. 농촌 사람들 스스로 즐거움을 찾아 자본 의 회로 속으로 기꺼이 들어가는 셈이다. 대학생에게 "간만에 걸려오 는 불법타령 전화"를 받고 "사흘도 못 되어 도로 서울로 기어갈 놈이 시골 사는 제 어머니의 즐거움을 알겠는가"라고 반문하는 '지서장 양 훈규(40세)'의 생각처럼, 농촌 여인들의 이러한 '도가니'는 결코 꺼질 수 없는 축제의식의 한 단면을 나타내는 것이기도 하겠다.

그렇지만 「중소기업 상품 설명회」를 읽으면서 우리는 씁쓸한 웃음 을 짓지 않을 수 없다. 여러 인물을 등장시키고, 또 '보여주기'와 '말 하기' 방식을 넘나들며 여러 인물들을 이야기하는 작가의 시선에는 분명 농촌 사람들에 대한 '따뜻한 시선'이 배어 있지만, 그 '따뜻함' 이면에 드리워진 비애감은 작가의 따뜻한 시선마저도 서늘하게 만들 어버린다. 「많이많이 축하드려유」나 「편안한 밤이 오기 전에」와 같은 전통적 해학성에 근거한 작품들을, 김종광 소설을 대표하는 작품군(作 品群) 볼 수 있는 이유도 이러한 점과 무관하지 않을 것이다.

① 지글지글 볶은 머리를 한 신양희(40세)가 문제를 훑어보고는 체머리를 흔들어댔다. "보는 순간 어지러운 것이 대책이 없어 번지네. 순경 아저씨, 컨닝구하면 안 되남유?" 옆자리에 앉은 지성호(40세)가 대신 응했다. "자유민주 대한민국인디 안 되는 게 어디 있겠슈. 요렁껏 하슈. 우리가 이냥 나란히 앉은 것두 인연인디, 상부상조혀감서 잘 좀 풀어보쥬." "얼레, 이 아저씨가 추파를 던지네." "그게 다 아줌니 시들지 않은 미모 탓이쥬. 아무헌티나 던지는 게 추파가 아니잖남유?" "큰일 낼 양반이시네. 우리 죽은 남편 레이더에 포착되면 작살날 텐디."(『경찰서여, 안녕』, 68쪽)

② "소 잃은 다음이 외양간 고치면 뭐 한대유?" "소가 있기나 했었남. 외양간만 있었지." "그럼 소를 잡아야지 외양간이다 왜 시비대유?" "무슨 뜻여?" "언제 내 말이 뜻이 있었간유. 그냥 나오는 대루 지껄였슈." "그려? 나오는 대로 지껄여두 간혹 뼈 있는 말이 나오는구만." "어련하겄슈. 누구 마누란디." (『경찰서여, 안녕』, 189쪽)

'입말'은 해학성을 드러내는 주된 방식이다. 조선 후기의 탈춤이나 판소리에 나타나는 골계적 웃음과 마찬가지로 해학성의 근간은 '입말'의 풍성한 유희에 뿌리를 두고 있다. 김종광 소설의 해학성이 부각되는 것은 바로 이러한 입말의 풍성함과 능청스러움에서 연유하는데, 인용문 ①, ②에서 표현되거니와 입말의 세계는 상대방과 거리를 두는 척하면서 일방으로는 더 가까이 가는 수단으로 작용한다. 인용문 ①의 신양희처럼 "추파"라는 힐난의 말을 던지면서 "죽은 남편"을 애써 강조하는 입말의 세계는 인용문 ②에 오면 "나오는대로 지껄여두 간혹 뼈있는 말이 나"온다는 '뼈있는' 소설적 진술을 이끌어낸다. 김종광이 김유정-이문구의 해학소설의 계보를 잇는 작가로 인정되는 까닭도 이러한 점에 근거하는 바, 그가 작품 곳곳에 풀어놓은 풍부한 입담의 세계는 충청도 방언의 느림에서 파생되는 어리숙함의 정조와 어울려 독특한 소설의 세계를 창출하고 있다 하겠다.

문제는 김종광 소설의 주조인 해학성의 정조가 등장인물들의 파편적인 입담의 능력에 한정된다는 점에 있다. 수많은 인물을 등장시켜 저마다 풀어헤치는 입담의 세계는 그 자체로 매력적이지만, 그와 같은 매력적인 해학의 세계는 순간적인 웃음 너머의 "뼈있는" 소설로 나아가기에는 역부족인 듯하다. 그것은 다성적으로 울리는 소설 속의 입말들이 입말 주체들의 발화 순간에 그 의미가 한정되는 맹점을 채 벗어나지 못하고 있기 때문이다. 다시 말해 김종광은 입말 주체들에게서 터져 나오는 일시적인 웃음의 향연에 집중하고 있어 그 웃음이 정치적인 차원으로 향하는 길을 스스로 차단하고 있다. 그리하여 사람들의 입을 통해 발화되는 정치적 의미의 말들은 그들의 말이 끝나는 순간 '그래서 어쩌란 말인가'라는 뼈아픈 반문에 직면한다.

김종광 소설의 해학성이 지닌 이런 한계는 무엇보다도 그의 비극적 세계인식에서 연유한다. 해학성에 바탕한 소설들의 장르적 개방성에 비해 그 장르적 개방성을 통어하는 작가의 세계관은 도시생활의 절망에 뿌리를 둔 파편화된 세계인식에서 여전히 벗어나지 못하고 있다. 그래서 인물들의 개별적인 입말들을 이끌어가야 할 세계관적 힘이 그 개별적인 입말의 세계에 종속되는 상황이 빚어진다. 요컨대 김종광은 농촌사람들의 입말의 세계에서 그가 지향해야 할 소설적 가능성의 세계를 엿보고 있지만, 그 가능성의 세계는 작가의 비극적 세계인식에 갇혀 암시적으로만 서술되고 있을 뿐이다. 자본의 논리에 대항하는

'농촌사람들'의 형상이 현재적으로 그려지지 않고 '농촌사람들'의 입말을 통해 후일담 형식으로 처리되는 것도, 관찰하되 개입하지는 않겠다는 작가의 서술전략이 무의식적으로 작용한 결과라 하겠다.

김종광 소설의 이러한 한계는 어떻게 극복될 수 있을까? 「모내기 블루스」는 김종광 소설의 새로운 가능성을 내보이는 작품이라는 점에서 주목할 만한 소설이다. "서른여섯 살 처먹도록 장가도 못간 불효자 중의 불효자" 대춘과 술집 아가씨 서해의 귀농기를 다룬 이 소설은 대춘의 부모인 양규-순이의 입담과, 대춘-서해의 입담이 어울려 한바탕 해학의 장관을 이룬다. 그런데, 이 작품의 해학은 개별적인 인물들의 입심으로 그치지 않고 해학의 주체들 '사이'로 모여들어 등장인물들의 파편화된 입담에 치중하던 이전의 작품들과는 다른 특성을 드러낸다. 도시에서 닳고 닳은 대춘-서해와 순박한 농촌 사람들인 양규-순이를 하나로 이어주는 것은 상대방에 대한 배려의 마음이다. 물론 그러한 마음이 저마다의 욕망에서 파생된 것이라 할지라도, 이들 사이에는 살아 있는 생명들에게서만 느낄 수 있는 삶의 열정이 존재한다. 서로에게 마음을 여는 네 사람의 행동을 그려내는 작가의 입심도 입심이지만, 네 사람의 다양한 생각들을 한 곳에 모아내는 소설의 이야기 역시 치밀하게 구성되어 있다. 일하는 들판을 삶의 즐거운 난장(亂場)으로 변화시키는 밑바탕에는 서로를 향한 정성스런 마음이 스며들어 있는 셈이다.

그리하여 서해와 대춘-양규-순이가 벌이는 한바탕 트로트(블루스) 잔치는 인간과 인간의 만남을 통해 생성되는 건강한 삶의 형식을 다시금 생각하게 만든다. 이러한 건강한 삶의 확인을 통해 농촌 사람들과 비(非)-농촌 사람들의 경계는 사라지고, 그들만의 살아 있는 축제의식이 그 경계지점에 자리 잡는다. 그것이 바로 이질적인 주체들을 화해시키는 바탕이며, 한편으로 그것은 김종광의 비극적 세계인식이 극복될 수 있는 소설적 토대로 작용한다. 해학적 입말의 세계는 「모내기 블루스」에 이르러 '우리'가 공존할 수 있는 광장 언어의 세계로 들어서는 계기를 마련한다. 비극적인 세계인식에서 출발하여 해학성의 미학에 이른 김종광의 소설은 「모내기 블루스」에서 제 갈 길을 찾은 성싶다. 하지만 그 길은 다만 예시적인 길로 나타나 있다. 농촌 사람들에 대한 작가의 이상(순박한 사람들로서의 농촌 사람들)이 여전히 이 작품의 근저에 짙게 깔려 있고, 김종광 소설 전체를 보았을 때 이 소설은 예외적으로 비쳐지기 때문이다. 그 예시적인 길이 김종광 나름의 진경의 길로 현실화되는 과정은 그러므로 멀고 험한 여정일 수밖에 없다. 김종광은 비극적 세계인식과 해학성의 정치성 구현이라는 갈림길에 서 있다. 그 스스로 발견한 해학성의 긍정적 세계인식이 비극적 세계인식의 부정성을 뛰어넘어야, 김종광 특유의 소설 세계가 실감나게 펼쳐질 수 있을 것이다.

분신 모티프를 통해 본 소외의 두 양상

― 최상규의 『새벽기행』과 도스토예프스키의 「이중인격」을 중심으로

오 연 희

1. 들어가며

현재 지역문학에 대한 논의가 무성하다. 지역문학이라는 말 속에는 서울로부터 소외된 지역의 문학이라는 말이 함축되어 있다. 보통 지방 대학이라고 하면 서울과 수도권 지역의 대학을 제외한 모든 대학을 일컫듯이, 이제껏 지역 문학이라는 말 속에는 주변성, 열등성, 결핍성의 개념이 내포되어 있곤 했다. 그런데 원래 인간의 삶이 구체적인 시간과 공간 속에서 이루어지는 것임을 생각해 본다면, 문학은 항상 지역문학을 의미하게 된다. 그렇다면 이제껏 우리는 지역의 문학을 얘기해야 하는 상황에서 결코 실재하지 않을 보편적 문학만을 말해온 것이 아닌가 한다. 더욱이 그 보편적이라는 말 속에는 서울이라는 특정 지역의 관점과 경험이 은폐되어 있음을 부인할 수 없다.

굳이 맑스의 소외론을 끌어들이지 않는다 하더라도, 소외는 분명 근대 자본주의의 대표적인 병폐 중 하나이다. 일상 생활에서도 이 소

외라는 말은 자주 사용된다. 타인과의 관계에서 오는 고독감, 유대감의 결여, 사회관계에 대한 불만감 등에 이 말을 사용하기도 하고, 노동과 작업에서 직무불만감이나 보상의 결여감, 무의미감, 노동에 대한 통제력의 결여와 그를 통한 자아표현의 결핍감 등에도 소외라는 말을 쓴다. 나아가 우리는 현대사회의 정치, 경제 등의 구조적 차원과 관련해서 일어나는 무력감, 불신감, 무관심, 사회적 사태의 이해불가능의 감정, 무의미한 선택의 강요 등에 대해서도 소외라는 말을 쓰고 있다. 유네스코 사회과학 사전에 따르면, "소외는 총체적 인성과 경험세계의 중요 양태간의 소원이나 분리"를 의미하는 것으로 결국은 자기와 현실적 자기간의 분리를 뜻한다. 이때 소외를 야기시키는 대상은 다양하다. 특정 개인이나 집단, 혹은 계층, 지역민 등 다양하다. 가령 요즘 새로운 사회 문화적 권력으로 떠오르고 있는 강남이란 지역은 그 지역 이외의 사람들을 모두 주변화시키고 소외시키는 중요한 소외의 발원지이다.

본고에서는 소외의 관점에서 최상규의 대표적인 작품인 『새벽기행』을 분석해 보려는 시도이다. 앞서 살펴본 바와 같이 소외란 결국 자기가 생각하는 자기로부터 현실적인 자기가 소외되는 과정에서 생겨나는 심리적 현상이라 할 때, 최상규의 『새벽기행』은 이러한 현대인의 소외를 가장 잘 문학적으로 형상화하고 있다고 보여지기 때문이다. 나아가 이 작품이 보여주고 있는 문제의식은 근대 초기 러시아의 문호 도스토예프스키의 소설 「이중인격」과의 친연성을 보여주고 있다. 실제로 작가 최상규가 도스토예프스키의 소설 「이중인격」을 염두에 두고 썼는지는 알 수 없지만, 두 작품은 모두 현대 사회의 대표적인 병폐 중 하나인 '소외'를 변신 모티프를 통해 잘 형상화하고 있다.

2. 왜 최상규와 도스토예프스키인가?

최상규는 1934년 충남 보령에서 태어나 1994년 대전에서 죽음을 맞이하기까지 160여편에 이르는 방대한 양의 소설과 다수의 문학 이론 번역서를 낸 대표적인 지역 작가이다. 연세대 영문과 재학 중『문학예술』의 추천으로 작가가 된 이후 사실 작가 최상규의 삶은 특정 분야에서 성공한 사람들이 흔히 그러하듯 서울과 지방을 오가는 삶으로 점철된다. 대개의 지역 작가들이 중앙으로부터의 인정이란 수순을 밟고 지역에서 (재)발견되었듯 최상규 역시 예외는 아니었다.

하지만 지역문학을 논의할 때 가장 지역적이지 않은 문학을 해온 작가가 또한 최상규이다. 이는 그의 작품들이 그가 평생을 살았던 지역의 특수성을 전혀 반영하고 있지 않다거나, 지역민으로서의 자의식이 엿보이지 않는다거나 하기 때문만은 아니다. 최상규를 가장 탈지역적인 작가로 보이게 했던 것은 바로 그의 작품들이 바로 가장 보편적인 인간의 실존적인 소외의 문제를 다루어왔기 때문일 것이다. 이것은 특정 지역으로만 한정될 수 없는 근대 사회의 보편적인 병리 현상들 중 하나이다.

그러나 본고에서는 최상규의 대표작『새벽기행』을 통해 최상규가 제기한 근대적 소외가 사실은 지역작가라는 작가의 자기 소외 의식과 무관할 수 없다는 점에서, 지역 문학에 대한 모든 논의는 소외론의 관점을 비켜갈 수 없다고 본다. 따라서 근대성의 모든 부조리와 모순이 응축되어 있는 듯한 19세기 페테스부르그라는 도시에서 페테스부르그의 지역성을 한 인간의 소외의 공간으로 묘사한 도스토예프스키와, 서울에 살면서 지방 대학으로 출강하는 한 인물의 자기 소외를 변신 모티프를 통해 묘사한 최상규는 현단계 지역 문학론에서 시공간이 한 인간을 어떻게 소외시키고 그것이 어떤 양상으로 나타나는지를 보여주는 좋은 사례가 될 것이다.

3. 분신사상과 근대적 주체의 소외

분신 테마는 서구 문학에서 오랜 역사적 뿌리를 갖고 있는 중요한 문학적 주제들 중 하나이다. 그림자, 거울 속 혹은 물 위에 비친 반영, 혹은 쌍둥이 등 다양한 형태로 나타나는 분신성은 도스토예프스키, 안데르센, 오스카 와일드, 에드가 알렌 포우 등 세계 각 나라의 문학 작품 속에서 광범위하게 나타난다. 분신은 어떤 인물의 자아를 복제하여 분신 또는 거울 이미지 또는 또 하나의 자아를 만들거나, 악과 선 간의 내적 투쟁을 객관화시킨『지킬박사와 하이드씨』처럼, 한 인물을 두 개의 독특하고, 흔히 상반되는 인물로 분리시키는 수법이다.[1]

분신은 도스토예프스키의 가장 독특한 주제들 가운데 하나이다. 분신의 주제[2]는 그의 작품에서 여러 번 그리고 몇 가지 변형으로 반복되고 있는데, 그 주제의 첫 번째 판이 바로 1846년에 씌어진「이중인격」이다.

도스토예프스키에게 있어서 분신 사상은 무엇보다도 자기 동일성에 대한 의문에서 출발하여 인간 실존의 구체성을 문제시한다. 그것은 단순히 "존재한다", "있다"는 것이 인간 존재에 대한 충분한 조건은

---

1) 이명섭 편,『세계문학비평 용어사전』, 은유문화사, 1985, 183-4면.

2) 도스토예프스키는 1846년 2월 1일 형에게 쓴 편지에서 "그 사상은 대단히 현명한 것이었고, 나는 문학에서 그것보다 더 심각한 어떤 것을 제기해 본 적이 없었"다고 고백한 바 있다. (「도스토예프스키의 편지1:「죽음의 집의 기록」에서「죄와 벌」까지」, 손영미 역, 바리데기, 1995, p.45.)

아니라는 사실을 보여준다. 그럼으로써 궁극적으로는 주체의 분열과 우리가 살고 있는 세계의 억압성을 드러내주는 것이다.

도스토예프스키의 「이중인격」은 동료 관리가 자신의 정체성을 빼앗아갔다는 관념에 사로잡혀 미쳐가는 한 정부 관리의 이야기를 다루고 있고, 『새벽기행』은 분신의 출현으로 말미암아 자신의 자리를 빼앗긴 중년의 한 남자가 자기 자리를 다시 찾아가기까지의 과정을 그리고 있는 소설이다. 이 두 소설은 공히 분신의 출현으로 말미암아 위협받게 된 실존의 문제, 그 실존의 구체성을 문제시하고 있는 것이다.

자기 동일성의 문제를 "나는 나다"라는 명제를 통해 고찰해 본다면, 소설에서 등장하는 분신의 상징적 의미는 쉽게 찾아진다. '나(1)는 나(2)다'에서 나(1)은 그 어떤 것으로부터도 규정되지 않은 무한정자로서의 나이다. 나는 그 어떤 것에 의해서도 규정받지 않은 순수한 존재이며, 이때의 나는 이성과 언어를 초월해 있는 것으로, 없는 것과 다를 바 없는 텅 빈 공허 그 자체이다. 그것은 "단지 뭔가가 있다"라고밖에는 설명될 수 없는 존재이다. 하지만 나(2)는 다르다. 나(2)는 의식의 대상으로 환원된 나이다. 의식의 대상이 됨으로써 제한되고 한계지어진 나는 곧 한정자로서의 나이다. 나는 이미 의식 대상으로서 내가 설명하고 의미를 부여할 수 있는 대상으로서의 나인 것이다. 따라서 문학작품 속에 등장하는 분신이란 곧 주어로서의 무한정자가 술어로서의 한정적 자아와 동일화되는 데 실패한 데서 생겨난 불가피한 파생물이라 할 수 있다. '나1=나2'가 아닐 때 나 아닌 다른 것, 나의 분신이란 잉여물이 생겨나게 된다. 그리하여 '나-분신=나'이거나 '나-분신=나'라는 식으로 분신의 존재가 어떤 식으로든 처리되어야만 한다. 이때 문제시되는 것은 그 어떤 술어로도 주어로서의 무한정자인 나와 합치될 수 있는 대상은 없다는 사실이다. 따라서 분신은 자기동일성에 이르고자 소망하는 근대적 주체의 원인이자 결과인 셈이다. 그렇다면 이러한 분신의 존재가 도스토예프스키와 최상규의 작품에서는 어떤 식으로 다루어지고 있는가를 살펴보는 것은, 곧 이 두 작가에게 있어서 자기동일성에 이르기 위한 근대적 주체의 불가능한 꿈이 어떤 식으로 실현(파괴)되고 있는가를 살펴보는 것에 다름 아닐 것이다.

먼저 도스토예프스키의 「이중인격」의 제1부는 아직 분신이 출현하기 이전의 상황을 그리고 있다. 그러나 이때에도 주인공 골랴드낀의 행위는 그의 분열된 개성의 병적인 성격을 드러내고 있다. 공포, 불안, 모든 측면으로부터 협박받고 있다는 느낌이 분신의 출현을 준비하고 있는 셈이다. 골랴드낀은 "여하간 그날 밤에 자살하겠다"는 순간적인 결심을 하기도 하고, "나는 내가 아니라 놀라울 만큼 나와 비슷한 누군가 다른 사람이라고 가장해야만 하는 것일까?"라는 물음으로 자신의 자살충동을 달래려는 헛된 시도를 해보기도 하면서 자신의 존재를 부정하기에 이른다.

분신이 출현하는 「이중인격」의 제2부에서 골랴드낀의 분신은 그의 삶의 모든 영역으로부터 그에게 밀어닥친다. 그의 분신은 사무실에서도 그의 동료서기들과 같이 있을 때에도 올수퍼 이바노비치의 가족과의 그의 사생활에서도 그를 대신하고 인격화한다. "그는 강제로 내 삶의 영역으로, 그리고 실제 생활에서 나의 모든 관계의 영역으로 침투해 들어"오는 것이다. 나아가 그의 분신은 "다른 사람들이 차지하고 있는 지위, 즉 이 세상에서의 그들의 실존을 박탈하고 그들의 자리를 대신 차지하려는 이상한 주장, 비열하고도 환상적인 욕망"을 가

지게 된다.3)

여기서 문제는 분신의 행위가 아니라, 골랴드낀의 감각과 자기분석이다. 골랴드낀은 의식적으로 비현실적인 꿈속에서 이 상황을 설명하려고 시도하고 있다. 이 꿈에서 분신은 직장과 사회에서 그의 자리를 대신하고, 골랴드낀은 전혀 진짜가 아니라 속임수이며, 따라서 분신이 진짜라는 것을 입증하는 데 성공한다. 그리하여 마침내 그 골랴드낀들은 무한히 늘어나게 된다. 이 자기 자리에 대한 해답은 명백하다. 골랴드낀은 자신의 자리를 가지고 있지 않은 것이다. 그는 삶에서 아무 것도 성취하지 못했다. 그는 적들의 가상의 박해로부터 몸을 숨길 수 있는 자신의 영역을 확보하지 못하고 있다. 자신의 자리를 상실하고 있다는 점에서 비인간적이고 사물적인 그 무엇인가가 있는 것이다. 분신의 출현과 그 분신이 골랴드낀을 그의 자리에서 몰아내는 데 성공한 것은 우선 골랴드낀의 자리라고 하는 것이 완전한 착각이라는 사실을 보여주고 있을 뿐이다. 비록 분신이 단지 그의 성격의 순전히 외부적인 특징들, 즉 골랴드낀이 숙달하고자 했지만 삶에서 그에게 자리를 공고히 해줄 수 없는 피상적이고 비본질적이며 비인간적인 아첨과 비굴함만을 통해서 그의 모든 자리-사무실에서부터 그의 각하의 서재에 이르기까지-를 차지할 수 있었다 하더라도 말이다.

이러한 존재의 자리다툼과 개인적 실존의 구체성에 대한 의문은 최상규의 『새벽기행』의 중심 사건이자 주제이기도 하다.

"그 일이 일어났던 날 새벽" 출근길에 돌연히 나타난 분신의 출현으로 말미암아 "나"는 내 자리로부터 밀려나게 되었다. 그러나 "실존

---

3) 이 소설의 초판에서 한 장의 제목은 "그 사악한 사나이는 실생활에서 골랴드낀 씨를 대신한다"였다고 한다.(르네 웰렉 편, 『도스토예프스키』, 고대노어노문학회 역, 열린책들, 1987. 참조)

하는 나는 하나다. 그런데 현존하는 나는 둘이다"라는 사실에서 "나"
는 "그와 나 사이의 싸움을 하나의 자리다툼으로 압축"(31)시킨다.

> Q는 분명히 존재한다. 그는 한 가정의 가장이다. 어머니와 아
> 내와 아이들. 그런데 여기에서 '나=Q'가 인정되지 않으므로 그
> 들은 나의 어머니나 나의 아내나 나의 아이들이 아니다. 그들은
> 자신들의 진짜 아들이며 남편이며 아버지인 Q를 잃고 있건만
> 그 사실을 모르고 있다. 그러면 Q는 어디에 있는가?…… 내가
> 없어도 그들이 되어나간다는 것은 내가 그들에게 불필요하다는
> 증거다. 그러나 그들에게, 나는 없어도 되지만 Q는 없어서는 안
> 된다. 고로 그들에게 필요한 것은 내가 아니라 Q이며, 이 Q는
> 환상이어도 좋고 허구이어도 좋은 것이다.(63)

「이중인격」에서와 마찬가지로 이 작품에서도 중요한 것은 분신의
행위가 아니라 "나"의 감각과 자기분석이다. "나는 나의 존재를 의심
하지 않는다. 나의 기억과 나의 역사를 의심하지 않는다." 그러나 "내
가 있음을 의식한다는 것만으로 해서 내가 있음이 증명되지는 않는
다." "그렇다면 나는 무언가?"(64)

여기서 우리는 데카르트의 "나는 생각하므로 존재한다는 주장"이
생각하는 나의 연속성 및 통일성을 보장해 주지 못한다는 사유와 만
난다. 의식이 자신의 연속성 및 통일성을 확신하기 위해서는 그것을
보장하는 어떤 외부적 힘을 필요로 하며, 이는 주체/객체, 내부/외부
를 기계적으로 구분하는 근대 주체 철학의 이원론을 비판하는 것으로
읽힐 수 있다. 주체가 볼 수 없는 무언가가 항상 존재한다는 사실,
즉 주체의 존재 결핍이 그가 바라보는 세계의 성립 또는 구성을 가능
케 한다는 의미에서 주체의 결핍을 상징하는 이 타자는 주체 자신 및

세계의 존재를 가능케 하는 존재론적 범주로 해석된다.

『새벽기행』은 바로 이 내안의 타자에 대한 탐색에 다름 아니다. 여기서 분신과 "나"의 관계는 "나"와 "내 안의 타자"와의 관계, 나아가 도저히 동거할 수 없는 나와 타자 사이의 자리다툼이며 진정한 자기 동일성에 이르기 위한 "그"와 "나"와의 투쟁의 기록인 것이다.

복제의 출현으로 자리를 박탈당한 "나"는 "그"와의 맞대면에서 "나는 무한공간 저편으로부터 왔소. 과거로부터"(62)라고 말한다. 즉 나의 존재를 정당화해줄 "기억과 내 역사의 귀속체"로서의 나란 결국 공간의 장기 지속에 불과하다는 인식의 표현이다. 그리하여 장기지속으로서의 공간화된 나의 역사는 내 기억 속의 과거들을 하나하나 끄집어내어 그것을 다시 한번 현재성으로 반복하고, 나아가 환상적인 나의 무수한 분신들, 실현되지 않았지만 가능했을 수도 있었을 또 다른 나와의 만남을 통해 나의 실존의 구체성을 획득해 나가려 한다.

결국 이 작품에서 분신의 출현은 "고통스러운 것을 되풀이"하려는 충동을 현실화할 수 있게 해주는 소설적 장치인 셈이다. 분신으로 말미암아 나는 나의 고통스런 기억들과 내 역사를 다시 반복 경험함으로써 이를 되풀이하려는 억제할 수 없는 욕망, 동일한 것으로 되돌아가려는 충동을 드러내는데, 이는 프로이트가 말한 죽음충동에 다름 아니다.

따라서 분신의 출현 이후 떠나는 나의 환상적인 새벽 기행의 여정에는 내 무의식 속의 상처들―아버지의 죽음, 어머니와의 갈등, 낯선 여인과의 동침 기억, 나로부터 멀어져간 아들의 유년기와 청년기의 모습―이 씨줄과 날줄처럼 엮어져 있다. 이런 기억들은 나의 환상 속에서 다시 백일몽의 형태로 재경험되는데, 이는 원초적 반복의 형식으로 아픈 기억들을 영원한 현재성으로 다시 현재화시키려는 충동의 재현물로 치환된다.

모래헤엄을 치는 여인과 뒤로 걷는 노인은 바로 그런 "나"의 반복 강박을 대변하는 나의 대리인들, 즉 나의 또 다른 분신들인 셈이다. "나를 밀어내는 이 비좁은 현실에서 밀려난" 나는 다시금 나의 자리로의 복귀를 꿈꾸는데 그것은 애초부터 존재하지 않았던 "비존재"로의 복귀에 다름 아니다. 결국 "현실이란 우리 둘의 공유의 공간"(73)이라는 인식은 현재의 나와 그런 나의 역사를 이루어온 가능했었을 수도 있는 나의 불가능한 존재들과의 만남을 통해 궁극적으로는 나의 지속성을 보장해줄 것이라고 생각하는 나의 부재에 대한 인식으로 귀결되는 셈이다. 따라서 언젠가 제주도에서 바다를 향해 고개를 쳐들고 혼자 서 있던 초라한 검정색 조랑말의 이미지는 바로 "내 미래의 기억"으로 각인되면서 절대적 무와 대면한 주체의 충격적인 깨달음을 형상화한 것으로 볼 수 있다.

요컨대 이 두 작품에서 분신의 출현은 인간 실존의 구체성에 대한 의문을 제기한다. 그것은 단순히 "존재한다", "있다"는 것이 윤리적 개인으로서 인간의 존재에 대한 충분한 조건은 아니라는 사실을 보여준다. "안정성", 즉 윤리적 존재의 존재론적 영속성에 대한 문제는 19세기의 진정한 문제, 즉 시간과 공간 속에서 어떤 특정 종류의 인간 존재를 구별하는 문제였다.

보편적인 합리주의와 더불어 19세기의 러시아 계몽주의는 이성이 모든 현실을 이해할 수 있으며 새롭고 좀더 나은 현실을 창조할 수 있다고 확신하였다. 바로 이것이 러시아적 삶에서 도스토예프스키가 평생 대항하여 투쟁했던 중요한 것이었다. 도스토예프스키가 묘사한

서기들과 마찬가지로 골랴드낀은 리꼴라이 1세 치하의 정부기관 내에서 구현된 합리적 원칙에 의해 황폐화되고 착취당하는 존재이다. 그는 합리적 원칙의 수동적 담지자이며 그것의 희생물인 것이다. 최상규의 『새벽기행』에서의 "나" 역시 근대성이 이룩해 놓은 이성적 합리주의의 황폐해진 희생물이며, 자기동일성이라는 근대적 이성이 설정해 놓은 자리가 결국 부재해 있는 자리, 죽음 충동을 통해 내가 다시 반복해 가야할 존재의 원초적 외상의 자리임을 폭로하는 분열된 주체인 것이다.

3. 자기합일과 영원회귀의 가능성

그렇다면 도스토예프스키와 최상규가 분신 사상을 통해 제시하려한 것은 궁극적으로 무엇인가. 도스토예프스키의 「이중인격」에서 골랴드낀의 분신은 골랴드낀 자신이 만들어 놓은 허상이다. 그의 분신은 골랴드낀 자신이 욕망하는 자질들의 결합체임과 동시에 자신이 두려워하거나 경멸한다고 단언해온 모든 요소들의 구현물인 것이다. "골고루 유쾌한 친구들과 어울려 지내면서 관계를 유지"해야 한다는 의사의 충고에도 불구하고, 골랴드낀 자신이 사회로부터 스스로 이탈해 나온 것과 비례해서, 그의 분신은 다른 사람과 잘 섞이는 재능을 지닌 꽤 사교적인 창조물이다. 요컨대 분신은 골랴드낀이 소망하던 사랑받고 인정받는 아들을 표상함과 동시에, 자아를 억압하는 기제인 초자아를 구성하는 아버지의 투사된 가치들과 특성들을 구현하는 내재화된 아버지를 상징하기도 한다. 결국 분신들과의 관계에서 볼 때 골랴드낀이란 의식적 주체를 떠받치고 있는 무의식적 주체가 바로 그의 분신들인 것이다.

따라서 "내가 나"이기 위해서는 나(의식적 주체)는 곧 타자(무의식)가 되어야 한다는 역설이 성립된다. 즉 한정자로서의 나는 무한정자로서의 나(텅 빈 공허이기에 그 자체로 낯설고도 타자 그 자체가 되는)가 되어야 하는 것이다. 이는 애초의, "나1는 나2다"의 공식에서 출발한 자의식적 주체의 탐색이 나2가 곧 나1임을 확인해가는 과정에 다름 아니다. 한정자로서의 의식 대상인 나는 곧 규정할 수도 설명할 수도 없는 무한정자로서의 나, 그리하여 주체의 영원한 타자인 블랙홀과도 같은 무적 존재라는 무한히 열려지고 개방된 존재일 때 비로소 자기 동일성에 이를 수 있음을 보여주는 것이다. 이때 도스토예프스키에게 있어서 무한정자로서의 무적 존재란 바로 그가 믿었던 신이며, 내 안에 내재된 신적 존재란 바로 그리스도적 사랑에 다름 아닐 것이다.

이런 상황 설정에서 도스토예프스키가 시도하는 분신들과 골랴드긴의 가능한 관계의 모색이란 그의 이후의 작품들 속에서 보다 명징하게 드러난다. 결국 도스토예프스키가 분신을 통해 문제시하고 있는 것은 행위를 하는 주체의 윤리성에 대한 판단에 다름 아닐 것이다. 자아동일성으로 환원되는 주체란 결국 신으로의 다가섬이며, 내재화된 신성을 적극 일깨우고 행위 가운데서 실현해가는 것이다. 이는 인간이 어떻게 살아야 하나, 무엇이 올바른 삶인가라는 윤리적 행위의 문제이자 인간 구원의 문제를 제기하고 있는 것이 된다.

그리하여 도스토예프스키의 주인공이 보여주는 자기 자신의 장소를 찾으려는 뜨거운 추구는 행위를 하는 주체의 구체성, 즉 살아있는 "여기에서" 그리고 "지금" 속에서의 실현을 위한 그들의 그칠 줄 모르는 욕망의 표현으로 나타난다. 여기서 도스토예프스키가 자신의 작품을 통해 모색해간 해결 가능성이란 바로 "이웃"이라는 기독교적 개념, 즉 다수의 윤리적 주체들의 구체적인 개인적 존재를 기본적인 윤리적 전제사항으로 받아들이고서 출발하는 것이다. 「죄와 벌」에서 쏘냐의 사랑이 그것이다. 이는 라캉이 욕망의 윤리학의 모범으로 제시한 안티고네의 사랑에 비견될 만하다. "그것은 바로 그것이기 때문"에 정당화되는 존재란 바로 사고 이전에 존재로서 승인되는 구체적 존재에 대한 사랑이다. 윤리적 합리주의는 일반적으로 오직 인간에 대한 사랑만을 이해할 뿐 "이웃"은 낯설고 멀리 있다. 그러나 우리의 윤리적 행위의 대상이 될 수 있는 것은 명확히 "이웃"이라는 구체적 개인이다. 윤리적 합리주의자는 구체적인 인간을 사랑할 수 없다. 즉 인간의 사상이 그를 위해 살고 있는 인간을 덮어 가리고 있는 것이다. 그러므로 모든 사람을 사랑한다는 것은 필연적으로 당신 옆에 서 있는 진짜 인간을 경멸하고 더러는 증오하고 있다는 것을 의미하게 된다.[4]

도스토예프스키의 견해에 따르면 사람들이 우리의 이웃이 되는 특별한 관계의 중요 조건은 "심판하지 않는 것"이다. 심판하지 않는 것이 윤리학의 불가피한 규범이다. 그의 장소, 그의 자유의 영역은 총체적인 도덕적 세계이다. 모든 특별한 영역, 모든 장소, 모든 여기와 지금은 그에게는 구체적인 것으로 되며, 그가 달아나지 않고 그 자신을 위해 추구하는 과제들로 충만하게 된다. 총체적인 세계는 그에게 윤리적으로 명료해지며 심판하지 않는다라는 토양 위에서 성장하는 능

---

4) 르네 웰렉 편, 고대 노어노문학회 역, 『도스토예프스키 연구』, 열린 책들, 1987, pp.205-209 참조.

동적인 사랑을 통하여 그 자신의 것이 된다. 도스토예프스키에게 있어서 개인성의 존재론적 안정성은 그의 신과의 가까움에서 기인한다.

요컨대 도스토예프스키의 분신사상의 요체란 바로 나와 나 아닌 것과의 심판하지 않는 동거를 가능케 하는 실존적 가능성이다. 분신이란 내 안의 타자, 나 아닌 것이 바로 나 자신의 또 다른 표명임을 일깨우는 소설적 장치인 것이다. 동일성이란 타자의 타자에 불과하다는 이런 사유는 내가 나임을 포기하고 타인과 하나이며 동시에 타인일 때 생득되는 소진의 다른 이름이 곧 나의 정체성이라는 것에 다름 아니다. 이는 도스토예프스키가 「이중인격」에서 원형적인 방식으로 모색하고 여타 다른 작품들에서 발전시켜 나간 분신사상의 요체이자 바흐친과 토도로프가 대화주의라고 요약한 도스토예프스키 문학의 본성이기도 하다.

반면 최상규의 『새벽기행』은 분신사상의 또 다른 일면을 보여주고 있어서 흥미롭다. 『새벽기행』에서 분신의 출현은 우선은 "내"가 자살로써 밖에는 도피할 수 없는 아픈 현실로부터의 일탈을 가능하게 하는 심리적 장치이다. 도리와 의무밖에 남아 있지 않은 현재의 나의 자리를 대신 살아주는 분신 "그"의 등장은 나로 하여금 내 "기억과 내 역사의 귀속체"로서의 나를 원초적 반복의 형식으로 다시금 되풀이 할 수 있는 잉여의 공간을 허락한다. 그 속에서 나의 실존은 또 다른 나의 무의식적 주체들의 복제물인 뒤로 걷는 노인, 모래헤엄 치는 여자, 내 안의 나를 감시하는 또 다른 환영들(책장수와 그로 오인되는 청년) 등을 통해 나의 역사를 무한히 반복적으로 경험케 하는 장기지속의 현재성으로 공간화된다. 이는 위기의 시간으로 자신의 전 역사가 응집되고 수렴되는 순간의 기록이다. 따라서 새벽 출근길 분신의 출현과, 그로 인한 나의 환상적인 여정, 그리고 나의 복귀라는 이 순환하는 밀폐된 공간은 결국 파국을 앞둔 주인공의 모든 의식을 집중시키는 시간적 형식의 이차적 구성물이라 할 수 있다.

그러나 분신과 내가 동일공간으로 합체되는 이 작품의 마지막 장면은 나와 나 아닌 것과의 동거를 허여하는 도스토예프스키의 궁극적인 동일성으로의 화합 과정과는 다르다. 그것은 "실질은 존재하지 않고 좌표상으로만 그 위치를 확인할 수 있는 부재의 아픔"(320)이며 "허구의 아픔"을 원초적 외상으로 간직한 채 우화등선에 실패한 분열된 주체의 원점으로의 회귀에 불과하기 때문이다. 이 작품에서 바다를 향해 홀로 서 있던 초라한 검정색 조랑말의 이미지는 바로 그런 주체의 원형적 형상을 "미래의 추억"으로 애초부터 예비해 두고 있었던 셈이다. 작품 첫 부분에서 분신과 맞대면한 "내"가 "나는 과거로부터 무한공간 저편으로부터 왔소"(62)라고 말한 것은 바로 이 작품의 핵심적인 주제이자 철학이라고도 말할 수 있는 영원회귀를 압축적으로 대변해준다. 영원히 사라져가는, 다시는 돌아오지 않을 삶은 하나의 그림자에 불과하다는 것, 그것은 아무런 무게도 없는 하찮은 것이며 처음부터 죽은 것과 다름없다는 것을. '만약 우리 삶의 순간순간이 무한히 반복될 수 있다면'이라는 백일몽에서 출발한 우화등선의 실패는 결국 근대적 주체의 불가능한 꿈인 영원회귀 사상의 또 다른 이면이지 않은가.

4. 나오며

문학작품에서 분신의 등장은 필연적으로 독자를 환상의 세계로 인도해 간다. 분신이란 분명 초현실적인 현상이자 비합리적인 존재물이다. 하지만 인간의 내면세계와 관련지어볼 때 그것은 엄연한 또 하나의 보편적인 내적 경험이자 현실이 된다. "내가 나"이기 위한 자기 동일성이란 바로 이 분열된 또 다른 자아를 어떻게 의식적 존재인 사고의 영역으로 끌어들일 것인가라는 문제를 해결해야만 가능하다.

도스토예프스키는 의식적 존재인 나를 인간의 의식과 능력을 초월해 있는 신비로운 존재인 신과 동일시하는 실천적 삶을 통해서 분열된 인간의 구원 가능성을 본다. 그것은 내재화된 인간의 신성을 적극적으로 실현해 나가는 과정에서 자기동일성에 이를 수 있음을 보여주는 것이다. 하지만 그것은 영원히 종결될 수 없는 과제이다. 하지만 그 과정에서 인간은 끊임없이 배우고 성숙되어 간다. 따라서 도스토예프스키가 그리는 인간의 삶이란 무한히 열려지고 개방되어 있는 것이다. 자기증식해가는 분신의 출현은 바로 이 낯선 타자와의 동거를 허락하는 의식적 자아의 무한한 포용과 포섭을 강제하고, 나아가 의식의 폐쇄성을 벗어나도록 추동해내는 내적 기제인 셈이다.

반면 최상규는 분신의 출현을 통해 영원회귀를 꿈꾼다. 그런 의미에서 최상규의 분신은 허상으로서의 나이다. 나의 자리를 차지하고 현재의 나(분신)를 지탱하고 의미 있게 하는 것은 바로 영원으로서의 나이다. 현재의 순간을 무한히 반복할 수 있는 삶이란 항상 결핍되고 후회하고 반성하는 주체가 간직한 불가능한 꿈이다. 이때 분신의 출현은 바로 그 불가능한 꿈을 가능케 하는 시간으로부터의 이탈의 계기를 마련해준다. 이때부터 장기지속으로서의 주체에 대한 탐색이 시작되며, 그 종결점은 다시 허상으로서의 나로의 복귀, 우화등선에 실패한 존재의 분신과의 합치로 나타났다.

결국 분신은 근대적 주체의 이물이자 징후이다. '나는 나'라는 의식의 폐쇄성을 거부하는 것이 바로 분신의 출현이기 때문이다. 그렇다면 분신 사상이란 어떻게 근대 너머를 사고할 수 있는가라는 의문에 대한 하나의 가능한 대답일 수 있을 것이다.

해학과 긍정

— 한창훈론

오 홍 진

1. 한창훈 소설과 바다

한창훈[1]의 고향은 '전남 여수'이다. 그는 그곳에서 태어나 어린 시절을 보냈고, 바다와 육지를 넘나들며 방황하는 청춘 시절의 고통을 체험했다. 작가의 이러한 이력은 실제 그의 작품에서 전라도의 끈끈한 사투리로 자신의 삶을 풀어헤치는 인물들의 삶으로 표출된다. 바닷가 마을에서 태어나 바다를 삶터로 살아가는 사람들의 고달픈 삶이 전라도 사투리와 어울려 한창훈 소설의 진경을 펼쳐내고 있는 셈이다. 그래서 지역문학 연구자들에게 한창훈 소설은 매력적으로 다가온다. 지역 언어(사투리)의 잦은 사용도 그렇지만, 각각의 인물들이 '바다'라는 공간과 어울려, 혹은 그 지역 특유의 해학과 어울려 살아 숨쉬고 있기 때문이다. 대전에서 대학을 졸업하고(그는 한남대 지역개발

---

1) 이 글에서 다룬 한창훈의 작품(집)은 다음과 같다. 『가던 새 본다』(창작과 비평사, 1998), 『세상의 끝으로 간 사람』(문학동네, 2001), 『섬』(창작과 비평사, 2003), 『청춘가를 불러요』(한겨레신문사, 2005).

학과를 졸업했다), 대전·충남 작가회의의 사무국장도 역임한 그의 문단 이력이, 대전·충남 지역의 작가로 그를 수용하게 하지만, 그는 분명 대전·충남 지역으로만 한정될 수는 없는 작가이다. 그가 형상화하는 인물들은 가난하지만 그들 나름의 윤리로 세상을 살아간다는 점에서, 1980년대 민중문학에 나타난 보편적인 민중의 형상과 이어진다. '바다'라는 공간의 이쪽저쪽에서, 한편으로는 비극적으로, 다른 한편으로는 해학적으로 묘사되는 한창훈 소설의 인물들은 그 자체 한국 민중문학의 한 진경을 보여주고 있다 하겠다.

이런 측면에서, 한창훈 소설의 중심공간인 '바다'의 문학적 맥락은 다층적으로 구현되지 않을 수 없다. 그것은 무엇보다도 생명 있는 존재들의 죽음을 보듬어 안는 장소로 나타나지만, 한편으로 그것은 그들의 내면적인 열정을 억압하는 부정적인 공간으로, 그러면서도 언젠가는 그들이 돌아가야 할 추억(귀향)의 공간으로 확장되어 형상화되기도 한다. 바다라는 공간을 중심으로 작가가 그려내는 인물들의 삶은 "거친 산맥과 가없는 평원, 굽이치는 물결과 거친 바람과 뜻하지 않은 돌풍, 뜨거운 햇살, 차가운 공기를 헤매었던 모종의 시간이 지나 마침내 다다른 끝, 한토막 삶의 끝, 더 이상 나갈 수 없는 곳에 이르니 바다가 있다"(「지상에 남은 마지막 밤」, 『세상의 끝으로 간 사람』)는 한 인물의 진술에 드러나듯, 삶의 시련을 통과하여 새로운 세계에 이르는 과정으로서의 삶의 여정과 정확히 일치하는 셈이다.

그리하여 바다는 그들이 도달해야 할 목적지이며, 동시에 그들이 거쳐 가야 할 삶의 결절점으로 의미화된다. 아내의 죽음을 겪은 후, "무언가에 젖고 싶어" 바다로 향하는 '사내'의 내면(「세상의 끝으로 간 사람」)에는, 그리고 사랑하는 사람과의 추억을 되새기기 위해 바다로 회귀하는 '여자'의 내면(「새」, 『섬』)에는 바다에 내포된 이러한 의미가 스며들어 있다. 바다가 있음으로써 그들은 새로운 삶의 깨달음을 얻고, 그를 통해 고통스러운 세상을 살아갈 수 있는 힘을 얻는다. 그들에게 바다는 죽음의 상황을 삶에 대한 열정으로 전환케 하는 경계의 지점에 해당되는 셈이다. 바다와의 대화라는 환상의 형식을 통해 "잉태하고 싶은 욕구"를 느끼는 '사내'의 경우처럼, 바다는 현실에서 좌절한 인간 군상들에게 "안식의 평온"을 제공하는 공간으로 구현된다.

그러나 바다가 제공하는 안식의 평온을 누구나 얻을 수 있는 것은 아니다. 바다의 바깥에서 바다를 바라보는 사람들과는 달리, 바다의 '안'에 사는 존재들은 항상 바다의 외부를 갈망한다. 그들에게 바다는 안식의 평온을 주는 장소가 아니라, 그들의 삶을 억압하는 공간이다. "저 먼 과거 속의 소녀"(「저 먼 과거 속의 소녀」, 『섬』)는 "발목을 붙잡은 족쇄와도 같"은 바다 때문에 바다(섬)의 바깥을 갈망하면서도 결국은 바다를 벗어나지 못한다. 그녀에게 '보이는 바다'는 '보이지 않는 바다 너머'의 삶을 불가능하게 하는 단절의 공간으로 나타난다. 자살의 형식으로 끝을 맺는 그녀의 삶은 '바다(섬)'와 '바다 너머'라는 공간적 갈등이 섬의 안쪽에서 살아가는 사람들의 전형적인 삶의 형식임을 증거한다. "두 다리를 모두 심하게 저는 소아마비"라는 그녀의 현실적 징표처럼, 바다는 그녀에게 이미 주어진, 그래서 돌이킬 수 없는 운명의 모습으로 표상되는 것이다. 바다의 안쪽에서 살면서 바다의 바깥을 갈망하는 인물들의 삶은 「달빛이 지면」(『섬』)이나 「숭어」(『가던 새 본다』) 등에서도 반복되는 바인데, 두 작품에 공통적으로 드러나는 '바람난' 여인들의 형상은 '바다의 안쪽'에서 바다의 바깥을 욕망하는 자들의 전형을 뚜렷하게 보여준다.

바깥이란 저렇게도 아름답고 신비한 것이다. (……) 아름다운 달빛이 쏟아지는 곳은 흙과 바위의 세상인 이곳과는 전혀 다를 게 있을 것 같은 것이다. 그 길을 걸어보고 싶었다. 걸어서 달까지, 바다를 넘고 망망한 허공의 세상도 넘어 우주공간의 저쪽에 있는 달까지. (……) 이렇듯 안을 흔들어 놓은 것은 바깥이었고 이렇게 수평선 위로 반달이 뜬 밤이면 그건 더욱 거대해졌다. (『섬』, 159쪽)

「숭어」의 '성자'나 '이순', 「달빛이 지면」의 '여자'가 육지로 도망치는 것은 실상 바깥에 대한 '신비화된 욕망'과 무관할 수 없을 것이다. '안'에 갇혀 있는 사람들에게 바깥은 희망의 공간으로 나타날 수밖에 없다. 그런 틈(사이)의 공간이 있어야만 그들은 살 수 있기 때문이다. "저 너머에는 무엇이 있을까"라는 생각이 "섬에서 살고 있는 남녀의 천형"이라는 진술은 섬사람들의 삶에 내포된 갈등의 지점을 예시한다. 그들에게 욕망은 외부에서 오는 것이기 때문에, 외부가 신비화될수록 그들의 욕망은 더더욱 강렬해진다. 그것은 섬사람들이 감당해야 할, 피치 못할 운명일 터이다. 그들의 욕망은 바다의 외부가 사라지지 않는 한 해소될 수 없는, 충족이 불가능한 욕망인 셈이다.

외부를 욕망하는 사람들에게 바다는 변화가 없는, 단절된 시간의 세계로 나타난다. 시간은 흘러가되, 흘러가는 시간 속의 주체는 그 시간의 운명을 받아들이지 못한다. 몸은 이곳(바다)에 있지만 마음은 저곳(바다 너머)에 있다. 그러므로 그들이 바다와 조우하는 순간은 바로 그들에게 부여된 운명을 스스로 인정하는 순간과 일치한다. 그들이 운명을 받아들이는 순간, "시간은 내 몸속으로 들어와 있게"(「달빛이 지면」, 『섬』) 되는 것이다. 한창훈의 소설 곳곳에 등장하는 노인들의 형상은 바로 시간과 더불어, 시간 속에서 자신들의 운명을 감내하는 자들의 모습을 대변할 것이다.

『섬』에 등장하는 주인공 '나'의 할머니나, 바다 너머로 사라졌다가 며칠 만에 나타나 자신의 무덤 자리인 '단(壇)'을 쌓는 노인(「단 쌓는 노인」, 『섬』), "평안함과 힘들지 않은 생을 구하려 끝없이 몸을 움직여 수고했지만 정작 죽음 뒤에야 그것들과 만날 수 있었"(「어떤 죽음에 대한 보고서」, 『섬』)다는 '두 할매'의 형상은 섬 속에서의 운명을 나름대로 살아낸 사람들의 전형을 보여준다. 이들에게 시간은-운명은 몸을 통해 겪은 경험들의 집합체에 다름 아니다. 그들의 삶은 그들과 같은 삶을 살다가 그들보다 먼저 간 사람들이나, 그들의 삶을 반복해야 할 사람들의 삶을 매개할 따름이다. 요컨대 그들의 삶은 그들 이전을 살아갔거나 혹은 그들 이후를 살아가야 할 삶이 있기 때문에 유효할 수 있는 것이다. "삶은 이어질 것이고 할머니나 나나, 대(代)를 이음으로써 우주의 적막한 시간을 견디는, 알 수 없는, 그 긴 행렬의 중간조각"(「철새는 날아가고」, 『섬』)으로 존재할 것이라는, 주인공의 삶에 대한 인식은 이러한 운명의 반복성, 다시 말해 섬사람들의 삶 속에서 반복되는 우주적 삶(영원회귀)의 형식과 마주한다. 그럼으로써 그들의 삶은 고통스럽지 않은 삶이 된다. 정확히 말하면 고통스런 삶은 있어도, 그들에게 견디지 못할 고통은 없는 것이 된다. 한창훈 소설의 중요한 특성으로 부각되는 민중적 삶의 윤리나, 해학적 웃음의 미학은 실로 인간의 삶 속에 내재된 이러한 긍정성을 발견하는 데서 비롯될 터이다.

2. 민중적 삶의 윤리와 사랑의 형식

한창훈 소설에는 여성 인물들이 많이 등장한다. 젊은 여인들이 육지를 갈망하며 바다 밖의 세계로 끊임없이 내뺀다면, 나이 든 여자들은 그들대로 바다(섬) 안에서의 삶을 묵묵하게 수용하며 살아간다. 가난한 어부의 딸로 태어나, 역시 어부인 남편과 만나 가정을 꾸리는 바다 여인들의 삶은 탄생과 죽음이 변함없이 반복되는 인간의 순환적 삶을 그대로 반영한다 하겠다. 한창훈은 이러한 여인들의 삶을 통해 민중적 삶의 윤리를 성찰하기 시작한다. 자본주의 사회를 민중으로 살아간다는 것은 무엇을 의미하는가? 자본주의는 가진 자들의 세계이다. '자유민주주의'라는 어사로 자본주의 국가론자들은 '자유'와 '민주'를 외치지만, 실제 자유와 민주는 가진 자들을 변호하는 용어로 사용되기 일쑤다. 누구를 위한 자유이고, 누구를 위한 민주인가라고 묻는다면, 자본주의는 그 뿌리부터 흔들리지 않을 수 없다. 경쟁을 중시하고, 경쟁을 이겨낸 사람만을 영웅으로 떠받드는 세계에서, 경쟁 속으로 스며들 수 없는 가난한 민중들은 애초부터 자본주의의 외부로 배제될 수밖에 없기 때문이다.

한창훈 소설에 형상화되는 여성 인물들은 자본주의의 원칙을 전혀 모르거나, 아니면 자본주의 사회에서 애초부터 배제된 인물들이다[2]. 「이제 그곳에는 봉네가 없다」(『청춘가를 불러요』)에 등장하는 '봉네'가 자본주의의 외부에 존재하는 대표적인 인물이거니와, "여자는 여자인데 집이

---

[2] 아마도 이 점이 한창훈 소설의 강점이면서 단점이기도 할 것이다. 여성 인물의 순박함은 모성성을 중시하는 작가의식의 측면에서 보면 강점으로 작용하지만, 여성 인물의 형상이 지나치게 비현실적으로 흐를 수 있다는 점에서는 단점으로 작용할 수 있다.

있는 것도 아니고(처음에는 있었겠지) 그렇다고 절이 있는 것도 아니다
(나중에 혹 생길지 아는가). 가족도 없고 따라서 아이나 남편도 없었다"
는 봉네의 상황 자체가 자본주의(제도)에서 배제된 인물임을 증거한다.
그녀는 조포댁의 포장마차를 근거지로, 포장마차를 드나드는 남자들의
'노리개'가 되어 근근이 살아간다. 그런데 제목에도 암시되는 바, "이제
그곳에는 봉네가 없다". 봉네를 노리개로 삼던 마을 남자들이 화투판을
벌이다 돈 문제로 싸우게 된다. 그들은 봉네에게 들은 상대방의 약점(주
로 성적인 문제)을 빌미삼아 싸움판에서 이기려고 하는데, 문제는 싸우
는 사람들 모두 봉네와 관계를 맺어 비밀이 폭로되었다는 점에 있다.
자신들의 "비밀스러운 부분"이 봉네를 통해 까발려진 것을 안 남자들은
힘을 합쳐 봉네를 마을 밖으로 내쫓는다. "이제 그곳에는 봉네가 없다.
그는 자신이 왜 갑자기 뺨을 맞고 쫓겨났는지 아마 영원히 모를 거였
다."라는 말로 끝을 맺는 이 소설에서, 봉네는 제도 속으로 포용될 수
없는 '잉여'이다. 그러한 잉여적 존재가 사람들(남자들)의 실제 삶을 뒤
흔드는 '독소'로 나타날 때, 잉여적 존재로서의 봉네는 제도의 외부로
방출될 수밖에 없는 것이다.

　제도의 안과 밖의 경계에서 잉여적인 존재로 살아가는 봉네의 형상
은 자본주의 사회를 힘겹게 살아가야 하는 민중적 삶의 형상과 자연
스럽게 겹쳐진다. 영문도 모른 채 자신의 삶터에서 내쫓기는 봉녀와,
영문은 알지만 오랫동안 살아왔던 '대추리(경기도 평택)'에서 내쫓긴
민중들의 모습을 과연 다르다고 말할 수 있겠는가? 자본주의는 필요한
것이 있으면 수단과 방법을 가리지 않고 필요한 것을 만들어낸다. 당
장 필요한 것과 덜 필요한 것이 있다면, 자본주의는 항상 당장 필요한
것을 '자본의 입장'에서 결정하는 체제라 하겠다. 소설보다 더 소설

같은 현실을 생각한다면, 봉네를 소설 속의 허구적 인물로 치부할 수만은 없다고 할 것이다. 민중의 삶을 향한 작가의 관심은 바로 이 지점에서 비롯된다. 한없이 착하거나 순수해서 항상 불이익을 당하는 민중들의 삶의 이면을 들여다보며, 작가는 그러한 불이익마저도 윤리적으로 승화하는 존재들의 삶을 그려낸다. 「복국 끓이는 여자」(『청춘가를 불러요』)에 등장하는 남해댁은 신산(辛酸)한 삶의 내력을 지니고 있지만, 그러한 삶에 결코 좌절하지 않는 강인한 민중의 형상을 보여준다. 식당 근처의 나이트클럽에서 "매에게 쫓긴 참새 꼴"로 도망 온 '러시아 여성'을 대하는 그녀의 모습을 생각해 보라. 갖은 수난이 닥칠 수 있는 여건 속에서도 그녀는 오로지 아픈 사람만을 생각한다. 기회를 틈타 서슴없이 러시아 여성을 강간하려 하는 최씨(식당의 단골손님이자 남해댁에게 추근대는 사내)와는 다르게, 남해댁은 자신이 타인에게 베풀 수 있는 모든 것을 베풀고 있다. 그처럼 베푸는 마음은 어디서 나오는 것일까?

> "천천히 먹어. 어이, 딸내미를 이렇게 타국 만리로 보내놓구 부모들 속은 워쩌까……. 이것은 콩나물인디 안 맵게 무쳤으니께 먹어봐. 그려, 먹을 만하지? 약보다는 이게 더 빠를 것이여. 말했듯이 말이여, 내 할아버지, 아버지가 술에 시달려 개룽개룽허면 고개 너머 항구에 가서 이것을 사오더라구. 주로 졸복을 사왔는디, 고것을 창자랑 피랑 하여간 찬물에서 독을 빼고 또 빼고 해서 끓여 잡숫는디, 나는 그것이 보기에 좋았어. 남정네들이 우 둘러앉아 이것 먹는 모습이 좋았구, 아이구 개운하다, 이러믄 내 속까지 같이 시원해지고 했으니께 말이여. 내가 말이 좀 많지?" (『청춘가를 불러요』, 218~219쪽)

복국을 끓여 러시아 여성에게 먹이며, 남해댁이 하고 있는 말이다.

러시아 여성은 당연히 이 말을 알아듣지 못했겠지만, 그녀의 말에서 흘러나오는 '분위기'만은 쉽게 감지했을 것이다. "후륵후륵 제법 맛있게 국물을 떠먹기 시작"하는 러시아 여성이 과연 이 장면을 잊을 수 있을까. 결코 잊을 수 없는 기억을 타인에게 맺어주는 남해댁의 형상은 "딸내미를 이렇게 타국 만리로 보내놓구 부모들 속은 워쩌까"라는 말만큼이나 '모성적'으로 나타난다. 모성성이 여성성을 신화화하는 부정적인 맥락을 띠고 있음에도, 남해댁이 펼쳐내는 모성의 의미는 그 자체 한 인간이 다른 인간에게 베푸는 사랑의 의미로 확장된다. '마음 씀씀이'라는 말로도 표현되는 남해댁의 이러한 사랑을, 작가는 자식을 대하는 부모의 마음으로 드러낸다. 실제 소설 속에서 남해댁은 러시아 여성과 같은 연배의 딸 하나를 두고 있다. 딸을 대하는 마음으로 러시아 여성을 감싸 안는 남해댁의 마음이 한 인간의 고통을 위무하는 사랑의 형식으로 발현되고 있는 셈이다.

한창훈은 이처럼 사람과 사람 사이에서 구현되는 사랑의 형식을 바탕으로 민중적 삶의 윤리를 소설의 중심에 배치하고 있다. 봉네와 같은 여자들이 편하게 살 수 없는 세상을 그나마 인간다운 세상으로 바꾸는 계기는 남해댁이 실천하는 사랑의 형식에서 움터 나온다. 세상은 끊임없는 변화의 물결에 휩싸이고 있지만, 그 변화의 와중에서도 변하지 말아야 할 것은 분명히 있다. 작가는 그것을 사람들 사이의 '사랑'으로 생각하고 있거니와, 모성적 존재들을 향한 작가의 하염없는 열망은 이러한 사랑의 세상을 만들기 위한 작가적 신념과 다르지 않을 것이다. 바닷가의 평범한 부부로 서른 해를 살아온 오씨와 세포댁 부부의 삶을 묘사한 「주유남해(舟流南海)」(『청춘가를 불러요』) 역시 사랑에 대한 작가의 신념을 뚜렷하게 드러낸 작품이다. 오랜만에 배를 타고 바다어장에 나간 부부에게 "선미루 갑판 아래 척척 부딪히는 물살 사이로 보니 프로펠러에 적잖은 밧줄이 칭칭 감겨 있"는 뜻하지 않은 사건이 발생한다. 아내가 자신을 무시한다는 생각에 마음이 상해 있던 오씨는 차가운 밤바다 속으로 들어가 직접 밧줄을 풀어내려 한다. 하지만 뼛속 깊이 스미는 밤바다의 차가움을 중늙은이인 그가 버텨낼 수 있겠는가? 죽을 고비에 처한 오씨를 아내 세포댁이 어렵게 건져 올렸지만, 오씨는 정신이 가물가물한 채 몸조차도 차갑게 식어가고 있다. 어떻게 해야 할까?

> 눈 떠보니 홀랑 벗겨져 있는데 똑같이 벗어 알몸인 세포댁이 언몸을 꼭 껴안고 있는 것 아닌가. 가슴께를 누르느라 양 젖이 옆으로 잔뜩 퍼져 있고 아랫도리는 행여 물 샐 틈 있을세라 촘촘히 밀착한 상태이며 그 위로 적잖은 엉덩이 두 개가 달처럼 포실하게 떠 있는데 두 팔로 목과 머리를 껴안고 그렇게 이불처럼 덮고 있었다. 온기는 세포댁에게서 온 거였고 그만큼 그녀는 떨고 있었다. (『청춘가를 불러요』, 91쪽)

사업에 실패한 아들이 남겨두고 간 어린 손자들에게 날마다 치이는데다가, 오씨마저 자신의 그런 입장을 헤아려주지 않자 세포댁 역시 마음이 상해 있던 차였다. 자질구레한 일상의 삶에 치여 자신의 삶마저 잃어버린 세포댁에게는 과연 무엇이 남아 있을까? 작가는 세포댁의 삶에서 여전히 사라지지 않는 사랑의 마음을 이야기한다. 오씨가 남편이라는 것은 여기서 중요하지 않다. 러시아 여성을 바라보는 남해댁의 시선과 마찬가지로 세포댁은 오씨를 자신이 살려내야 할 '사람'으로 보고 있을 뿐이다. 말로는 표현할 수 없는 사람들 사이의 정

(情)을 세포댁은 몸으로 실천한다. 한창훈 소설의 중심에 위치하는 모성적인 존재는 세포댁을 통해서도 분명하게 드러난다. 죽어가는 사람을 살릴 수 있는 온기는 한 여성의 몸을 뛰어넘어 다른 몸의 생명으로 이어진다. 생명과 생명으로 이어진 삶의 세계가 우리가 사는 바로 이 세계이다. 바닷가 사람들의 삶 속에 내재된 순환적 삶의 형식은 여기서 다시 한 번 반복되는 바, 작가가 세포댁의 삶을 기리는 이유는 여기에 있다. 세포댁이나 남해댁의 삶으로 구현되는 사랑의 형식은 세상의 밑바닥에서 힘겨운 삶을 살고 있는 민중들의 삶으로 표현되고 있기에 아름답다. 작가는 마치 자신이 실제로 겪은 삶을 묘사하는 듯, 들뜬 마음으로 이러한 삶을 표현한다. 한창훈 소설에 넘쳐나는 해학의 정조는 이렇게 본다면 민중들의 아름다운 삶을 바라보는 작가의 긍정적 세계인식과 뗄 수 없는 관계를 형성한다 하겠다.

3. 해학으로 펼쳐내는 긍정적 삶의 세계

한창훈의 소설에서 펼쳐지는 해학의 미학은 상황의 반전을 매개로 하여 이루어진다. 아버지의 영전에 절을 하다가 방귀를 뀌는 딸들의 곤혹스런 상황(「깊고 푸른 강」, 『청춘가를 불러요』) 속에서, 하우스에 불이 났는데도 노래방으로 직행하는 사람들의 모순적인 행위(「춘희」, 『세상의 끝으로 간 사람』) 속에서 한창훈 소설의 해학미는 빛을 발한다. 그것은 정해진 질서에서 벗어나는 행위이고, 사회적 관습이 부여하는 도덕적 인식과는 변별되는 행위이다. 사회적 관습 때문에 끝내 맺어지지 못한 어부와 잠녀의 사랑을 서사적 밑바탕으로 구성되는 「돗낚는 어부」와 「접붙이는 여자」 연작(『세상의 끝으로 간 사람』

에 '남쪽섬'이라는 공통된 부제로 수록)은 한창훈 소설의 해학미가 발현되는 매개 지점을 명확하게 보여준다. "망쪼가 벨다른 거겠소? 엉뚱한 거 따지다가 시절 보내부른 거, 그거이 망쪼라우"라는 잠녀의 말에 나타나거니와, 해학적 상황은 세상 사람들이 '망쪼'로 생각하는 상황이 현실화됨으로써 이루어진다.

이런 점에서, 해학의 이면에는 비극을 비극으로 보지 않으려는 주체의 긍정적 인식이 잠재되어 있다. 해학과 비극은 상황을 바라보는 인물들의 시선에 따라 다르게 구현될 뿐이다. 이를테면, 사회적 관습에 갇혀 자신의 마음을 고백하지 못하는 어부(「돗낚는 어부」)는 비극적으로 죽지만, 사회적 관습을 가로지르며 살아가는 '손 여사'(「청춘가를 불러요」, 『청춘가를 불러요』)는 자신만의 독특한 삶을 일구며 세상을 살아간다. 한창훈 소설의 해학미는 이렇게 사회적 관습(선입관)을 뒤흔드는 상황 속으로 뛰어드는 인물들을 설정함으로써 펼쳐진다. 그러므로 거기에는 삶에 대한 '긍정적 인식'이 무엇보다도 중시될 수밖에 없다. 아버지의 영전에 절을 하다가 방귀를 낀 딸들의 당혹스런 상황을 해학적으로 풀어내는 다음과 같은 장면에서도 이와 같은 인식의 틀은 그대로 드러난다.

　　때마침 외삼촌이 세 자매 사이로 끼어들어 억지로 일으켜 세웠다. 눈물을 닦아내며 바깥으로 나오면서, 참아야지 하면서도 어쩔 수 없이, 고개를 돌려 사람들을 바로보고야 말았다. 순서에 맞춰 선 친척 어른들부터 뒷줄의 사람들까지 다들 웃음을 참느라 곤혹스러운 얼굴들을 하고 있었다. 몸둘 곳이 마땅찮아 부엌으로 피신한 세 자매는 서로 얼굴을 바라보다가 끝내 웃고 말았다.

홍대 만장 앞에 서고 영정 서고 이윽고 상여는 못 가겠네, 못 가겠네 노래하면서 집을 빠져 나갔다. 심각한 모습으로 지팡이 짚고 걷는 오빠와 뒤따르는 명수만 시무룩했지 힐끗힐끗 눈치를 보며 애써 웃음을 참는 사람들의 얼굴에는 피곤과 짜증은 사라지고 없었다. (『청춘가를 불러요』, 155~156쪽)

웃을 수 없는 상황에서 웃어야 하는 상황이 개입함으로써 이 작품의 해학미는 발현된다. 세 자매의 회상 장면과 막내 명수의 일탈된 행동을 통해 우울하게 그려지던 소설의 분위기는, '방귀 사건'을 계기로 긍정적인 전환의 계기를 맞는다. "아버지 가는 길에 딸이 뀌는 방귀가 대수냐. 막내도 오고 날씨 화창하게 풀린 것만도 어딘데"라는 소설의 종결 부분은 해학적 상황의 밑바탕에 깔려 있는 '긍정적 세계 인식'을 여실히 드러낸다. 해학은 긍정의 인식과 만남으로써 해학으로서의 가치를 발산한다. 그것은 지금 이곳의 삶에 대한 겸허한 마음자세일 수도 있을 것이다. 가부장적 사회구조 속에서 이루어진 딸들의 희생은 이러한 해학적 상황과 맞물려 지금 이곳의 삶을 되돌아보는 매개로 작용한다. 뒤집어 생각한다면, 그것은 딸들의 희생을 일방적으로 강요해 온 사회구조에 대한 반어적 비판일 수도 있을 터이다. 딸들의 회상 속에서 언뜻언뜻 드러나는 가부장적 가정의 차별구조와 세 딸들을 중심으로 치루어지는 아버지의 제사라는 상황은 얼마나 대조적인가. 남자라는 이유만으로 떠받들어지고, 여자라는 이유만으로 희생해야 하는 가부장적 사회의 차별구조는 해학적 상황과 접맥됨으로써 피할 수 없는 비판의 칼날을 받게 되는 셈이다.

그렇지만 해학적 상황의 도입은 어찌 보면 문제 상황에 대한 회피로 보여질 수 있을 것이다. 해학적 상황 속에서 딸들이 살아왔던 고통스런 삶은 자연스럽게 묻혀지고 있기 때문이다.3) 가족의 정이라는 이름으로, 혹은 한 순간의 웃음으로 세 딸들의 과거(상처)가 현재적 상황 속에서 쉽게 치유될 수 있을 것인가. 그럼에도 한창훈 소설에 드러나는 해학미는 현재-미래의 삶에 대한 긍정을 내포하고 있다는 점에서, 우리가 쉽게 평가 절하할 수 없는 부분을 함유하고 있다. 딸들의 과거는 현재와 연결됨으로써 그리고 그것이 미래의 삶에 영향을 끼침으로써 지금 이곳의 현실과 만난다. 그렇지 않다면 과거는 다만 과거라는 시간에 폐쇄될 뿐이다. 해학은 이런 점에서, 과거와 현재-미래를 시간적/공간적으로 연결하는 단서로 작동한다. 그것은 과거의 삶에 대한 망각이 아니라, 그러한 삶을 현실 속에서 새롭게 재구성하는 기억으로 의미화된다. 딸들이 겪은 과거의 삶은 여기서 반복되지 말아야 할 삶으로 나타나게 되는데, 그것은 과거가 현재와 맺을 수 있는 긍정적 관계의 한 형식을 보여준다 하겠다.

작가는 지금 이곳의 현실이 중요하고, 과거는 이곳의 현실과 접맥되는 지점에서 새롭게 의미화된다는 것을 새삼 강조하고 있는 바, 그것은 자신이 처해 있는 삶을 긍정하는 정신과 다를 수 없을 것이다. 이러한 긍정의 시선이 실상은 「청춘가를 불러요」에 등장하는 '손 여사'의 긍정적 삶을 가능케 한 토대일 터이다. 노인으로서의 삶을 긍정하는 손 여사의 삶은 질서의 세계와 거리를 유지함으로써 이루어진다. 그녀가 추구하는 현재적 삶에는 과거의 부정적인 기억들이나 사회적 관습이 규정하는 노인의 담론이 끼어들 수 없다. 그녀가 어떻게

---

3) 이러한 점은 모성적 존재로서의 여성 인물들이 많이 나타나는 한창훈 소설의 한계가 될 수도 있다. 철부지 아이와 같은 남성들을 사랑으로 감싸 안는 여성의 형상은 여성의 삶을 희생의 삶으로 등치하는 결과를 낳아, 여성들의 사회적 차별을 정당화하는 소설적 담론으로 변질될 수 있는 것이다.

살아왔든, 사회가 노인을 어떻게 규정하든, 중요한 것은 지금 이곳에서 살아가야 할 그녀의 삶(몸)이다. 그러한 인식이 사회적 관습과도 멀찌감치 떨어져 있는 그녀만의 독특한 삶을 가능하게 한다. 노인들의 성 문제를 다룬 <죽어도 좋아>라는 영화를 보고 감동을 받거나, 아들과 더불어 포르노 비디오를 보면서 이야기를 나누는 장면은, 그녀가 그만큼 기성 사회가 강요하는 관습에 연연하지 않고 있음을 예시한다. 사회적으로 음화(陰畵)로 비쳐지는 삶을 실천함으로써 그녀는 그녀만의 양화(陽畵)적 삶을 창조하고 있는 셈이다.

해학이 현실의 삶과 만나는 지점은 여기에 있다. 「입덧」(『가던 새 본다』)이나 「춘희」에도 드러나는, 상황에 대한 긍정적 인식은 세상의 부정성에 말려들지 않으려는 사람들의 건강한 정신을 대변한다. 달리 말하면 그것은 한창훈 소설이 견지하는 민중에 대한 신뢰와도 결부될 수 있을 터이다. 긍정성을 기반으로 형성되는 해학적 상황은 인물(인간)에 대한 믿음이 없이는 형상화될 수 없다. '적막'이라는 단어가 소설 전체를 감싸고 있는 연작 장편 『섬』이 그 적막함의 그늘을 벗겨내는 지점도 이러한 인간(민중)에 대한 믿음에서 파생된다. '망쪼' 든 세상에서 희망의 불을 지피는 존재들, 그들이 바로 민중이라면, 한창훈 소설 여기저기에 스며들어 있는 모성성의 정신 역시 이러한 민중에 대한 믿음과 이어짐으로써 그 의미 맥락이 설정될 수 있을 것이다.

바다로, 수많은 할머니-어머니-여인들로 변주되는 모성성의 세계는 한창훈 소설의 해학미와 긍정의 세계관이 생성되는 기원의 세계로 작동한다. '우리'는 그 수많은 여인들의 자궁에서 태어나 종국에는 지구의 자궁(바다)으로 회귀한다. 끊임없이 태어나고 끊임없이 회귀하는(죽어가는) 사람들의 삶 속에서, 그리고 순환하고 반복되는 인간들의 삶 속에서, 이 세상의 시간은 흘러가고 흘러간다. 그렇게 순환되고 반복되는 시간의 중심에서 한창훈 소설은 사람들이 살아가야 할 진정한 삶을 엿보고, 그것을 '윤리화'한다. 삶에 대한 긍정은 그 윤리적 삶으로 가는 길 위에 오롯이 서 있다. 그 길을 경유해야만 해학의 상황이, 모성의 세계가 도래할 수 있다. 아니, 어쩌면 그의 소설 속에서 그러한 윤리적 삶은 이미 실현되고 있는지도 모른다. 죽음을 삶의 연장으로 받아들이는 할머니, 할아버지들의 형상을 보라. 그리고 바다에서 저마다의 삶의 힘을 이끌어내는 건강한 민중들의 형상을 보라. 그의 소설 속에 나타나는 수많은 인물들의 삶을 우리가 다시금 반복하고 긍정해야하는 이유는 이러한 민중적 건강함에서 찾을 수 있을 것이다.

김현정

대전대학교 국어국문학과를 졸업하고 동 대학원에서 「백철의 휴머니즘 문학 연구」(2000)로 박사학위를 받았다. 현재 대전대학교 강의전담교수로 재직 중이다. 평론 「원초적 체험, 현실 극복의 근원적 힘」, 「고향 그리고 금강, '삶의 문학'의 시원」 등과 저서 『백철 문학 연구』(역락, 2005), 『한국현대문학의 고향담론과 탈식민성』(역락, 2005) 등이 있다.

김화선

충남대학교 국어국문학과를 졸업하고 동 대학원에서 「한국 근대 아동문학의 형성과정 연구」(2002)로 박사학위를 받았다. 현재 배재대학교에 재직 중이다. 평론 「틈새의 힘으로 보는 소수성의 미학」, 「경계를 넘는 중얼거림, 여성의 역사를 기억하는 새로운 방식」 등과 논문 「일제말 전시기의 아동문학 및 아동담론 연구」, 「자아발견을 위한 글쓰기 교육의 실제」, 「1920년대 서구 전래동화의 번역과 번역 주체의 욕망」 등이 있다.

남기택

충남대학교 국어국문학과를 졸업하고 동 대학원에서 「김수영과 신동엽 시의 모더니티 연구」(2003)로 박사학위를 받았다. 1999년 『작가마당』, 2007년 『현대시』로 등단(평론)했으며, 현재 강원대 삼척캠퍼스에 재직 중이다. 평론 「평상을 향한 경어」, 「악한, 광장에 서다」 등이 있다.

오연희

충남대학교 국어국문학과를 졸업하고 동 대학원 박사과정을 수료했다. 「황순원의 『일월』 연구」(1996)로 박사학위를 받았다. 현재 목원대, 건양대 강사로 출강하고 있다. 『서사론』(형설출판사), 『서사양식』(예림기획) 등의 역서와 「오정희의 「옛우물」론」, 「박태원의 초기 단편소설의 담론 연구」, 「삼포로 가는 세 가지 길」 등의 평론이 있다.

오홍진

대전대학교 국어국문학과를 졸업하고 동 대학원 석사과정을 수료했다. 2003년 『문화일보』 신춘문예에 평론 「죽음을 통해 죽음을 넘어 화해하는 길」이 당선되어, 현재 문학평론가로 활동하고 있다. 주요 평론으로 「모성성과 여성성의 경계」, 「언어의 심연」, 「문학의 윤리학, 비평의 정치학」 등이 있다.